한국종교연구총서

15

한국 신종교의 사회운동사적 조명

원광대학교 종교문제연구소

박광수, 박승길, 박맹수,
차옥숭, 카미벳부 마사노부,
성주현, 남춘모, 유광석

집문당

| 책을 발간하며 |

근 · 현대 한국사회는 조선조후기, 대한제국시기, 일제치하의 식민지시기, 해방 후 남북분단시기의 급변하는 시대적 상황이 전개되었고, 수많은 새로운 종교운동이 전개되었다. 특히 19세기 말부터 한국에서 민중이 중심이 되어 나타난 신종교의 개벽운동은 이상적 공동체에 대한 근대적 추구의 효시로 평가할 만하다. 이러한 노력은 비단 한국뿐만 아니라 중국, 일본, 인도, 아프리카, 이슬람 등에서 약 100여 년간의 시간 차를 두고 동시다발적으로 보이고 있다는 점에서 대단히 흥미롭다.

한국에서 자생적으로 발생한 새로운 종교운동은 민중을 기반으로 일어난 것이기에 성격으로는 '민중종교'의 의미가 강하고, 시기적으로는 새로운 종교운동이기에 '신종교 운동'이라 명칭하여 부를 수 있다. 또한 새로운 한국 자생적 종교운동은 한민족을 중심으로 한 세계관을 가지고 있기에 동시에 '민족종교'적 의미를 지니고 있다. 일제치하에서는 '유사종교' 또는 '사이비종교'라는 이름으로 '민족종교'를 탄압하고 해체하려는 수단으로 삼았다.

조선조 말기부터 일제치하의 극심하게 혼란스러운 시대에 최근세 한국사회의 정신과 가치관은 150여 년 동안의 새로운 민중종교 운동과 그 문화사상을 도외시하고는 파악하기 어렵다. 민중종교의 개벽사상과 구세이념은 새로운 사회를 갈망하고 대다수 민초들의 희망을 대변하고 세계인식, 사회변화인식과 윤리의식, 가치관과 민족관 등이 응축되어 있다. 근 · 현대의 신종교에 대한 연구는 많은 학자들이 역사와 사상사적 관점에서 주목할 만한 연구업적이 축적되어 왔다. 이러한 연구 성과를 토대로 하여 새롭게 한국 신종교의 지형과 종교문화에 대한 종합적인 비교분석을 통해 보편성과 특수성을 찾아내는 작업이 필요하다. 중심 주제를 축으로 한 심층적 비교분석, 시간을 축으로 한 역사적 조명, 공간을 축으로 한 지형성에 대한 종교인류학적인 참여관찰과 심층면담을 통한 실질적인 조사연구가 종합적으로 이루어질 때 한국 신종교의 다층적 구조를 파악하는 하나의 완성된 연구성과를 이룰 수 있다.

신종교의 보편적 사상은 '개벽사상'을 중심으로 새로운 사회를 지향하며 사회적 평등성에 대한 혁신사상과 실천적 운동을 담고 있다. 개인적으로는 참다운 정신적 깨달음을 얻어 도통을 이루어 인격을 완성하는 길을 달리 제시하고 있으며, 사회적으로는 불합리한 사상과 불평등한 차별제도 등 부당한 모든 요소를 일시에 혁신하여 새로운 조화와 평화의 세계를 지향하는 내용들을 공유하면서 실천 방안에 대해서는 다양한 방향을 제시하고 있다.

또한, 시대의 변천에 따른 사회적 상황의 변화는 신종교의 종교적 성향의 변화가 급속도로 이루어지고 있으며, 탈종교시대의 종교적 성향들이 강하게 나타나고 있다. 시간의 축을 중심으로 역사적인 측면에서, 비교연구대상의 시기 설정을 1860년~1910년 성립기 및 혼란기, 1910~1945년 일제 강점기, 1945년 이후 현재까지를 남북한 분단시기로 나눌 수 있다. 동학 창도 후 150년이 넘은 시점에 신종교에 대한 비교연구는 한국 신종교가 어떻게 생성 발전 분파 소멸 등의 변화가 일어나면서 종교적 사회적 활동을 전개하였는지에 대해 주목하고 집중적인 비교연구대상으로 삼아 왔다. 서기 2000년을 계기로 새천년의 시작이라는 점에서 새로운 신종교운동이 전개되고 있는 모습들을 발견하게 된다.

본 저서에서 연구자들은 종교학계의 학문 1세대들이 이룩한 한국 신종교의 실태조사연구에 대한 학문적 계승과 더불어 심층적인 참여관찰과 심층면담을 통해 종교의식에 대한 발전적인 사례연구를 시도하였다. 향후 신종교의 생성-발전-분파-소멸 등에 대한 조사 연구가 학문적 세대를 이어 걸친 장기적이며 지속적으로 이루어져야 할 것이다.

원광대학교 종교문제연구소를 중심으로 한국연구재단의 〈2013년도 일반공동연구지원사업〉에 함께 참여한 연구자들은 신종교 지형에 대한 비교연구하는 데 있어서, 기초자료 조사에 그치지 않고 신종교 전반에 걸쳐 신종교 참여자들의 심층적인 의식조사 비교연구를 진행하고자 하였다.

본 저서는 신종교 연구에 대한 사회운동사적 조명을 중심으로 이루어졌다. 신종교가 시민종교 또는 민중종교로서 어떻게 사회에 참여하고 새로운 세계를 이루려 했는지에 대한 종교역사학과 종교사회학적 측면에서, 종교와 사회변동의 관계를 밝히고 종교의 사회적 기능에 대한 연구를 통해 종교문화가 어떻게 세속적 사회구조의 관계를 지니며, 종교적 이념과 이상이 어떻게 사회에 실제로 적용되고 실천했는가에 대한 비평적 연구주제이다. 이를 위해, 개괄적인 역사적 배경과 발전과정, 교리형성과 전개, 제도적 발전, 대(對) 사회적 활동, 문화 및 예술 등에 대한 개괄적이면서도 총체적인 연구가 이루어지도록 하는 작업이 중요하다.

근대에 접어들면서 시행된 종교인구조사는 일본제국의 조선에 대한 식민통치시대부터 시작하였으나 당시의 통계자료는 조선을 통치하기 위한 조선총독부의 정치적 의도가 강하게 작용하고 있었기 때문에 신뢰할 만한 통계자료라고 보기 어렵다. 해방 이후 1960년대부터 경제기획원 조사통계국에서 종교관계 통계를 '통계연보'에 포함시켜 왔고, 각 교단의 보고에 기초한 문화체육관광부의 종교단체 현황자료로 발간되었다. 우리 사회에서 신뢰성 있는 종교인구 자료의 산출은 거의 1980년대 이후부터라고 할 수 있다. 특히 한국 신종교의 실태조사는 1960년대 이후, 매 10년을 주기로 종교학자들을 중심으로 여러 차례 이루어졌다.

1985년 이후 네 차례에 걸쳐 인구센서스가 이루어졌으며, 인구센서스 조사는 종교인구를 수량화하여 기초적인 자료를 제공하지만, 종교적 삶의 양태, 종교적 성향 또는 사상적 특징 등을 이해할 수 있는 자료는 제공하지 않는다. 따라서 표피적으로 이해하는 단계를 넘어, 역사적이며 삶의 공간에 대한 심층적 분석과 이해의 과정이 필요하다. 이에 대한 작업으로 한국 종교의 상황에 대한 연구는 한국갤럽(Gallup Korea)에 의해 1984, 1989, 1997, 2004년에 걸쳐 『한국인의 종교와 종교의식』에 대한 중요한 연구결과를 발표하였다. 그 이후, 2015년에도 『한국인의 종교와 종교의식』(2015)에 대한 연구성과가 있다. 그러나 이마저도 인구센서스 조사에 의한 종교와 신자의 숫자분포, 그리고 불교, 개신교, 천주교 등 기성종교를 중심으로 한 개괄적인 한국인의 종교의식에 대한 연구를 하는 데에 그치고 있다.

따라서 본 연구에서는 한국 신종교 신자들의 종교의식에 대한 전문적인 심층조사 연구를 종합적으로 시도하여, 신종교 참여자들에 대한 성향과 특성들을 밝혀내는 것을 중요한 목표로 삼았다. 종단별 협력 부분에 있어서, 개별 종단마다의 특성이 다르기에, 아직 공개를 꺼리거나 매우 소극적인 협력에 그치게 되어 전방위적으로 조사를 추진하지는 못하였지만, 기초적인 자료를 제공하는 데 그 의미가 크다고 생각된다. 신앙공동체에 참여하는 참여자에 대한 종교사회학적 연구는 한국 종교문화의 독창성과 참여자의 유형과 성격을 밝히는 중요한 과제가 될 것이라 여겨진다.

현재 종교학계가 안고 있는 것은 무엇보다 중요한 것은 운동체로 살아있는 새로운 종교운동에 대한 조사연구의 한계이다. 사회환경이 비슷한 일본의 경우와 비교해 보면 조사연구가 뒤떨어진 현황을 분명히 알 수 있다. 더구나 종교, 특히 신종교문제가 변화되는 환경 속에서 사회적 이슈로 자주 대두되는 한국의 현실에 비추어 이에 대한 작업의 긴요함은 강조되어 마땅하다. 근・현대 한국 신종교에 대한 필드에서의 신종교 실태에 대한 기초조사의 중요성을 인식하고 지속적이면서도 광범위한 연구의 추구하는 학문적 계승이 필요한 시점이다. 학문은 연구자들이 시대를 계승하여 실천될 때, 그 역사적 의미와 가치를 드러낼 수 있다고 본다.

원광대학교 종교문제연구소에서 추진한 연구에 동참하여 지난 3년 간 정성을 다한 박맹수, 박승길, 남춘모, 차옥숭 교수님과 학술대회에 참여하여 발표하고 옥고를 실어준 성주현, 유광석, 카미벳부 마사노부 교수님께 감사를 드린다.

미륵산 아래에서

원광대학교 종교문제연구소장 박광수 교수

| 목 차 |

일제강점기(1910-1945) 조선총독부의 종교정책과 한국사회 종교지형의 변화

박광수 | 원광대학교

Ⅰ. 서 설

한국사회의 종교지형(Religious Topography)에 대한 연구는 카리스마적 종교 창시자들의 '사상'을 중심축에 놓고 '시간'과 '공간'의 두 차원을 동시에 고려하면서 심층적으로 조명되어야 한다. 주제를 축으로 한 사상의 비교분석, 시간을 축으로 한 역사적 조명, 공간을 축으로 한 지형성(locality)에 대한 종교인류학적 참여관찰, 아울러 심층면담을 통한 실질적인 조사연구가 종합적으로 이루어질 때 한국종교의 다층적 구조를 파악하는 하나의 완성된 연구 성과를 이룰 수 있다.

이러한 구상 하에 본 연구에서는 먼저 사상축의 일환으로 일본 메이지(明治) 유신(維新) 시기(1868-1911년)의 종교법령에 주목하고자 한다. 그 이유는 일제강점기에 통감부와 조선총독부가 시행한 종교정책이 메이지시대의 종교법령과 정책에 근간하고 있기 때문이다. 그런데 이러한 종교정책의 바탕에는 근대 '종교'와 '유사(類似)종교' 개념의 형성과 분류체계가 작용하고 있다. 당시에 종교정책 시행자들은 일본의 '종교'를 '신도, 불교, 기독교'의 세 개로만 제한시키고, 나머지는 '유사종교'라는 범주에 포함시켰다. 이것은 적어도 개념상으로는 당시의 일본에는 "정식 종교가 세 개만 있었다"는 뜻이 된다. 그렇다면 이러한 발상은 어떻게 해서 가능했을까?

이에 대해서는 두 가지 차원에서 접근할 수 있다. 하나는 전통시대 동아시아의 사상형태로서의 '교'이고, 다른 하나는 당시 일본이 처한 국내외적 사정이다. 일본에 서구의 'religion'에 대한 번역어로 '종교'(宗教, Shūkyō) 개념이 정착된 시기는, 일본의 정치인과 학자들이 절대이성을 강조하던 헤겔(Hegel) 철학을 수용하여 '국체(國體)' 개념을 도입하고, 동시에 신도(神道)의 국교화 및 천황의 신인화(神人化)를 추구하여, 신권적 절대성을 근간으로 하는 근대 군국주의 국가를 형성해 나가는 시기와 맞물린다. 그런데 '종교' 개념의 근간을 이루는 '교'는 전통시태 동아시아의 주류 사상들을 지칭하는 개념으로 서양의 'religion'과는 애초부터 범주가 다른 개념이다. 이 글에서는 근대 일본의 종교정책의 중심에 자리잡고 있는 '종교'(Shūkyō) 개념에는 기존의 동아시아적 사상형태로서의 '교'(教)와 당시에 국민국가를 지향하는 일본의 시대적인 분위기가 맞물려 있다고 보고, 이 두 가지 차원에서 분석하고자 한다.

이어서 시간축으로는 근대의 19세기 말에서 현대의 21세기에 이르는 약 150여 년의 기간에 주목하고자 한다. 그 이유는 이 1세기 반 동안에 국내의 자생적인 민중신앙과 종교운동, 전통적인 유교・불교・도교 등의 새로운 움직임, 기독교 등 서구의 기성종교에서 파생된 새로운 종파운동 등이 역동적으로 전개되어 한국사회 전반에 커다란 영향을 끼쳤기 때문이다.

구체적으로 조선말기(1860-1909)에서 식민지시기(1910-1945) 동안에 동학(東學)・천도교(天道教), 증산(甑山)계 종교, 대종교(大倧教) 등이 주류를 이루어

왔으며, 원불교의 전신인 불법연구회(佛法硏究會)가 태동하였다. 1860년에 수운(水雲) 최제우(崔濟愚)에 의해 일어난 동학은, 이후에 '천도교'로 개칭하여 1919년의 3・1 독립운동과 문화운동 및 계몽운동에 있어 중심적인 역할을 하였다. 한편 증산(甑山) 강일순(姜一淳)의 제자인 차경석(車京石)이 세운 보천교(普天敎)는[1] 1919년 이후에 조직체계를 새롭게 구성하여 전국을 60방주로 나누면서 크게 신장되었으나, 1936년에 차경석이 사망한 이후에 조선총독부의 유사종교 해산령으로 인해 교단 본부가 해체되고 말았다. 또한 1909년에 홍암(弘巖) 나철(羅喆)에 의해 창립된 대종교(大倧敎)는[2] 일제치하라는 극한 상황에서 국내보다는 만주와 중국을 중심으로 단군신앙 운동을 통해 한민족의 역사의식을 회복함과 동시에 대일항쟁과 독립운동을 전개함으로써 대부분의 독립운동가와 지식인들을 대종교운동에 동참시켰다. 그러나 전체적으로 이 시기는 한편으로는 민족종교를 중심으로 전개된 새로운 종교운동이 전국적으로 파급되었지만, 다른 한편으로는 식민통치의 종교정책과 탄압으로 인해 그 기반을 잃고 와해되었던 시기이기도 하다.

1945년 이후에는 미군정과 이승만정권의 개신교 중심의 종교 선호정책

1) 차경석(車京石)이 세운 보천교(普天敎)는 1911년에 고부인을 앞세워 자기 집에 '선도교'(仙道敎 또는 太乙敎)라는 간판을 내걸고 증산교를 포교한 데에서 유래한다. 이후 1916년부터 교단조직을 체계화하기 시작하여 24명의 주요 교직인 '24방주'를 임명하면서 조직적인 포교를 해 나가자 신도들이 급증하게 되었다. 차경석은 1918년에 고판례를 스스로 떠나게 한 후에, 천지운도(天地運度)에 따라 자기가 동방연맹의 맹주가 되리라고 예언하였다. 나아가서 1921년 10월에는 대규모 천제(天祭)를 거행하고, 국호(國號)를 '시(時)', 교명을 '보화교(普化敎)'라고 하였으며, 1922년 2월에는 '보천교'로 개칭하여 교단을 공개하였다.

2) 홍암은 1909년(단기 4242) 음력 정월 보름날에 오기호(吳基鎬, 일명 吳赫), 이기(李沂) 등과 함께 서울 재동(齋洞)에서 '단군대황조지신위(檀君大皇祖之神位)'를 모시고 제천의례를 행하고 '단군교(檀君敎)'를 세상에 포명하였다. 이어서 1910년에 교명을 '단군교'에서 '대종교(大倧敎)'로 바꾸었다. '대종(大倧)'의 '대(大)'는'크다'는 의미의 '한'을, '종(倧)'은 단군왕검인 '검'을 각각 나타내는 말로, '대종교'란 '한배검'을 신앙의 대상으로 삼고 가르치는 종교라는 의미이다. '대종교'로 교명을 바꾼 이유에 대해서는 『대종교 중광 60년사(大倧敎重光六十年史)』에서 구체적으로 밝히고 있다.(『대종교 중광 60년사』, 156-158쪽)

으로 인해 종교인구에 커다란 변동이 일어났고, 1980-90년대에는 개신교 인구가 전 세계인의 관심을 끌 정도로 급속도의 성장세를 보여주었다. 그러나 2000년대에 들어서 개신교 인구는 감소추세에 접어들었고, 대신 불교 인구는 약간 증가하고 가톨릭 신자는 지속적으로 증가하는 양상이다. 또한, 종교인구의 범주에 들어가지 않은 새로운 종교운동과 다양한 심신수련 단체, 그리고 무교(巫敎)를 업으로 삼는 무당과 굿의례에 참여하는 다수의 대중들이 있다는 사실에도 주목할 필요가 있다.

마지막으로 시간축의 확장과 더불어 공간적으로도 한국과 일본을 각각 독립된 별개의 영역으로 보지 않고, 양자가 상호작용을 주고받은 연속적 공간으로 이해하고자 한다. 본 연구에서 메이지시기의 종교법령과 식민지 한국에 대한 종교정책의 상호관계를 파악하는 것도 이러한 접근법의 일환이다. 근대 일본은 신도(神道)의 국교화 과정에서 여타 기성종교와 토속종교, 그리고 새로운 민족종교 운동을 모두 정치적 도구화로 삼았다. 이러한 일본 내의 종교정책은 곧 식민지 조선에서의 종교탄압과 민족정신 말살정책을 정착시켜 근대 한국 민족종교의 기반을 근본적으로 와해시켰고, 나아가서 해방 전후에 종교지형의 급격한 변화를 초래하였다.

이러한 관점 하에 본 논문에서는 근대 '종교'와 '유사(類似)종교' 개념의 형성과 분류체계, 메이지유신 시기의 종교정책, 그리고 일제강점기 조선총독부의 종교정책과 종교지형의 변화를 중심으로 고찰하고자 한다.

II. 동아시아 전통의 ‘교(教)’ 개념[3)]

‘종교(宗教)’ 개념은 19세기에 일본이 ‘religion’의 번역어로 사용하면서 동아시아 한자문화권에서 널리 쓰이기 시작하였다. 원래 ‘religion’이란 말은 ‘religio’의 파생어로, ‘religio’의 의미에 대해서는 두 가지 학설이 있다. 키케로(Cicero, B.C.106-43)는 ‘relegere’에서 유래한 말로 ‘엄숙히 집행된 의례’를 뜻한다고 보았다. 반면에 기독교의 호교론자인 락탄티우스(Lactantius, 250-325)는 ‘religare’에서 유래한 말로 ‘신과 인간을 다시 결합시키는 것’을 의미한다고 하였다.

반면에 전통시대 동아시아에서 ‘종교’라는 한자어는, 직역하면 ‘으뜸되는 가르침’ 또는 ‘삶의 근본 법도’라는 의미로, 주로 불교 내부에서 사용되어 화엄종이나 천태종의 특정한 가르침을 지칭하는 말로 사용되었다. 구체적으로 ‘종(宗)’은 불교의 근본진리를 파악한 것에 의해 도달된 궁극의 경지를 의미하며, ‘교(教)’란 근본진리를 가르치기 위한 방편적인 가르침을 뜻한다. 그리고 ‘방편’(方便, upāya)은 붓다(佛陀, Buddha)가 자신의 깨달음을 바탕으로 하여 중생들을 위해 설파한 상황에 따른 다양한 가르침을 의미한다. 따라서 불교에서의 ‘종교’는 ‘근본진리에 대한 다양한 가르침’이란 뜻이 된다. 가령 화엄종에서는 ‘교(教)’와 ‘종(宗)’을 합친 말로 ‘종교(宗教)’를 사용하고 있는데, 여기서 ‘교’는 ‘돈교’(頓教)나 ‘별교’(別教)와 같이 불교의 가르침을 내용적으로 나누는 범주이고, ‘종’은 그 각각의 ‘교’의 ‘종지’를 의미한다.[4)] 또한 ‘천

3) 이하의 ‘교’ 개념에 대한 서술은 小林正美의 「三教交渉における「教」の観念」, 『六朝道教史研究』, 創文社, 1990과 조성환의 「중국적 사상형태로서의 교教」, 『철학사상』 제11・12집 합본, 2007을 참고하였다.

4) “分教開宗. 一, 宗教各別. 二, 終頓淺深. 三, 圓滿修多羅得益. 四, 中間三教機. 五, 頓教言說. (『華嚴五教章問答抄上』 T72-630a)

태종교'[5]는 천태종의 특정한 '스승'을 수식하는 말로 쓰이고 있다. 따라서 전통시대에 '종교'라는 말은 대체로 불교의 하위 범주에 속하는 개념으로, 특히 불교의 가르침을 세분하는 과정에서 쓰이고 있음을 알 수 있다.

전통적으로 '종교'가 이와 같이 제한된 영역에 쓰이고 있었다고 한다면, 그 상위에 있는 범주는 무엇이었을까? 즉 유교나 불교 또는 도교 등을 아우르는 보다 포괄적인 개념으로는 어떤 것이 있었을까? 지금까지 근대 일본의 '종교' 개념을 논하였던 대부분의 연구들은 바로 이 부분을 간과하고 있다. 즉 'religion'의 번역어로서의 '종교' 개념의 탄생에만 초점을 맞추고 있지, 그 '종교' 개념의 바탕에 깔려 있는 전통시대 동아시아의 '교' 개념에 대해서는 주목하는 이는 거의 없었다고 해도 과언이 아니다.

'교'는 '종교'는 물론이고 유불도 '삼교' 또는 '국교'라는 말 속에 공통적으로 들어 있는 개념으로, 전통시대 동아시아의 독특한 사상형태를 가리키는 용어이다. 문제는 이 '교'의 의미가 서양의 'religion'과는 의미상에서 사뭇 달랐다는 점이다. 이러한 사실은 전통시대에 '교'가 쓰인 용례로부터 쉽게 추측할 수 있다. 한대에는 유교가 '덕교'(德教)라고 불렀는데, 이러한 용례는 이미 『순자(荀子)』의 '예교'(禮教)나 '법교'(法教)라는 개념에서 그 단초가 보이고 있다. 또한 남북조시대의 대표적인 유불논쟁인 「사문불경왕자논쟁(沙門不敬王者論爭)」에서 불교도들은 유교를 '내교'(內教)나 '형교'(形教)로, 불교를 '외교'(外教)나 '신교'(神教)로 각각 규정하면서, 불교야말로 유교와 마찬가지로 중국의 '교'가 될 수 있다고 주장하였다. 한편 7세기에 중국 도교계를 대표하는 성현영(成玄英)은 유교를 '문교'(文教)로, 도교를 '리교'(理教)로 각각 규

5) "一心奉請天台**教**主智者大師, 惟願降臨道場受我供養, 一心奉請天台高祖無畏論師龍樹尊者, 一心奉請天台宗**教**第二祖師北齊尊者, 一心奉請天台適嗣第三祖師南岳尊者, 一心奉請天台結集**教**藏第五祖師章安尊者, 一心奉請天台**教**觀第六祖師法華尊者, 一心奉請天台**教**觀第七祖師天宮尊者, 一心奉請天台**教**觀第八祖師左谿尊者, 一心奉請天台記主第九祖師荊谿尊者"(「天台智者大師齋忌禮讚由序」 T46-966b)

정하고 있다.[6] 이 외에도 '교'는 기본적으로 '경'(經)의 형태를 갖추어야 한다는 점에서 '경교'(經教)라는 개념도 빈번히 등장한다.[7]

여기서 '덕교'는 말 그대로 '덕의 가르침'을 뜻하며, '예교'는 '예의 가르침'을 의미한다. 또한 '문교'는 '언어(말씀)에 의한 가르침'을, '리교'는 '깨달음(理)에 의한 가르침'을, '경교'는 '경전에 쓰여진 가르침'을 각각 의미한다. 한편 '형교'(形教)와 '신교'(神教)는 각각 '육체의 가르침'과 '정신의 가르침'(또는 '정신에 관한 가르침')을 가리키며, '내교'는 '제도권 내의 가르침'을, '외교'는 '제도권 밖의 가르침'을 각각 가리킨다. 이로부터 추측할 수 있는 것은 '교' 앞에 붙는 수식어는 가르침의 내용이나 주제 또는 범위를 나타내고 있고, '교'는 '엄숙한 의례'나 '신과 인간의 결합'이라는 의미에서의 'religion'이기보다는 '교화'나 '교설'에 가깝다는 사실이다. 그리고 그 가르침을 설파한 이가 이상적인 성인으로 여겨지고 있다는 점에서 '성교'(聖教)라고[8] 한다. '성교'는 전통시대 동아시아의 사상형태를 단적으로 나타내는 개념이다. 국가의 역할은 일차적으로 성인의 말씀(聖經)으로 백성들을 '교화'하는 데에 그 의의가 있었다. 『순자』에 나오는 '정교'(政教)라는 개념은 정치와 종교의 일치를 나타낸다기보다는 정치와 교육의 일치, 달리 말하면 '교화로서의 정치'를 의미한다. 즉 전통시대에 동아시아에서 정치의 본질은 바로 백성의 교화로 이해되었던 것이다.

이처럼 '교'의 가장 기본적인 의미는 '교화'인데, 그것의 방법적인 측면을 강조하면 '교육'이라 할 수 있고, 그것의 실현이 정치적 제도에 의해 뒷받침

6) "理教虛玄"(成玄英『老子義疏』 제35장); "夫斲輪失所則牢固. 若使得宜, 則口不能言也. 況之理教, 其義亦然."(成玄英『莊子疏』 제13편「天道」); "欲行愛養之仁而爲裁非之義, 脩於文教, 偃息兵戈, 如斯治國, 未知可不也?"(成玄英『莊子疏』 제24편「徐無鬼」)

7) 대표적인 예로는 위진남북조시대의 도교경전인『太上洞玄靈寶本行因緣經』에 나오는 "發願念道, 敬受經教"(4b)를 들 수 있다.

8) 에도시대의 유학자 야마가 소코(山鹿素行)의『聖教要錄』등에 그 용례가 보인다.

되고 있다는 점에서는 '정치'의 다른 말이다. 또한 거기에 인간관과 세계관이 담겨 있다는 점에서는 '철학'과도 통하고, 가르침의 주체를 섬기고 종교적인 의례를 통해서 성스러운 세계를 추구한다는 점에서는 '종교'적 요소도 포함하고 있다. 한편 '교'(Teaching)가 가르침을 설파하는 주체의 입장에서 사용되는 말이라고 한다면, '학'(Learning)은 그것을 배우는 이의 입장에서 쓰는 개념이다. 위진남북조시대에 '도교'는 '도학'이라고도 불리었으며,[9] 송대의 성리학자들은 자기들의 학문을 '도학'이라고[10] 하였다. '성교'(聖教)와 '성학'(聖學) 개념도 이러한 맥락에서 사용되었다.

이상을 정리해 보면, '교'의 가장 본질적인 의미는 '교화'이고, 그것을 설파한 주체는 '성인'이며, 그 내용은 궁극적으로 '공리'(公理)를 지향하였다. 따라서 이러한 관점에서 보면, 전통적으로 중국에 '유불도 삼교'가 있었다는 말은 중국에는 "종교가 세 개밖에 없다"는 의미가 아니라, 천하를 교화하기 위한 사상으로 국가에 의해 인정된 "공식적인 가르침이 세 개"라는 뜻이다. '교'는 기본적으로 국가가 인정한 '공인된 가르침'을 의미한다. 이런 점에서 막스 베버(Max Weber)가 『유교와 도교』에서[11] 도교를 이단으로 분류한 것은 '교'에 대한 잘못된 이해에서 비롯된 것이다. 왜냐하면 '교'라는 말이 붙은 이상 그것은 기본적으로 '공인된 가르침'을 의미하기 때문이다.

반면에 '도'는 '교'보다 훨씬 일반적인 범주에 속한다. 고대 중국의 제자백가들은 저마다 '도'를 설파하였다.[12] 또한 한대에는 황로도나 오두미도

---

9) 마추(馬樞)의 「도학전」(道學傳) 참조(陳國符 『道藏源流考』 부록 7 수록).

10) 쓰치다 겐지로, 『북송도학사』, 성현창 역, 서울: 예문서원, 2006, 서문 참조.

11) 막스 베버, 『유교와 도교』, 이상률 옮김, 서울: 문예출판사, 1990, 제7장 「정통과 이단」.

12) 이런 점에서 앵거스 그레이엄은 고대 중국의 제자백가를 『도를 논쟁한 사람들』(Disputers of the Tao)이라는 제목으로 정리한 것은 주목할 만하다(앤거스 그레이엄, 『도의 논쟁자들』, 나성 옮김, 서울: 새물결, 2003; A. C. Graham, *Disputers of the Tao: Philosophical Argument in Ancient China*, Open Court Pub. 1989).

와 같은 신선을 지향하는 종교집단이 홍성하였다. 여기서 '도'는 실천을 동반한 '사상'이나 '철학' 또는 '제도'까지 포괄하는 개념으로, 이 여러 '도'들(daos) 중에서 한나라 때에는 특별히 '유도'(儒道=선왕의 도, 문무주공의 도)만을 선정하여 '교'로 채택하였다. 이것이 철학사에서 말하는 이른바 '유교의 국교화'라는 사건이다. 조선조의 '유교의 국교화' 역시 '불도'(佛道)나 '선도'(仙道)가 아닌 '유도'(儒道)를 통치이념으로 삼아서 왕과 신하를 비롯한 모든 백성들을 유교적 이념에 의해 교화시키고자 한 사상운동이었다. 따라서 '도'는 지금으로 말하면 사상이나 철학 또는 종교나 실천 등을 아우르는 매우 포괄적인 범주라고 할 수 있다.

Ⅲ. 메이지시대의 '종교(宗教)' 개념과 신도의 국교화

1. '종교(宗教)' 개념의 탄생

전통적인 동아시아의 '교' 개념이 가장 큰 변화를 일으킨 것은 19세기 일본에 의해서이다. 결론을 미리 말하면, 메이지시대에 개념화된 '종교'(Shūkyō)는 전통적인 '교'와 서구적인 'religion'의 사이에 위치하고 있다고 할 수 있다. 메이지 일본은 바로 이런 중간자적인 '종교'(Shūkyō) 개념을 정립함으로써 종교(religion)를 국가의 필요에 의해 도구화하였다. Jason Ānanda Josephson이 메이지시대 일본이 발명한 '종교' 개념은 학문적(academic) 또는 민족지학적 범주(ethonographic category)가 아니라 외교적(diplomatic) 내지는 법률적 범주(legal category)라고[13] 규정한 것은 이러한 점을 시사하고 있다. 즉 정치적 필요에 의해 정책입법자들에 의해 의도적으로 '고안된' 개념이라는 것이다.

먼저 새로운 '종교' 개념이 형성된 시기의 일본의 분위기를 살펴보자. 메이지시기의 일본은 전통종교인 신도(神道)를 부활시키는 종교정책을 펼쳤는데, 이는 막부(幕府)시대를 마감하고 천황(天皇)의 절대적 권위를 확립하기 위한 이념적 토대 작업에 근거하고 있다. 메이지정권의 출발점이었던 1868년(明治 1년)에 나온 「5개조 서문(誓文)」까지만 해도 "만기공론(萬機公論)으로 결정할 것", "천지(天地)의 공도(公道)를 바탕으로 할 것", "지식을 세계에서 구해야"라는 것과 같은 보편적 가치를 지니고 있었다. 그러나 1889년(明治 22년)에 프러시아를 모델로 하는 「대일본제국헌법」과 1890년에 「교육에 관한 칙어(勅語)」(이하 「교육칙어(教育勅語)」)가 반포되면서 보편주의는 그 그림자를 감추게 되었다.[14] 「대일본제국헌법」에서는 "대일본제국은 만세일계(萬歲一系)의 천황이 통치한다"(제1조)고 하면서 "천황은 신성하게 보호된다."(제3조)는 점을 강조하여 천황 중심의 군국주의가 탄생하게 되었다.

'종교'(Shūkyō)라는 말은 이러한 천황제 국가를 뒷받침하기 위한 개념적 장치로 고안되었다. 즉 근대 국민국가를 지향하는 일본은 기존의 '종교'에 새로운 의미를 부여함으로써 동양전통의 '교'를 '국가'의 하위에 종속시켜 부국강병이라는 특정한 목적을 위해 도구적으로 사용하였다. 즉 '교'가 '공리'(公理)를 실현시키기 위한 가르침으로 존재하는 것이 아니라, 오로지 '국익' 추구를 위한 수단으로 전락한 것이다. 그런 점에서 '국가' 그 자체가 '교'

13) Jason Ānanda Josephson, *The Invention of Religion in Japan*, The University of Chicago Press, 2012. pp. 3~4.

14) 이시이 쓰요시, 「메이지 체제 하의 공공성, 상상에 있어서 유교의 질곡: 우치무라 간조의 비판을 중심으로」(『조선조 후기 한국의 실학사상과 민족종교 운동의 공공서 연구』 원광대학교 종교문제연구소 글로벌 시대 한국적 가치와 문명연구 한일국제학술대회 발표자료집, 2013년 9월 27일)

가 되었다고 할 수 있다. 다시 말하면 '교'의 목적이 '공리'[理]가 아니라 '국가'[國]가 된 셈이다. '국체(國體)사상'이나 '국가주의'라는 말은 근대 일본의 이런 측면을 나타내고 있다. 메이지시대에 고안된 '종교' 개념과 '신도의 국교화' 정책에는 이러한 사상사적 맥락이 깔려 있다.

그런 점에서 메이지시대의 '신도의 국교화'는 고대 중국의 '유교의 국교화'와는 그 의미가 전혀 다르다고 할 수 있다. '유교의 국교화'가 천하 사람들을 교화하기 위한 수단으로 공자의 '가르침'이 채택되었음을 의미한다면, '신도의 국교화'는 '신도'가 '국'이라는 '교'를 실현시키기 위한 '도구'가 되었음을 의미하기 때문이다. 야스마루 요시오(安丸良夫)는 "… 천황의 신권적 절대성을 근거 짓고 착종한 이해대립을 넘어서 근대민족국가 형성의 이념을 조달하려고 하는 정치이념적인 장치로써 절대적인 역할을 수행했다."라고 하면서 "천황의 신권적 절대성 이외에는 있을 수 없으며 그 근거 부여를 위해 국학(國學)이나 미토학(水戸學)에서 유래한 여러 가지 비합리성이나 신비성을 수반시킨 국체론(國體論)적 이념이 동원되었던 것"[15]이라고 강조하였다.

2. '유사종교(類似宗教)' 개념과 '신도비종교론(神道非宗教論)'

이상에서 살펴본 바와 같이, 메이지시대의 종교정책은 국가신도를 추진하면서 천황제 체제의 구축을 기조로 삼았다. 그리하여 모든 종교가 국가신도라고 하는 국가적 정치종교의 하부조직으로 편입되어 실질적인 통제

15) 『日本近代思想體系 5: 宗教と国家』, 東京: 岩波書店, 1988, 490－492쪽.

를 받게 되었다. '종교'(Shūkyō)와 그것의 파생어인 '유사종교' 개념은 바로 이러한 목적을 위해 고안되었다. '종교' 개념에는 전통적인 '교' 개념이 본래 지니고 있는 '교화'의 의미가 담겨있지만, 그것이 '국민교화'를 위한 수단으로 교묘하게 활용되고 있었다. 반면에 '국민교화'에 방해가 된다고 판단되는 종교(religion)들은 '유사종교'라는 새로운 범주에 넣어 단속과 통제의 대상으로 삼고 있다. 즉 '유사종교'는, 서양식으로 말하면 'religion'이긴 하지만, 전통시대 동아시아의 범주로 말하면 '교'는 아닌 것이다.

그런데 문제는 '종교'로 분류되고 있는 '삼교' 사이에도 질적인 차이가 존재한다는 점이다(물론 일본에서의 '삼교'에 해당하는 것은 중국의 '도교'나 '유교' 대신에 '신도'나 '기독교'가 들어간다). 그리고 바로 여기에 일본적 '근대'라는 변수가 작용하고 있다. 즉 근대 일본은 "신도, 불교 그리고 기독교"를, 전통시대 중국에서와 같이 동등한 '삼교'로 인정하지 않고, 이들 사이에 다시 질적인 층차를 나누고 있다는 점에서 전통적인 '교'의 맥락에서 미묘하게 벗어나고 있다. 즉 신도를 '대교'(大敎)나 '대도'(大道)로 규정하면서[16] 불교나 기독교와 구분 짓고 있는 것이 바로 그것이다.

그러다가 신도(神道) 중심의 종교정책의 산물인 '폐불훼석(廢佛毁釋)' 사건(1872-4)을 계기로 불교계 정토진종의 저항과 신도국교화 반대에 부딪히자, 메이지정부는 부득이하게 종교정책의 노선을 변경하게 된다. 이로 인해 신도 내에서도 국가신도와 교파신도를 구분하게 되었는데, 이에 대해 무라카미 시게요시는 다음과 같이 설명하고 있다.

> 제사와 종교의 분리에 의한 국가신도의 형성은 실질적으로는 신사신도(神

16) 일본은 메이지 3년 1월 3일(=1870년 2월 3일)에 「宣布大敎의 詔」를 발포하여 '신도'를 '大敎'나 '大道'로 위치지우고 있다.

社神道)로부터의 종교적 기능의 단절을 의미했기 때문에 신도에게는 제사에 한정된 종교의 '국가신도'와 일반신도의 '교파신도'라고 하는 두 부분이 분리해서 존재하게 되었다. 교파신도는 1882년을 중심으로 별파(別派)한 14개의 독립교파와 다수의 부속교회로부터 성립되었다. 독립교회파의 각 교는 계통적으로는 막말의 창창종교(黒住教・天理教・金光教), 산악(実行教・扶桑教・御嶽教), 유신도(惟神道)의 종교로 나눌 수 있다.[17]

위의 인용문에서처럼 신도에게는 제사에 한정된 종교의 '국가신도'와 일반신도의 '교파신도'로 그 유형을 다르게 분류하고 있음을 알 수 있다.

또한 기타지마 기신에 의하면, "'교파신도'라는 명칭은 '국가신도'가 '종교' 부분을 단절하고, 여러 종교들의 상위에 서게 됨으로써 인위적으로 생겨난 것이다. '국가신도'에 의해 정부는 모든 종교를 지배하는 입장에 서서 제 종교들의 활동에 제한을 가하는 것이 가능하게 되었으며,"[18] 1884년의 신불교도직(神佛教導職)의 폐지를 계기로 정부는 신불기(神佛基) 삼교를 직접 통제 하에 두고 국가신도체제를 확립하게[19] 된다. 즉, 국가신도는 정교분리(政教分離) 정책에서 말하는 종교의 범주를 벗어나서, 최상위의 개념에 위치하면서 천황의 통치수단을 위한 도구가 된 것이다.

'신도비종교론'에서 "신도는 종교가 아니다"라는 논법은 이러한 배경 하에서 탄생하였다. '종교' 사이에 다시 종교인 것과 종교가 아닌 것을 나누고 있는 것이다. 그러나 여기서 말하는 "신도는 종교가 아니다"는 논리는 "신도는 유사종교이다"는 뜻이 아니라 "신도야말로 국교이다"라는 의미이다.

---

17) 村上重良, 『国家神道と民衆宗教』, 吉川弘文館, 1982, 14쪽. 이하'村上重良'로 약칭

18) 北島義信(기타지마 기신), 「일본근대 신종교의 사조와 공공성」(원광대학교 종교문제연구소 "글로벌 시대 한국적 가치와 문명연구" 한일국제학술대회 발표자료집, 2012년 11월 29일).

19) 村上重良, 17쪽.

결국 엄밀히 말하면 "(국)교[=신도]>종교[=불교, 기독교]>유사종교[=신종교]라는 세 가지 위계가 생기게 되는 셈이다. 니시야마 시게루(西山茂)는 이러한 계층적 구조를 다음과 같이 정리하고 있다.[20]

정상(頂) ① 비종교 A (신사 중심의 국가신도 및 국민적 천황숭배 의례)
↓ ② 종　교 B (교파신도(教派神道)・불교・그리스도교 등 제종파)
바닥(底) ③ 비종교 C (유사종교=신종교 종단 및 민속종교 등)

니시야마 시게루는 근대 일본 메이지 시기의 종교분류를 3층 구도로 파악하고 있다. 첫째, 국가신도는 국민적 천황숭배이기에 서구에서 일반화된 정교분리 대상으로서의 일반적 종교가 아니라 초월적 종교로 보았다. 둘째, 일반적으로 인식되는 '종교'는 공인된 종교로서 일본의 교파신도, 불교, 기독교를 지칭하였다. 셋째, 국가의 공인된 종교의 범주를 벗어난 모든 신종교 종단이나 민속종교는 유사종교로 분류하여 신앙의 자유와 교화소(教化所) 설립 등에 제약을 받고 탄압의 대상이 되었다.

20) 西山茂, 「近代仏教研究の宗教社会学的諸課題」 『近代仏教』 제5호, 1998, 5쪽; 삿사 미츠아키(佐々充昭), 「한국 근대에 있어서의 신종교와 국가신도와의 상극-식민지기의 공공권(公共圏)을 중심으로」(2013년 7월 26일 東京大学 東京都 目黒区 駒場에서 개최된 '원광대학교 종교문제연구소 한일국제학술대회' 발표문), 75-92쪽 참조.

IV. 조선총독부의 종교정책과 종교지형의 변화

1. 조선총독부의 '종교의 도구화' 정책

일제강점기의 법령에 관한 자료는 『現行朝鮮法規類纂: 第1-10巻』[21]에 종합적으로 수록되어 있는데, 특히 종교관련 법령은 「6. 学事・宗教」에서 찾아볼 수 있다. 이외에도 일제강점기 교육과 종교 관련 지역별 조사연구 자료들이[22] 산재하고 있다. 일제강점기 종교와 관련한 주요 연구 성과는 요시카와 분타로(吉川文太郎)의 『朝鮮諸宗教(조선제종교)』(1922),[23] 다카하시 토오루(高橋亨)의 『朝鮮儒学論集(조선유학론집)』, 무라야마 지준(村山智順)의 『朝鮮の類似宗教(조선의 유사종교)』(1935)가[24] 있다.

---

21) 『現行朝鮮法規類纂: 第1～10巻』은 1. 通則, 2. 務財務, 4. 殖産, 5. 法務, 6. 学事・宗教, 7. 警察・衛生, 8. 土木・交通, 9. 通信, 10. 会計 등 10개의 항목별 자료를 수합하고 있다 (『現行朝鮮法規類纂: 第1～10巻』, 帝国地方行政学会朝鮮本部, 東京, 1929～1944).

22) 『教育と宗教要覧』(昭和13年, 京畿道庁学務課, 1939); 『教育と宗教要覧』(昭和13年～昭和17年, 京畿道編, 1938～1943); 『教育及宗教』(昭和15年度, 咸鏡南道, 1941); 『朝鮮の宗教及信仰』 (朝鮮総督府, 京城, 1935) 등의 자료와 지역별로 종교관련 조사 자료들이 산재되어 있다.

23) 吉川文太郎, 『朝鮮諸宗教』(출판사 미상), 1907(대정 11년); 吉川文太郎, 『朝鮮の諸宗教』, 조선홍문회, 1922. 요시카와는 1919년 3・1운동 이후에 조선총독부 종교과(果)에 근무하면서 국한문혼용체로 조선의 종교를 총 7장 434쪽 분량으로 된 『朝鮮諸宗教』를 통해서 개괄하고 있다. 이 책은 종교정책을 시행하기 위한 행정 자료적인 성격이 다분하지만, 일제강점기 한국의 종교현상을 파악하는 데 필요한 자료이다. 1～5장까지는 「朝鮮의儒教」, 「朝鮮의佛教」, 「天主公教」, 「基督新教」 등 당시 조선의 종교를 소개하고 있고, 6장에서는 「朝鮮特有의宗教」라는 제목으로 天道教, 侍天教, 大倧教及檀君教, 太乙教, 統天教, 青林教 등을 소개하고 있다. 요시카와의 『朝鮮諸宗教』는 한국 종교 전반에 대한 서술은 물론, 당시 신종교들의 역사적 전개와 상황을 26장의 사진자료와 함께 정리한 책으로, 일제강점기 시기의 한국종교 연구를 위한 중요한 자료 중의 하나이다. (한국종교문화연구소 논문모음 소개(朝鮮諸宗教/종교학도서목록/신종교2012/04/20 http://crrc.tistory.com/86)

24) 조선총독부에서 조선총독부 조사자료 제42집으로 발행하였다. 조선총독부의 강력한 지원을 받은 무라야마 지준(村山智順)의 주도하에 10여년간에 걸쳐 전국 방방곡곡을 빠짐없이 조사 집성하여 1935년 발행된 일문(日文)자료집이다. 한글 번역서로는 최길성・장상언 공역, 『조선의 유사종교』 대구: 계명대학교 출판부, 1991가 있다.

이상의 자료들에 나타난 일제강점기의 종교정책은 기본적으로 메이지 시대의 그것의 연장선상에 있었다. 가령, 종교의 자유는 일본 자국뿐만 아니라 식민지 국가에 있어서도 천황 중심의 통치체제와 국가의 안전을 최우선으로 하는 범위 내에서만 가능하였고, 종교가 국가 공권력의 중심인 국체를 부정하는 경우에는 탄압의 대상이 되었다. 통감부와 조선총독부는 메이지정부의 이와 같은 종교정책을 토대로 식민지 조선에 대한 종교정책을 펼쳤다. 이러한 사실은 이토 히로부미(伊藤博文)의 다음과 주장에서 확인할 수 있다.

> 무릇 종교란 국가의 기축(機軸)을 이루어 사람 마음 속 깊이 침투하여 인심을 국가로 귀일시켜야 할 것이다. 그러나 우리나라는 종교라는 것이 그 힘이 약하여 국가의 기축이 될 만한 것이 없었다… 우리나라에서 국가의 기축이 될 만한 것은 오로지 황실이 있을 뿐이다.(『수정헌법교본』)[25]

주지하다시피 이토 히로부미는 일본헌법을 기초한 인물로, 한일협약이 체결된 이듬해인 1906년 3월에 초대 한국통감으로 부임하여 식민지화를 향한 일본의 조선 지배를 본격화한 장본인이다. 그는 종교의 존재의의를 '성인'이나 '리' 또는 '천하'가 아니라 철저하게 '국가'와 '황실'이라는 제한된 공간으로 축소시켰다. 아울러 식민지화의 준비기인 통감정치기(1904-1910)에 강제적인 한국병합과 효과적인 통치를 위한 일본의 법적 제도적 장치를 한국에 이식시켰다. 종교와 관련한 사항만 살펴보면, 1906년 11월 17일에 「종교의 선포에 관한 규칙」을[26] 공포하여 모든 종교 활동에 대해 통감의

25) 伊藤博文, 『修訂憲法教本』. 이 사료에 대해서는 박승길 「일제 무단통치시대의 종교정책과 그 영향」, 『사회와 역사』 35, 1992, 25쪽 참조. 이하 '박승길'로 약칭.

26) 통감부령 제45호로 1907년 11월17일에 공포되어 12월1일부터 시행하였다. 성주현, 『식민지시

인가를 받도록 하여 종교를 통제하는 법률적 발판을 마련하였다. 이 규칙은 일제의 신도, 불교, 기타 종교에 대해 적용하는 것으로 규정되어 있는데, 특히 일본인이 조선의 사원관리 위촉에 응할 수 있도록 한 규칙 제4조에는[27] 일제의 조선종교에 대한 통제를 제도화하기 위한 강한 의도가 담겨 있다. 이와 같이 통감부는 한편으로는 일본종교의 한국 내 진출을 적극 장려하여 일본종교를 한국침략에 이용하고자 하였고, 다른 한편으로는 한국 내 종교들을 회유하여 식민지화에 동의하도록 유인한 역사적 사례들이[28] 즐비하다.

이상의 종교정책은 초대 총독 테라우치 마사타케(寺內正毅)의 재임기간(1911년 8월 21일-1916년 10월 9일) 동안에 구체화되었으며, 1911년에 간행된 『총독부시정연보(總督府施政年報)』에서 공인된 종교를 제외하고는 모두 규제 가능한 대상으로 삼았다.

종교 단속에 관해서는 메이지 35년 통감부령 제45호로 일본인의 종교선포

기 종교와 민족운동』(2013), 15쪽 각주 2참조; 『統監府法令資料集』 상, 대한민국국회도서관, 1972, 234-235쪽.

27) 식민지시대의 종교정책 일반에 관한 연구로는 강위조, 『일본통치하 한국의 종교와 정치』, 대한기독교서회, 1977; 한석희(김승태 역), 『일제의 종교침략사』, 기독교문사, 1990; 이홍범, 「한국에 행하여진 일본의 식민지 종교정책」, 김지견 외 편, 『신라불교의 연구』, 동경: 산희방불서림, 1973; 박승길, 「일제무단통치시대의 종교정책과 그 영향」, 『한국사회사연구논문집』 제35집, 문학과지성사, 1992 등이 있다. 불교 관련 연구로는 정광호, 「일제의 종교정책과 식민지불교」, 『한국사학』 3, 한국정신문화연구원, 1980; 임혜봉, 『친일불교론』(상, 하), 민족사, 1993 등이 있고, 기독교에 대해서는 민경배, 『한국기독교회사』(신개정판), 연세대출판부, 1993; 기독교역사연구소, 『한국기독교의 역사』(I, II), 기독교문사, 1991; 臧田雅彦, 「일제의 한국기독교 탄압사」, 기독교신문사, 1991 등이 있다. 이상, 한석희, 앞의 책, 63-64쪽 참조.

28) 일본불교 니치렌종(日蓮宗)의 사노 젠레(佐野前勵)는 1898년에 국왕에게 승려의 도성출입 금지에 대한 폐지를 건의하여 승낙을 얻어냈고, 일본 소토종(曹洞宗)의 다케다 한시(武田範之)는 1910년에 전국 72개 사찰이 가입된 조선불교 원종종무원이 일본의 소토종과 연합조약을 체결하는 데 결정적인 역할을 할 정도로 한국불교계의 신뢰를 얻고 있었다. 한석희, 앞의 책, 15-65쪽 참조.

> 수속절차를 정한 바 있다. 하지만 조선인 및 외국인의 종교에 관한 것은 아무런 법규도 없어서, 이 때문에 포교소(布教所)가 함부로 설치되고 있어 그 폐해가 크다. 특히 天道教・侍天教・大倧教・大同教・太極教・圓宗宗務院・孔子教・大宗教・大成宗教 등의 宗이 있는데, 그 종류가 너무 많고 잡다할 뿐만 아니라 그 움직임도 정치와 종교를 서로 혼동하여 순전하게 종교라고 인정하기 어려운 것이 많아 그 단속이 불가피하다.[29]

여기에서 테라우치는 조선인 및 외국인 종교 단체에서 설치하는 포교소 난립을 통제하려 하고 있을 뿐만 아니라, 종류가 너무 많아 잡다한 민족종교와 정치적 양상을 띠고 있는 종교들을 단속 대상으로 삼으려고 한다.

또한 테라우치는 '종교'의 기능에 대해 다음과 같이 말하고 있다: "사회교화의 촉진을 위해서는 종교의 본래 기능은 보류해 두는 것이 필요하다."[30] 여기에서 그는 '교화'와 '종교'를 대비시켜 "종교는 교화를 위해 사용되어야 한다"는 논리를 이끌어내고 있다. 그런데 '교화'가 전통적인 '교' 개념의 연장선상에서 쓰이고 있다고 한다면, '종교'는 서구적인 religion의 번역어로 사용되고 있다. 따라서 "종교가 교화를 위해 사용되어야 한다"는 말은, 엄밀히 말하면 서구적인 의미의 '종교'는 전통적인 의미의 '교'를 위해서 제한적으로 사용되어야 하고, 그것도 다른 '교'가 아니라 '국'이라는 '교'를 위해서만 긍정적인 의미를 지닌다는 뜻으로 해석된다.

따라서 테라우치는 'religion'의 상위에 '교화'를 두어 "religion＜教(=교화)"의 공식을 제시한 셈이다. 결국 그가 사용하는 '종교'(Shūkyō) 개념은 서구적인 'religion' 개념 속에 동아시아적인 '교화'의 의미를 집어넣은 '교화로

---

29) 성주현, 『식민지시기 종교와 민족운동』, 선인, 2013, 18-22쪽; 朝鮮總督府, 『朝鮮總督府施政年報』, 1911, 77쪽. 이하 '성주현'으로 약칭.

30) 『조선총독부연보』 (1911～12), 213쪽. 박승길, 25쪽 각주 21)에서 재인용.

서의 religion'을 의미한다고 할 수 있다. 동시에 '교화'의 목적을 일본이라는 '국가'의 이익으로 한정시키고 있다는 점에서 '교'와도 다르며 'religion '과도 다른 제삼의 개념이라고 할 수 있다. 결국 근대 일본에서 사용된 '종교'(Shūkyō) 개념은 '국민 교화로서의 religion'을 지향한 것이었고, 그 결과 종교를 국가 이익을 추구하는 도구로 사용하는 정책을 펼쳐간 셈이다.

종교에 대한 테라우치의 이러한 관점은 1915년 8월 16일에 총독부령 제83호로 공포된 「포교규칙(布教規則)」에[31] 구체적으로 제시되고 있다. 「포교규칙」에서는 "신도, 불도 그리고 기독교"만 '종교'라고 부르고 있는데[32], 이것은 전통시대의 중국사상으로 말하면 "유교, 불교, 도교"만 '교'로 인정한다는 것에 상응한다. 다시 말하면, "신도, 불도 그리고 기독교"만 공식적인 '가르침'으로 인정하겠다는 발상이다. 여기에서도 근대 일본이 서양의 '종교' 개념을, 마치 전통시대의 '교' 개념처럼, 대단히 '제한적으로' 사용하고 있음을 확인할 수 있다.

나아가서 설령 공인종교라고 하더라도 천황제 국가이념을 부정하지 않은 범위 내에서만 신앙의 자유를 보장하고 있고, 민속종교의 경우에는 '종교유사단체'라는 용어를 사용하여 유사종교의 범주에 넣어 단속 대상으로 삼았다. 아울러 일본의 신도(神道)를 중심으로 조선인에게 일본적인 신앙을 강요하였고, 불교에 대해서는 사찰령을 시행하여 대처승제도를 도입하고 친일승려들을 조직적으로 육성하였다. 뿐만 아니라 한국불교계의 총무원제도를 중심으로 중앙통제를 쉽게 하려는 제도적 변화와 함께 일본식 황도불교로의 전환을 모색하였다. 이러한 일제강점기의 종교정책은 식민통치

---

31) 성주현, 22쪽 각주 26 참조; 朝鮮總督府, 『朝鮮法令便覽』(上卷), 帝國地方行政學會 朝鮮本部, 1922, 22~24쪽.

32) "本令に於て宗教と称するは神道, 仏教及基督教を謂う."平山洋 「朝鮮総督府の宗教政策」. 源了圓, 玉懸博之 編 『国家と宗教』, 思文閣出版, 1992, 494쪽 참조. 이하'平山洋'로 약칭.

기간 내내 강화되어 갔다.

그러다가 1919년 3・1 독립운동을 계기로 일제의 종교정책은 유화적인 자세로 선회하였다. 히라야마 요유에 의하면, 일제의 종교정책은 '3・1 운동'이라는 사건을 계기로 크게 전환되었는데, 그 이유는 3・1 운동을 주도한 이들이 종교지도자들이었기 때문이었다. 그 결과 히라야마 요우(平山洋)는 "종교활동을 억압・감시하는 종래의 방법을 강화하는 한편, 협력적인 불교・기독교 단체를 민중지배에 이용하고자"[33] 하였다고 보았다. 이것은 '3・1 운동'이라는 거대한 사건이 일어난 1919년을 일본의 종교정책의 전환점으로 보고 있다는 점에서 일종의 시간축(또는 사건축)에 따른 접근법이라고 분류할 수 있다.

히라야마 요우는 또한 일제의 종교정책에 대한 기존의 연구가 주로 조선인의 '황민화'나 조선내의 종교단체의 '어용화'라는 측면에 집중되어 있다는 점을 지적하면서(히라야마 요우, 503쪽), 그 반대의 경우를 제시하고 있다. 즉 당시 일본의 종교정책은 식민지 조선에서뿐만 아니라 일본 내에서도 유사한 정책이 실시되고 있었고, 심지어는 조선에서 시행된 종교정책이 이후에 일본에도 적용된 사례가 있었다는 것이다. 이것은 공간축으로 보면, "일본→조선"으로의 방향이 아닌 "조선→일본"으로의 방향에 해당한다고 볼 수 있다.

히라야마의 논의를 중심으로 이러한 역방향에 해당하는 사례를 소개하면, 3・1운동은 일본의 종교정책에도 커다란 전환을 가져왔다. 히라야마 요우는 그것을 종래의 '내지연장주의'(=일본의 종교정책의 연장선상)로부터의 탈피로 보고, 구체적으로는 「포교규칙」(1915년)의 개정인 「개정포교규칙」(1920년)으로 드러났다고 한다(히라야마 요우, 501쪽). 그런데 조선에서 이상의

33) 平山洋, 「朝鮮総督府の宗教政策」(源了圓, 玉懸博之 編『国家と宗教』思文閣出版, 1992), 498쪽.

종교정책을 주도한 인물들이 나중에 일본으로 돌아가서 이른바 '국민정신 총동원령' 커다란 역할을 하는데, 바로 이 때 조선의 종교정책이 일본에 적용되게 된다는 것이다. 즉 1920년대에 조선에서 '조선인의 황민화'를 위해 일했던 일본 관료가 30년대에는 일본으로 돌아가서 '일본인의 황민화'를 위해 종교정책을 펼쳤고, 그 과정에서 조선에서의 종교정책이 사용되었다는 것이다. 이러한 증거로 히라야마는 조선에서의 「개정포교규칙」(1920년)과 일본에서의 「종교단체법」(1939년)의 유사성을 지적하고 있다(506쪽).

한편, 삿사 미츠아키(佐々充昭)는 일본 제국주의에 의해 변용된 '종교' 개념이 식민지시기 조선에 수용되고, 일본제국에 의한 식민통치의 일환으로 종교 정책을 전개하였음을 밝히고 있다. 특히 종교의 영역에 있어서는 일본의 천황제와 국가신도에 의해 한국 종교계 전반에 깊은 영향을 끼쳤으며,[34] 특히 신도・불교・기독교만을 종교로 여긴 「포교규칙」은 조선의 민족종교 및 새로운 종교단체를 '유사종교' 및 사교적(邪教的)인 요소를 띤 '사이비종교'의 범주로 설정하여 총독부의 엄격한 감시와 통제 하에 두었다. 그 결과 조선의 종교는 모두 억압과 탄압을 받지 않을 수 없었으니, 결국 동학과 대종교와 같은 민족종교 중심의 한국종교 지형을 근본적으로 와해시키는 결과를 초래하였다.

34) 삿사 미츠아키(佐々充昭), 「한국 근대에 있어서 신종교와 국가신도와의 상극 - 식민지 시기의 공공권(公共圏)을 중심으로」(2013년 7월 26일에 東京大学 東京都 目黒区 駒場에서 개최된 '원광대학교 종교문제연구소 한일국제학술대회' 발표문), 75-92쪽. 국가신도에 대해 사카모토 고래마루(阪本是丸)는 좁은 의미로 신사신도에 한정하고 있으며, 무라카미 시게요시(村上重良)는 국가신도를 넓은 의미로 파악하고 있다. 島薗進(시마조노 스스무), 『国家神道と日本人』, 岩波書店, 2010; 村上重良(무라카미 시게요시), 『国家神道』, 岩波書店, 1970; 葦津珍彦(아시즈 우즈히코), 『(新版)国家神道とは何だったのか』, 阪本是丸(사카모토 고래마루) 주석, 神社新報社, 2006 참조.

2. '유사종교'화된 민족종교

메이지시기의 종교법령에 나타나는 '종교'와 '유사종교'의 구분은 식민지 조선에도 그대로 적용되었다.[35] 다시 정리하면, 여기에서 '유사종교'는 국가에서 인정한 '교' 이외의 사상, 전통적인 범주로 말하면 '도' 개념에 가깝다. 가령 제자백가가 말하는 '도'나 신선도의 일종인 '황로도'와 같은 의미와 유사하다. 그런데 가치중립적인 의미의 '도'가 만의 하나 국가에 반하는 움직임을 보인다고 판단되면, 곧바로 '좌도(左道)'나 '사교(邪教)'로 규정되어 진압의 대상으로 전환된다. 가령 동학을 창시한 최제우는 '좌도난정(左道亂正)'이라는 명목으로 조선정부의 탄압을 받고 형장의 이슬로 사라졌다. 근대 일본의 '유사종교' 개념은 전통시대의 범주로 보면 '좌도'나 '사교'에 가깝다. 조선의 민족종교 역시 전통시대의 '교' 범주를 깔고 있는 근대 일본의 입장에서는 "종교처럼 보이지만 엄밀한 의미에서는 종교가 아닌" '사이비종교'이자 '사교'나 '좌도'에 해당되는 것이다.

아오노 마사아키(青野正明)는 「식민지조선에서의 '유사종교' 개념」(2010년)이라는 논문에서, 일본에서 사용된 '유사종교' 개념이 어떻게 조선에 적용되었는지를 검토하고 있다. 그에 따르면 '유사종교'라는 말이 사용되게 된 것은 1919년의 「문부성종교국통첩」에 나오는 "종교유사의 행위"라는 표현이 계기가 되었다고 한다(76쪽). 이후 1920년대에 「제2차 종교법안」(1926년)나 「제1차 종교단체법안」(1929년)에서 '유사종교'라는 말이 본격적으로 사

---

35) '유사종교'개념은 1935년에 무라야마 지준의 『조선의 유사종교』가 나오기 이전에 일본에서 이미 사용되기 시작한 개념이다. 아오노 마사아키(青明正明)가 지적하듯이, 조선에서의 유사종교 개념을 제대로 이해하기 위해서는 먼저 일본에서의 '유사종교' 개념의 출현을 고찰하지 않으면 안 된다. 이 역시 시간축(1919년과 1935년)과 공간축(일본과 조선) 모두에 걸쳐있는 문제이다. 青野正明, 「植民地朝鮮における「類似宗教」概念」. 桃山学院大学 『国際文化論集』第43号, 2010年 12月 참조.

용되게 되었다고 한다.

한편 조선에서는 법률에서 '종교유사의 단체'(「포교규칙」제15조)라는 말이 사용되었고, 이 법적인 용어에 기초하여 행정용어로 '종교유사단체'가 사용되게 되었는데, 아마도 1920년대에 일본에서 '유사종교'라는 말이 사용되게 된 영향을 받아서 조선에서도 1920년대 후반에 '종교유사단체'의 약어로서 '유사종교'(「조선총독부 경무국의 보고서」)라는 말이 사용되게 되었을 것이라고 보고 있다(아오노 마사아키, 77쪽). 이로부터 알 수 있는 것은 조선에서 사용된 '유사종교'라는 말은 기본적으로 법률용어('종교유사의 단체')나 행정용어('종교유사단체')를 지칭하는 개념이었다는(아오노 마사아키72쪽) 사실이다.

이상에 의하면 아오노는 '유사종교' 개념의 기원을 1919년 「문부성종교국통첩」의 '종교유사의 행위'로 잡고 있다. 그러나 순수하게 용어상으로만 보았을 때에는, 1915년에 조선에서 공표된 「포교규칙」에 '종교유사의 단체'라는 표현이 이미 나오고 있다고 한다면, '유사종교'라는 말의 기원은 오히려 조선에서 시작되었다고 보아야 하지 않을까? 아마도 이런 이유에서인지, 아오노는 뒤에서 "이 '종교유사의 단체'라는 용어는 형식적으로 비공인 단체를 가리키고 있고, 그런 의미에서 '내지'에서 1919년에 생긴 '유사종교' 개념의 선구적 사용이라고 할 수 있고, 그것도 조문에 명기되고 있다"(아오노 마사아키, 80쪽)고 지적하고 있다. 어쨌든 아오노의 연구는, 히라야마의 연구와 마찬가지로, 일본과 조선이라는 두 공간에서 상호적으로 전개된 종교정책의 관계를 밝히고 있다는 점에서 '공간축'에 입각한 접근법이라고 할 수 있다.

3. 탄압받는 조선의 신종교

조선총독부의 『사사종교(社寺宗教)』(1910년 11월-1911년 7월) 등에 나타난 종교 관련 문서들을 살펴보면, '사사(社寺)'(=신도와 불교)만을 '종교'로 간주하고 있음을 알 수 있다. 가령, 『사사종교』문건 내의 「대종교 단군교의 건」(1911년 2월)이라는 문서에는 대종교 포교 문제를 둘러싸고 충청남도 장관과 내무부와의 문답이 실려 있는데, 먼저 충청남도 장관이 "대종교 단군교는 종래에 종교로 공인한 적이 없으니"(大倧教檀君教は従来宗教と公認したること無)라는 말을 시작으로 물음을 던지자, 내무부에서는 다음과 같이 답하고 있다.

> "대종교 또는 단군교라고 칭하는 것은 종래에 한국 정부에서 적극적으로 종교라고 인정한 사실이 없을 뿐만 아니라, 소극적으로도 이것을 종교라고 하여 감시하거나 보호한 흔적이 없으니, 이것을 종교로 공인할 수 없는 것이 분명합니다. 따라서 종래에 이와 같은 관칭(冠稱=명칭)을 가지고 표방하는 단체를 종교로 인정하고, 다른 기성공인종교(旣成公認宗教), 즉 신도, 불교, 기독교와 동일하게 취급할 필요가 있는지 없는지에 대해서는 다시 심사할 필요가 있다고 사료되니…"[36]

이것은 "대종교를 종교로 간주할 것인가 아닌가"[37]를 둘러싼 논의로, 전통시대 중국으로 말하면 4세기 동진시기에 '불도'를 유교와 같은 '교', 즉 '불교'로 간주할 것인가 아닌가를 둘러싼 논쟁[38], 그리고 7세기에 승려 법

---

36) 조선총독부 기록물 『사사종교』 CJA0004741. 46번.
http://theme.archives.go.kr/next/government/viewGovernmentArchivesEvent.do?id=0001565439&docid=0027159087

37) "本件忠淸南道長官質疑の要旨は大倧教檀君教は公認せれ居るや名やに在り…"

림(法琳)이 『변정론(辯正論)』에서 "도교는 '교'가 아니다"고 비판한 것과[39] 맥락을 같이하고 있다. 결국 대종교는 이후의 분류로 말하면 '종교'가 아니라 '유사종교'에 해당한다는 것이다.

이와 유사한 맥락에서 무라야마 지준(村山智順)은 『조선의 유사종교(朝鮮の類似宗教)』에서 '유사종교'를 동학을 포함한 '신흥종교'로 규정하고, 중국 전래의 '삼교'와 구분짓고 있다.[40] 동시에 중국 전래의 '삼교'를 '기성종교'라고 지칭하고 있다.[41] 즉 똑같이 '종교'라는 명칭을 사용하고 있지만, 하나는 '유사'이고 하나는 '정통'으로 인정하고 있다. 오늘날의 범주로 보면, 동학이든 삼교이든 모두 '종교'(religion)에 해당하지만, 무라야마의 논리에 따르면 전통적인 '삼교'만이 엄밀한 의미에서 '정통 종교'에 속하고, 이것을 제외한 민족종교는 '사이비 종교'로 분류되어 사회질서를 혼란시킬 수 있는 잠재적인 범죄집단으로 간주된 셈이다.

참고로 『조선의 유사종교』의 내용을 구체적으로 소개하면 다음과 같다.[42] 총 13장으로 구성되어 있는데, 제1장에서는 서설격으로 유사종교의 발생에 대한 사상 및 사회배경, 제2장 동학계, 제3장 흠치계(증산계), 제4장 불교계, 제5장 숭신계, 제6장 유교계, 제7장 계통불명 교단, 제8장 분포와 교세, 제9장 신앙의식, 제10장 영향, 제11장 교도, 제12장 교적(教跡), 제13

38) 조성환, 「중국적 사상형태로서의 敎教」, 『철학사상』 11-12집, 2007; 조성환, 「도교의 형성과 성인의 탄생」, 『생명연구』 22집, 2011 참조.

39) 趙晟桓 「成玄英『老子義疏』における「道」と「老君」について」 『早稲田大学大学院 文学研究科紀要』 第52輯. 第1分册, 2006 참조

40) "유사종교의 대부분은 유불도 삼교의 종합을 교의로 삼고 있다."(제1장 「유사종교의 발생」 1쪽) 한편 무라야마는 '유사종교'를 '신흥종교'(1쪽) 이외에도 '신종교'(16쪽)나 '신흥유사종교'(2쪽, 3쪽, 17쪽)라고도 표현하고 있다.

41) "본래 조선종교사의 내용은 고유의 무격신도(巫覡神道)를 제외하고는 (모두) 중국 전래의 기성종교로, 조선에서 발생한 것은 하나도 없었다."(1쪽)

42) 박광수, 『한국신종교의 사상과 종교문화』, 집문당, 2012. 41-42쪽; 박광수 외, 『한국신종교 지형과 문화』, 집문당, 2015, 17-18쪽.

장 결론의 순으로 다루고 있다. 아울러 조선의 민족종교를 총 5계파 66교로 분류하고 있는데, 그것을 계열별로 정리하면 다음 〈표 1〉과 같다.

〈표 1〉『조선의 유사종교』에 나타난 계열별 소속 종단

유사종교(계열)	소속종단 이름
동학계열 (17개교)	1. 천도교(天道敎), 2. 시천교(侍天敎), 3. 상제교(上帝敎), 4. 원종교(元倧敎), 5. 천요교(天仸敎), 6. 청림교(靑林敎), 7. 대화교(大華敎), 8. 동학교(東學敎), 9. 인천교(人天敎), 10. 백백교(白白敎) 11. 수운교(水雲敎), 12. 대동교(大同敎), 13. 평화교(平化敎), 14. 궁도(无窮敎), 15. 무극대도교(无極大道敎), 16. 천법교(天法敎), 17. 대도교(大道敎)
훔치교계열 (11개교)	18. 보천교(普天敎), 19. 무극대도교(無極大道敎), 20. 미륵불교(彌勒佛敎), 21. 증산대도교(甑山大道敎), 22. 증산교(甑山敎), 23. 화교(東華敎), 24. 태을교(太乙敎), 25. 대세교(大世敎), 26. 원군교(元君敎), 27. 용화교(龍華敎), 28. 선도교(仙道敎)
불교계열 (10개교)	29. 불법연구회(佛法硏究會), 30. 금강도(金剛道), 31. 불교극락회(佛敎極樂會), 32. 감로법회(甘露法會), 33. 대각교(大覺敎), 34. 원융교(圓融道), 35. 정도교(正道敎), 36. 광화교(광화연합도관)(光華敎 · 光華聯合道觀), 37. 영각교(靈覺敎), 38. 원각현원교(圓覺玄元敎)
숭신계열 (16개교)	39. 관성교(關聖敎), 40. 단군교(檀君敎), 41. 대종교(大倧敎), 42. 삼성교(三聖敎), 43. 기자교(箕子敎) · 기사교(箕師敎)), 44. 숭신인조합(崇神人組合), 45. 신리종교(神理宗敎), 46.문화연구회(文化硏究會), 47. 교정회(矯正會), 48. 성화교(聖化敎), 49. 영신회(靈神會), 50. 서선신도동지회(西鮮神道同志會), 51.황조경신숭신교(皇祖敬神崇神敎), 52. 칠성교(七星敎), 53. 지아교(知我敎), 54. 영가무교(詠歌舞敎)
유교계열 (7개교)	55. 태극교(太極敎), 56. 대성원(大聖院), 57. 막성원(幕聖院), 58. 공자교(孔子敎), 59. 대성교회(大成敎會), 60. 대종교(大宗敎), 61. 성도교(性道敎)
계통불명 (5개교)	62. 제화교(濟化敎), 63. 천화교(天化敎), 64. 각세도(覺世道), 65. 천인도(天人道), 66. 동천교(東天敎)

『조선의 유사종교』 부록에는 각 종교단체의 사진자료와 종교분포의 전체적인 상황을 파악할 수 있도록 지도를 첨부하여 보여주고 있다. 무라야마 지준의 민족종교에 대한 분류 체계 자체에 문제를 안고 있다. 예를 들어, 백백교(白白敎), 대동교(大同敎) 등을 상관이 없는 동학계열로 분류하고 있다.

전체적으로 『조선의 유사종교』는 조선총독부가 민족종교에 대한 정책을 수행하기 위해 기초 자료를 수집 분류한 자료집의 성격을 띠고 있는데, 국내의 유수한 민족종교운동을 '유사종교'라고 규정함으로써 민족종교의 신앙과 종교문화를 뿌리 채 부정하고 대종교 및 보천교 등을 종교단체로 가장한 항일독립운동단체로 불법화시킴으로써 종교에 대한 탄압과 해체의 명분으로 삼고 있다. 특히, 1930년에는 '유사종교 해산령'을 내려 민족종교를 모조리 해산시켰으며, 조선총독부 총독 미나미 지로(南次郎)는 "신사참배를 거부하거나 타인을 참배시키지 않는 행위는 안녕질서를 문란케 하는 자이며 공익을 해치는 자"라는 법규를 내세워 민족종교뿐만 아니라 공인된 종교까지도 탄압하였다.

한편 무라야마의 『조선의 유사종교』를 보완하는 자료는 조선총독부 고등법원 검사국 사상부에서 펴낸 월간지 『사상휘보(思想彙報)』이다.[43] 『사상휘보』는 1930년대 후반기의 수양동우회(修養同友會) 사건 등 항일운동을 비롯한 민족주의운동, 사회주의운동, 적색농민조합운동 등의 농민운동 관계, 항일무장투쟁에 관한 활동보고 및 재판기록 등을 보여주고 있다. 또한, 민족종교운동에 대한 보고서 형태의 자료들이 산재되어 있어, 1935년 이후의 새로운 민족종교운동을 살펴보는 데 중요한 자료를 제공하고 있다. 특히 『사상휘보』 제10호에는, 표에서 보이는 것과 같이, 운림교, 관성교, 신리밀교, 천주교, 동학당, 진보회, 일진회, 천도교연합회, 교인대회파, 중앙종리원파, 통일기성회파, 시천교개천파, 미타교, 강습회, 혁신파, 천주교, 도주파, 간부남진파, 공자교중앙총부, 신명학원, 신일파 등이 소개되고 있는데,

43) 『사상휘보(思想彙報)』는 1931년부터 발간되던 『사상월보(思想月報)』의 제호를 바꾼 계간지로, 1934년 12월부터 1940년 12월까지 총25호를 발행했다. 여기에는 한국인들의 민족종교운동에 대한 보고 내용, 민족해방운동 및 사회주의운동에 대한 판결 등의 국내외 자료와 신문기사 등이 실려있다. 박광수 외, 『《사상휘보》 민족종교 관련기사-조선총독부 고등법원(1934-43)』, 집문당, 2016.

이것은 『조선의 유사종교』에는 보이지 않고 『사상휘보』에만 보이는 목록이다. 사찰대상으로서의 민족종교운동에 대한 범위가 확대되었음을 알 수 있다.

「중일전쟁 이후의 보안법 위반 사건에 관한 조사」라는 내용은 쇼와(昭和) 12년(1937) 7월부터 쇼와 14년(1939) 4월 말까지 각 지방법원 검사정(檢事正)이 당국에 제출한 보고에 기초한 것이다. 일제는 "보안법 위반 사건에 관한 조사는 조선에서의 민족주의적 색채를 띤 사상운동의 동향을 살펴보는데 가장 중요한 자료를 제공한다"[44]라고 판단하여 치안유지법 위반 사건을 통해 민족종교의 사상운동의 동향을 살폈다. 《사상휘보》 19호(1939년 12월)에서는 보안법 위반 사례가 중일전쟁 발발 전 몇 년간 일어난 것에 비해 1937년에 19건 54명에서 1938년 에 이르기까지 41건에 226명으로 급속도로 증가하였음에 주목하고 있다. 이를 도표로 정리하면 다음과 같다.[45]

〈표 2〉 년도별 보안법 위반사례(1933-1938)

년도	건수	인원수
쇼와 8년(1933)	18건	59명
쇼와 9년(1934)	9건	12명
쇼와 10년(1935)	5건	55명
쇼와 11년(1936)	11건	38명
쇼와 12년(1937)	19건	54명
쇼와 13년(1938)	41건	226명

《사상휘보》19호에서 종교관계를 분석하고 있는데, "기독교 21명, 무종교 69명을 제외하고 남은 221명 모두가 유사종교를 신봉하는 자"임을 밝히

44) 박광수 외, 앞의 책, 4-5쪽.
45) 박광수 외, 앞의 책, 5-6쪽.

고 유사종교 단체의 보안법 위반사례가 극심하여 단속해야 함을 강조하고 있다. 특히, 1937년 7월부터 1939년 4월까지의 보안법 위반 종교관계 조사한 내용을 보면 민족종교의 보안법 위반 사례를 구체적으로 알 수 있다.

〈표 3〉 쇼와 12년(1937) 7월부터 쇼와 14년(1939) 4월까지의 보안법 위반 종교관계 조사

연도 / 종(種)별	1937년 7월부터 12월까지	1938년	1939년 1월부터 4월까지	계
기독교	2	19		21
백백교	10			10
인도교		27	7	34
인천교		18		18
태극교		16		16
수운교		4		4
천존신명도	1			1
미륵불도		2		2
미륵교	1	12		13
성도교		5		5
증산교	2	23		25
주신교		7		7
무극대도교		66		66
정도교			10	10
해당 없음	38	27	4	69
계	54	226	21	301

위 표에서 볼 수 있듯이 민족종교의 보안법 위반사례가 증가하게 되자, 1940년 3월에 발간된 《사상휘보》 제22호에서는 「사상범죄로 본 최근에 조선에서 유래한 유사종교」라는 제목으로 민족종교가 유사종교로서 안녕질서를 어지럽히고 있기 때문에 엄중하게 처벌할 것을 지시하고 있다.

> 유사종교 단체의 횡행(橫行)은 사회의 안녕과 질서를 문란하게 하며 민심을

현혹시키며 후방의 치안확보에 지장을 줄 뿐만 아니라 교의(敎義)의 이면에 민족주의적 색채가 짙은 것이 많으며 그중에는 불경죄나 유언비어죄까지 수반한 것이 있으므로, 단속을 철저히 강화하는 게 현재의 급선무라고 믿습니다. 여러분께서 이러한 교단의 행동에 대해 더욱 엄중히 사찰하고 배후의 동향에 주의하여 치안을 방해하는 자가 있으면 단호하게 엄중처벌의 방침을 세워서 조선의 사상사범 방지에 만의 하나라도 차질이 없도록 해 주시기 바랍니다.[46)]

《사상휘보》 제22호에서는 동학계통, 훔치계통, 불교계통, 계통불명의 것에 대해 그 동향을 살피고 있으며, 이처럼 한국에서 자생한 민족종교는 정식 종교가 아닌 유사종교로 규정하였다. 이를 통해 민족종교들을 사회질서를 문란하게 하여 치안에 방해될 뿐만 아니라 민족의식의 색채가 농후한 사상범죄의 대상으로 삼아 엄중 처벌하도록 하였다. 또한 일제강점기 조선총독부는 한국 신종교를 '학무국'이 아닌 '경무국'을 중심으로 감시와 탄압을 계속했으며,[47)] 결국 1930년대 후반 이후의 중국대륙 침략과 1940년 이후의 태평양전쟁시기에 이르기까지 민족종교에 대한 철저한 탄압정책을 펼쳐, 민족종교가 와해되고 해체되는 결과를 초래하였다.

46) 박광수 외, 앞의 책, 18-19쪽.

47) '경무국'의 한국 신종교에 대한 감시와 탄압 관계 사료는 현재 일본 도쿄에 있는 가쿠슈인대학(学習院大学) 동양문화연구소에 상당수 소장되어 있다. 이에 대한 종합적인 분석과 검토가 이루어질 때, 일제강점기 신종교의 지형과 종교문화에 대한 전반적인 이해의 토대가 만들어질 수 있을 것이다.

Ⅳ. 결 론

종교와 정치는 시대별로 협력 또는 대립, 지원 또는 억압적 통제 등 다양한 형태의 관계를 지녀왔다. 대체적으로 시대적 상황에 따라 종교와 정치의 관계는 상호 이익을 도모하는 과정에서 '역동성'과 '가변성, 그리고 '복합성'(complexity)과 '다양성'(diversity)을 지니고 있다. 근・현대 한국사회의 종교지형에 대한 종합적이며 토대적인 연구를 위해서는 19세기 조선후기부터 현대 한국에 이르기는 국내의 정치・사회・문화적 관점뿐만 아니라 동아시아를 비롯한 세계 근・현대사의 흐름, 당시의 시대적 상황과 정치의 역동적 변화의 과정, 지정학적 상황, 사상적 흐름의 맥락 등 다양한 측면에서 조명되고 읽혀져야 할 것이다.

본 연구에서는 한국사회의 종교정책의 변화가 한국사회의 종교지형에 어떠한 영향을 끼쳤는지 밝히는 작업의 일환으로 일제식민지 종교정책과 한국사회 종교지형의 변화를 중심으로 살펴보면서, 일본의 종교정책의 성격을 단지 '식민지 지배'라는 국가적 차원에 제한시키기보다는, "근대의 국가주의에 의한 (한일 양국의) 민중의 억압"이라는 보다 포괄적인 시야에서 접근해야 함을 제시하고자 한다. 다시 말하면, '한 국가의 역사'의 관점을 넘어서 '동아시아 역사'라는 거시적인 관점에서 이 문제를 조망할 필요가 있다는 것이다.

또한 이 문제는 요즘 한국사회에서 화두가 되고 있는 '공공성' 또는 '공공철학'적으로 말하면, '사'(私=개인)에 대한 '공'(公=국가)의 폭력이라고도 할 수 있을 것이다. 즉 '공공성'이 실현되는 영역이 '국가'라는 제한된 공간에 갇히게 되어, 일반 시민은 국가 또는 민족이라는 공적 영역을 위한 희생적 도구로 전락될 수 있음을 역사적으로 보여주었다. 일제치하의 정교분리 정책은 종교를 통치 수단의 일환으로 삼아, 한국의 민족종교에 대한 정치적 탄압과 해체작업이 이루어졌으며, 이로 인해 종교지형의 급격한 변화가 일어났다. 아울러 일제강점기 종교탄압과 와해정책은 해방 후 한국의 분단시기(1945-현재)에도 지속적인 영향을 끼쳐왔다.

| 참고문헌 |

원전 및 기초사료

「天台智者大師齋忌禮讚由序」(T46-966b)

『統監府法令資料集』 상, 1929~1944. 대한민국국회도서관.

成玄英.『莊子疏』

조선총독부 기록물.『사사종교(社寺宗教)』 CJA0004741.

朝鮮総督府. 1935.『朝鮮の宗教及信仰』, 京城.

朝鮮總督府. 1922.『朝鮮法令便覽』(上卷), 帝國地方行政學會 朝鮮本部.

『教育と宗教要覧』.1939(昭和13年). 京畿道庁学務課.

『教育と宗教要覧』. 1938~1943(昭和13年~昭和17年). 京畿道編.

『教育及宗教』. 1941(昭和15年度). 咸鏡南道.

『사상휘보(思想彙報)』

『現行朝鮮法規類纂: 第1~10巻』.1929~1944.帝国地方行政学会朝鮮本部. 東京.

『華嚴五教章問答抄上』(T72-630a)

『日本近代思想體系 5: 宗教と国家』. 1988. 東京: 岩波書店, 1988.

국내논저

박광수. 2012.『한국신종교의 사상과 종교문화』, 집문당.

박광수 외. 2015.『한국신종교 지형과 문화』, 집문당.

박광수 외. 2016.『사상휘보 민족종교 관련기사-조선총독부 고등법원(1934-43)』, 집문당.

박승길.1992.「일제 무단통치시대의 종교정책과 그 영향」,『사회와 역사』 35.

_____. 2004.「대구의 종교지형과 지역정서: 일본종교 유입과정에서 나타난 종교지형의 특성을 중심으로」,『한국사회학회 사회학대회 논문집』, 한국사회학회.

성주현. 2013.『식민지시기 종교와 민족운동』, 선인.

조성환. 2011.「도교의 형성과 성인의 탄생」.『생명연구』22집.

_____. 2007.「중국적 사상형태로서의 교敎」.『철학사상』제11・12집 합본.

가쓰라지마 노부히로 외.2013.『종교와 식민지 근대 - 한국 종교의 내면화, 정치화는 어떻게 진행되었나』, 윤해동 외 엮음, 서울: 책과함께.

막스 베버(Max Weber).1990.『유교와 도교』, 이상률(옮), 서울: 문예출판사.

무라야마 지준(村山智順). 1991.『조선의 유사종교』, 최길성,장상언(공역), 대구: 계명대학교 출판부.

北島義信(기타지마 기신). 2012.「일본근대 신종교의 사조와 공공성」.원광대학교 종교문제연구소."글로벌 시대 한국적 가치와 문명연구"한일국제학술대회 발표문.

쓰치다 겐지로.2006.『북송도학사』, 성현창(역), 서울: 예문서원.

앤거스 그레이엄(A. C. Graham).2003.『도의 논쟁자들』, 나성(옮), 서울: 새물결. (A. C. Graham. 1989. *Disputers of the Tao: Philosophical Argument in Ancient China*, Open Court Pub. 1989.)

石井剛(이시이 쓰요시),「메이지 체제 하의 공공성, 상상에 있어서 유교의 질곡: 우치무라 간조의 비판을 중심으로」(『조선조 후기 한국의 실학사상과 민족종교 운동의 공공서 연구』원광대학교 종교문제연구소 글로벌 시대 한국적 가치와 문명연구 한일국제학술대회 발표자료집, 2013년 9월 27일)

佐々充昭(삿사 미츠아키),「한국 근대에 있어서의 신종교와 국가신도와의 상극-식민지기의 공공권(公共圏)을 중심으로」(2013년 7월 26일 東京大学 東京都目黒区 駒場에서 개최된 '원광대학교 종교문제연구소 한일국제학술대회' 발표문)

외국 논저

青野正明. 2010.12.「植民地朝鮮における「類似宗教」概念」. 桃山学院大学『国際文化論集』第43号.

村上重良(무라카미 시게요시). 1982.『国家神道と民衆宗教』, 吉川弘文館.

______. 1970.『国家神道』, 岩波書店.

平山洋.1992.「朝鮮総督府の宗教政策」. 源了圓, 玉懸博之 編.『国家と宗教』, 思文閣出版.
趙晟桓. 2006.「成玄英『老子義疏』における「道」と「老君」について」.『早稲田大学大学院 文学研究科紀要』第52輯. 第1分册.
葦津珍彦(아시즈 우즈히코).2006.『(新版)国家神道とは何だったのか』, 阪本是丸(사카모토 고레마루) 주석, 神社新報社.
吉川文太郎. 1907(대정 11년).『朝鮮諸宗教』, 출판사 미상.
島薗進(시마조노 스스무). 2010.『国家神道と日本人』, 岩波書店.
西山茂. 1998.「近代仏教研究の宗教社会学的諸課題」.『近代仏教』제5호.
小林正美. 1990.「三教交涉における「教」の観念」.『六朝道教史研究』, 東京: 創文社.
Jason Ānanda Josephson. 2012. *The Invention of Religion in Japan*, The University of Chicago Press.

종교시장적 지형 속의 신종교운동과 종교지형 변화

박승길 | 대구가톨릭대학교

Ⅰ. 머리글

동학을 필두로 전개된 국내 신종교운동은, 20세기 들어 동학혁명과정에서의 피비린내 나는 살육현장을 경험한 강증산과 소태산 등을 새로운 종교 지도자 반열에 올리면서 새로운 장을 열었다. 특히, 동학혁명에서 가장 많은 희생자를 낸 김제를 중심으로 한 호남지역은 동학혁명과정에서 체험한 참담한 살육현실에 대한 분노와 그에 대한 보복을 보장해 줄 새로운 신격에 대한 기대치를 높이면서 상제 강증산이나 단군과 같은 유일신적 신격이, 신종교운동의 지형에 새로운 종교자원을 제공하면서, 이후 증산 사후, 그의 신성 계승 주장에 따라, 다양하게 분파를 이루면서 증산계 신종교운동은 국내 신종교운동의 주류를 형성한다. 그러나 다양한 분파를 낳던 신종교교파도, '포교규칙'에 따른 유사종교로 낙인찍혀 주춤했지만, 3・1운동 이후 '문화의 발달과 민력의 충실'을 기할 것을 시정방침으로 삼은 이른바 문화통치를 표방한 일제의 종교통제정책이 느슨해 진 틈을 타 확대일로를

걷는다. 신종교교단의 분파와 성장은 개화풍조나 신교육을 앞세운 기독교와 같은 서구 종교에 대한 반발감을 가지면서도 오랜 전통을 가졌으나 일제의 중요 사회교화기구로 전락해 가던 불교나 유교에 식상해 있던 민중의 새로운 종교적 욕구를 담아내고 있었기 때문에 가능한 결과였다.

그러나 1931년 9월의 류탸오후(柳條湖)사건을 계기로 일본이 만주사변을 일으켜 1932년 3월에 만주국을 세우고, 드디어는 1932년의 5・15사건을 통해 청년장교들이 군부・관료의 주도권을 쥐면서 일본은 천황제파시즘 체제에 빠져든다. 이때부터 정당정치를 부정하고 천황에 대한 충성을 극대화함으로써 천황에 충량한 신민으로서의 국민의식과 일본민족의 중심의 대동아공영권 건설과 전쟁을 미화하는 등 군국주의화로 치달으면서, 모든 종교운동은 철저한 통제 속에 들어간다. 일제가 운영하던 종교 경찰로 대변되는 특별 고등경찰의 감시와 통제[1]는 이후 더욱 강화된다. 아울러 언론조차 신종교운동을 유사종교로 낙인찍으며 그 병폐를 알리는 일에 주력[2]하였다. 천황제파시즘이 강화될수록 국내 신종교운동은, 탄압과 통제, 세간의 비판 속에서 성장세를 멈추고 그간의 성장세에서 확보한 교단의 인적 물적 토대를 본부가 있는 지역을 중심으로 이미 연고가 있는 신도들을 중심으로 외연 확대가 제한된 '그들만의 세계 속에 사는 집단'의 현상유지에 치

---

1) 총독부가 1934년에 조사한 전존선에 산재한 각종 단체들을 보면, 총 6,390개 단체가 잇는 데 그 중에서 종교단체가 691개, 유사종교단체가 1,504개로, 이 유사종교단체는 1933년에는 1,216개소였던 것에 비해 가장 크게 증가한 단체로 총독부가 주목하고 있었다. 『동아일보』, 1934. 11.20., 3면.

2) 당시 동아일보는 "유사종교의 비밀"이란 기사에서 이렇게 쓴다. "전 조선을 통하여 소위 유사종교단체가 127이나 되고 그 교도가 20만이나 된다고 하니 끔찍 끔찍한 일이다. 총독부에서는 불교, 기독교, 신도 이외는 모두 유사종교로 처리한다. 종교는 아편이라고까지는 구태여 말하지 안켓다. 그러나 이 20만이나 되는 유사종교가들이 '굿', '홈치' 또 그와 유사한 방법으로 코묻은 돈까지도 알겨먹는 것이 지금 같아서는 그 실정이고 이러타할 아모 '法悅'도 '위안'도 가저다 주엇다는 말을 못들엇으니 아무래도 그 유사종교단체가 발생하며 현존하고 잇는 데에는 무슨 크나큰 비밀이 잇는 것같다. …" 『동아일보』, 1935.1.19.자, 3면.

중하는 소극적 전략을 택하게 된다.

그러나 신교(信敎)의 자유를 미군의 진주와 함께 포고령을 통해 법적으로 보장하는 해방공간은, 특정 지역 중심의 교단 유지전략에 치중하던 신종교운동에 새로운 부활의 기회를 제공한다. 일제로부터의 해방은, 세속에 대한 정당적 지배단체의 전형인 교회나 국가의 부재 상태로서의 해방공간이 존재함을 말하는 것이기도 했다. 이 해방공간은, 지배권위를 확보하기 위한 국가나 정당, 종교단체나 사회단체 모두에게 지배경쟁의 장을 제공하고 있었기에, 종교인들에게도 새로운 구제재의 발굴과 교권의 체제화와 정비에 다시 관심을 갖도록 촉구하는 장이기도 했다. 그런 의미에서 해방공간은, 종교적 구제재에 관심을 갖고 그 조작과 통제에 숙달된 사람이면 능히 종교단체를 만들어 이것을 통해 새로운 사회건설에 깊이 관여하려는 욕망과 충동을 느끼기에 충분한 조건을 제공하고 있었다. 여기에 해방과 동시에 미국 점령군에 의해 선언된 신교의 자유라는 신앙 활동의 자유 회복[3]은 그런 조건을 구체화할 수 있는 현실을 제공하고 있었다. 특히, 천황제국가라는 독특한 종교국가의 특성을 지니고 있던 일제의 식민지 상태로부터의 해방은, 단순한 자연권적 의미의 신앙의 자유 차원을 넘어서는 의미를 함축하고 있었다. 이제 국가는 더 이상 성스러움의 대상이 아니며 오히려 개인이 성스러움의 대상을 선택할 수 있게 되었음을 미군 점령군이 선언하면서, 개별적 신앙이나 믿음이 국가 자체의 신성성에 결코 뒤지지 않는 가치를 지닐 수 있다는 신념을 심어주고 있었다. 결과적으로 해방공간은 교권의 정권에 대한 예외성과 특권을 자명한 사실로 받아들이게 하는 사회적 환

3) 1945년 9월 7일에 '조선주민에게 포고함'이란 제목으로 태평양미군육군총사령부(맥아더 사령부)가 내린 포고 제1호에는 일본의 항복문서에 따라, '일본 북위 38도 이남의 조선지역을 점령함'을 명시하고, '조선점령의 목적이 항복문서 조항 이행과 조선인의 인권 및 종교상의 권리를 보호함에 있음'을 천명한다.

경이 되는 셈이다. 이런 환경은, 종교영역이 국가 권력과는 무관한 일상의 생활 영역에 한정되는 경우에서부터, 국가에 대한 교권의 우월적 자율성을 주장하는 경우에 이르기까지 폭넓게 외연을 확장할 수 있게도 한다. 그 점에서 또한 해방공간은, 신종교운동가들에게는 외연 확대가 제한된 '그들만의 세계 속에 사는 집단'에서 벗어나 새로운 종교시장에 진출하여 시장 장악력을 키워 해방정국에서 지배권위를 행사할 수 있는 단체에 필요한 사회자본[4]을 축적할 수 있도록 촉구하는 환경이기도 했다. 이런 환경은 일찌기 우리사회가 경험하지 못했던 개방적인 종교시장이 열리고 있음을 알려주는 것이기도 했다.

이글은 해방공간이 일제하에서 경험하지 못했던 신교의 자유를 보장하여 구제재의 수요와 공급이 자유롭게 이뤄질 수 있는 이념형적 종교시장을 열어줄 수 있음을 전제로, 이 종교시장에서 신종교의 시장 진입과 공정거래에 영향을 미칠 수 있는 정치사회적 요인들을 시대적으로 따져보면서 우리사회 종교지형의 변화를 분석하는데 목적을 두고 있다. 사실, 신종교 자체가 종교시장에서는 수요자에게 낯설거나 기존의 시장 지배적 종교로부터 저급한 것이라는 일방적 평가를 받아, 높은 시장 진입장벽을 넘어서야 하는 어려움을 태생적으로 지니고 있다. 그러면서도 종교시장에는, 우리 일상에서 빈(貧)·병(病)·쟁(爭)의 문제가 언제나 산적되어있는 까닭에 그 해결에 유효한 새로운 구제재에 대한 기대적 수요층은 항상 대기상태에 있다. 그런 만큼, 유효한 구제재를 공급하는 신종교의 유행적 확산 가능성도 항상 열려있다. 이념형적 공간으로서의 종교시장의 관점에서, 신종교는 그 시장 진입과정에서부터 기존의 시장 지배적 브랜드 가치를 유지해 온 종교

4) 간단히 Robert D. Putnam의 사회구성원 상호간의 이익을 위해 조정 및 협동을 촉진하는 규범, 신뢰, 네트워크로서의 사회자본이란 개념을 우선 사용한다.

집단의 이단시비, 정부의 종교정책, 언론의 편파적 보도 등과 같은 진입 장벽은 신종교 라이프 사이클을 결정하는 주요 종교지형이기도 하다. 물론 이런 장벽 극복능력과 구제재 자체의 유효성과 그 유지 능력은 그런 지형적 특성 이상으로 신종교단체의 라이프 사이클 결정에 중요한 변수이다. 그러나 본고에서는 이런 신종교교단의 구제재와 교단이 지닌 종교시장 진입장벽 극복과 생존 능력에 초점을 맞추기 보다는 오히려 해방공간이 만들어 주고 그 이후 줄 곳 헌법에 보장된 종교의 자유에 따라 자라나온 국내 종교시장에서 신종교운동에 영향을 끼친 종교지형분석을 다루고자 한다. 신종교운동을 통해 우리의 특징적 종교시장의 구조를 형성하는 종교지형을 고찰하는 것이, 신종교운동 뿐 아니라 우리사회의 전반적인 종교운동의 건전성을 확보하는 데 기여할 수 있기를 기대하기 때문이다.

II. 해방공간에서의 종교시장의 형성과 변형

미군정이 시작되면서 군정의 최고 지도자인 맥아더 장군의 개인적 신앙에 따라 적극적 지원을 받았던 개신교와 천주교를 포함한 기독교는 물론, 다분히 일본화한 불교, 일제하에서 끈질기게 탄압을 받아왔던 대종교와 천도교, 1935년 일제의 유사종교해산령에 따라 지하로 잠적하였던 일제하의 신종교집단, 유교단체, 등등이 일제히 새로운 해방공간에서 다시 그 모습을 드러낼 준비를 하게 된다. 그러나 어떠한 외세의 간섭도 직접 행사되고 있지 않은 실질적 해방공간은 8월 20일 소련군의 원산 상륙을 시작으로 9월 2일에는 맥아더의 '북위 38도선 경계로 미소양국군 조선분단점령책'을 발표함으로써, 급격히 군정기의 지배체제에 의해 위축되고 만다. 이러한 해방공간의 위축은, 새로운 국가 건설과 시민사회의 구성에 군정의 지배체제와 그 지배이념이 새로운 변수로 등장함을 의미한다. 해방공간은 정통성을 갖춘 주도적 정치세력의 진공 상태에서 국내 정치세력간의 주도권 쟁탈전이 불가피하게 발생하는 상황이었으나, 이런 상황에 결정적 영향을 미친 변수는 미소 양국의 대한반도 전략이었다. 이 전략을 관통하는 이념은 자본주의의 세계화에 입각한 범미주의(Pax Americana)와 사회주의의 세계화를 표방한 범소비에트주의(Pax Sovietism)라는 상이한 사회경제적 이념과 반공과 반제(反帝)의 상대전략에 대한 대응논리로 무장한 전후 세계질서 재편전략이었다. 이러한 미소 양국의 군정에서의 지배이념은, 모든 정치 사회적 행동을 규제하는 포괄적인 범주로 범미주의와 범소비에트주의라는 전후 세계질서 양분의 원칙[5)]이었다.

이런 원칙은 일제로 부터의 실질적 해방 달성이 요구되는 해방공간을 대하는 태도에서 남북 양자에게 서로 상이한 양상을 낳는다. 곧, 미국은 그들의 Pax Americana라는 자유주의 무역권에 일본을 포함시키기로 한 까닭에 일제가 남긴 질서를 우선 기존 질서로서 인정하고 무역시장 확보에 필수적

---

5) 이런 미소에 의한 전후 세계분할 원칙을 전제하는 Pax Americana는 월등한 미국의 자본력에 의한 새로운 형태의 세계 경제 질서의 재편전략인 셈이다. 이런 맥락에서 전후 국제 경제 질서에 교역과 자본력이 어떻게 지배하게 되었는가를 분석하고 있는 John Gerard Ruggie는 Marshall Plan이 국제 경제 질서 재편에 미친 영향에 대해 이렇게 설명한다. "실로, 미국은 2차세계대전 직후 마샬플랜과 독일과 일본의 점령군을 통해 해외에서의 영향력 행사를 하게 된다. 그리고 노동운동의 구소나 정치적 시향을 완하 시키려는 시도를 통해 보다 직접적으로 국제적 노동조직에 영향력을 행사한다. 그것은 공산당의 정부참여 배제를 도모하고 가능하다면 최소한도 수용 가능한 중도 좌파의 범위안에서 노동자들의 집단적인 저항을 조절하기 위해 목적이었다." J.G.Ruggie, "International Regimes, Transactions, and Change: Embedded Liberalism in the Post Economic Order," John A.Hall(ed.), *The State: Critical Concepts* Vol.2, London: RToutledge, 1994, 585-589쪽.

인 사회안정을 도모한다는 점에서 반공을 내세워 일제천산과는 다른, 과거 불문의 입장을 유지한다. 반면에, 소련 측에서는 그런 미국의 정책 기조에 포함된 일본을 약탈적 자본주의로서의 제국주의로 간주하여 반일을 반제의 이념 속에 포함시킨다. 이 결과 해방정국에서 사회기층에 폭넓게 자리하고 있는 일제잔재 청산의 목소리는 반일 반제 이념을 강조하는 사회주의적 지형에 기울어지게 마련이어서, 해방정국에는 전반적인 좌경화의 경향[6]을 낳게 된다. 이런 사회 전체적으로 나타난 해방공간에서의 사회전반의 좌경화 경향은, 현실 안정을 궁극적 목적으로 추구하는 미군정의 통치원칙에서 볼 때 전혀 도움이 되지 않는 것이기 때문에 우선은 현실적으로 이용할 수 있는 기득권인 일제의 지배체제 운영에 동참한 세력을 다시 복귀시켜 그들을 반공이념의 전위부대로 활용함으로써 미국에 유리한 이념지형을 만들어 가려 한다. 이렇게 반공과 반제의 이념에 대한 양자택일적 선택을 강요하는 상황은, 미소의 분단전략을 거부하고 일제 잔제 청산을 주장하면서 민족의 자주 독립을 주장하는 통일독립운동 계열에게는 그 이념적 정체성을 확보하지 못한 체 역시의 전면에시 사라지거나, 왜곡된 정치적 이데올로기의 양 극단의 흡인력에 이끌려 들 수밖에 없도록 강요하는 상황이기도 했다.

국내에서 미군정의 실시는 1945년 8월 14일 미태평양방면군(AFPAC) 총사령관으로 연합국군(SCAP) 최고사령관에 취임한 맥아더 원수가 요코하마세관에 8월 30일 미태평양군 총사령부를 설치함으로써 본격화 된다. 일본에 주둔하게 된 연합국 최고사령부는, 9월 2일 항복문서를 조인하고 이에

6) 미군정 여론국이 발표한 194년 8월에 행한 한 여론조사 결과를 보면, 일신상의 가장 중요한 사항에 대해 생활안정(44%) 이상으로 정치적 자유(55%)를 선호하며, 정치일반형태는 대의정치 선호도는 85%로 압도적이지만, 체제에 대해서는 자본주의(14%)가 사회주의(70%)와 공산주의(7%)로 나타나고 있다. 『동아일보』, 1946.8.13.자, 3면.

따라 17일 동경에 옮겨와 1952년 4월 28일까지 실질적으로는 미태평방면 군 참모본부인 GHQ에 의한 군정을 실시하면서 동시에 한국에도 GHQ산하 주둔군에 의한 군정을 실시한다. GHQ가 항복문서에 조인한 바로 당일, 맥아더 원수의 지시로 AFPAC 정보교육국장이 "홍보와 미디어 및 일본인의 재교육을 전면적으로 담당"하도록 하면서, GHQ의 민간정보교육국을 탄생시킨다. 이 기구는 향후 일본 뿐 아니라 한국에서의 대 종교단체 활동에도 영향을 미치는 주요기구로 활동하게 된다. 맥아더의 직할 참모기구로 발족한 민간정보교육국은, "연합국군 최고사령관의 홍보 및 교육에 관한 목적을 종교단체에 이해시키고, 동시에 그러한 목적에 협력하도록 종교 단체와의 연락을 유지하는 일"을 하면서, 특히 맥아더의 기독교관[7]에 따라 국내의 개신교 선교활동을 돕는 기구이기도 했다. 미군정은, 군정에 협조적이며 영어에 능통한 서구식 교육을 받은 인재가 확보되어 있고 또 군정이 추구하는 범미주의에 따른 자유시장경제와 반공 이념의 확대 재생산에 동원될 수 있는 그런 집단에 차별적 지원을 할 수 밖에 없었다. 이런 맥락에서 기독교, 특히 개신교는 군정하에서 매우 유리한 성장환경을 맞게 된다. 반면에 일제청산이나 남북통일운동에 치중하려는 종교 집단은 군정통치의 안정 도모와 소비에트 세계전략의 봉쇄라는 현실적 목표에 도움을 주지 못하는 것으로 군정이 판단하면서 자연스럽게 그 성장이 견제되는 종교지형이 형성되어 갔다. 개신교를 비롯한 기독교는 군정을 거치면서 종교시장에

7) 이 기구의 실무 담당자의 다음과 같은 회고는 맥아더의 기독교에 대한 태도와 신조를 엿보게 한다. "맥아더 장군은 필요할 때 마다 하나님의 부름을 받고 있다는 의식과 하나님은 언제나 자신의 편에 서 있다는 확신에 차있는 인물로, 말하자면 메시아 콤플렉스에 빠져 있었다고 할 수 있다. 공식 석상에서 장군은 하나님의 부름을 받아 귀하게 쓰임에 대해 감사한다고 말하기도 했었다." William P.Woodard, *The Allied Occupation of Japan 1945-1952 and Japanese Religions*(1972) 阿部美哉 譯, 『天皇と神道』, (東京, サイマル出判會, 1988), 278쪽.

서 시장을 지배하는 데 필요한 독점적 지위를 확보하면서 군정 이후 한국사회와 국가 구성체 발전 방향에 주도적인 영향력을 행사할 수 있는 중심부 종교로 성장[8]하면서 해방정국에서 일찍부터 강력한 지배력을 지닌 종교브랜드로 종교시장을 지배할 수 있게 된다. 당연히 이런 군정기의 종교지형은 해방공간에서 그나마 군정에 의해 영향력있는 종교집단으로 간주되었던 5대 종교[9] 중 민족주의를 강조하여 민족 자주 통일노선을 지향하는 천도교나 대종교와 같은 민족종교단체에게도 종교시장에서의 경쟁력 확보라는 측면에서 불리한 지형일 수밖에 없었다.

군정기의 천도교와 대종교의 변화를 보면 이런 사실은 더욱 뚜렷해진다. 1926년 7월 10일자 동아일보는 조선 종교계현황에 대해 보도[10]하면서, 그 신자수를 천도교 200만을 필두로 야소교 35만여, 일본불교 18만2천여, 조선불교 20여 만, 일본신도 7만5천여 명으로 집계한다. 해방 시점에서도 가장 많은 280만의 신도 수[11]를 보유하면서 중앙집권적인 교회적 행정조직이나 인맥 중심의 연원 조직 등 조직적 측면에서도 천도교는, 해방공간에서 기독교의 주도권 장악에 가장 경쟁력을 갖출 수도 있는 종교집단이었

8) 미군정의 종교정책과 그 영향에 대해서는 졸고, "미군정의 종교 정책과 기독교의 헤게머니 형성", 『사회과학연구』 5권 1호, 대구가톨릭대학교 사회과학연구소, 1998, 61-90쪽.

9) 당시 군정기의 종교시장에서 나름의 브랜드 가치가 있는 것으로 보이는 종교단체는, 군정에 의해 1946년 12월 7일 〈과도입법의원〉으로 관선된 명단을 통해 엿볼 수 있을 것 같다. 관선 의원 45명 중, '일제로부터 해방된 이래, 국민을 위한 귀하의 진지한 노력에 대하여 경의를 표하는 뜻에서' 종교단체 대표자격으로 입법의원에 관선된 경우는, 천도교(鄭光朝), 불교(金法麟), 천주교(張勉), 대종교(趙完九), 기독교(吳夏英), 그리고 천도교의 청우당(李應辰), 基靑(邊成玉) 등이다. 『동아일보』, 1946.12.8. 1면.

10) 『동아일보』, 1926.7.10. 2면.

11) 이 신도 수는 정확한 통계의 근거를 알 수는 없으나 대체로 천도교 측의 기록은 이러한 사실을 전한다. 그러나 비록 이 수치가 어느 정도 사실성을 전하는 것인지에 대해서는 의문이라 해도 북한 내에서 천도교 비밀조직인 영우회가 1950년 3월 당시에도 325,002명을 확보하고 있는 기록을 보면, 그 개략적 수치에 대해서는 2백만 이상으로 국내 최대의 종교집단이라 보아도 무리가 없을 것이다. 이 수치 중 약 70%인 160만 명이 북한 지역 내에 있었다.

다. 이 경쟁력을 토대로 천도교는 1945년 10월 31일 '민족통일결성촉진, 전재동포구제, 실업대책'을 내세우며 지방대표 1,000명이 모여 부활전당대회를 개최했다. 이어서 10월 25일 전국임시대회를 서울에서 개최하여 교회측에서는 삼원일관제(三院一觀制)의 조직정비를 하고 주요한 교단 수입원이었던 북한 지역 성도의 년월성미 수납을 위해 이듬 해 1월에는 북한 지역에 평양과 함흥에 각각 서선(西鮮), 북선(北鮮) 연락소를 두는 등 체제 정비와 함께 각 지방에서도 활발한 교회 재건운동을 전개[12]한다. 동시에 교회 전위조직으로 남북 양 측에서 청우당이 재조직되고 개벽사를 부활시키고 출판사로 보성사를 설립하는 등 출판과 경전 보급에도 나서면서 다시 부흥의 계기를 마련한다. 그러나 이후 임정 지지, 반탁 성명 발표 등을 주장하며 현실정치에 뛰어들면서 해방정국의 주도권 경쟁에 가세하나, 최린 등 친일파를 중심으로 한 신파의 교권 장악에 저항한 교권갈등으로, 1946년 4월 이후 천도교 총부는 신파의 '천도교 총본부'와 구파의 '천도교 총부'로 갈라서게 된다[13]. 또한, 연원조직을 바탕으로 천도교는 새로운 정치세력화를 군정하에서 도모한다. 특히 1948년 초 서울에서 천도교 중앙간부들이 모인자리에서 김광호의 발의로 이뤄진 3월1일을 기해 남북분열저지를 위한 이른바 3·1재현운동[14]거사계획은 이런 조직력을 바탕한 것이기도 했다. 북한에 박현희 등을 파견하여 남북한의 천도교를 중심으로 3월 1일 거사를 일으킬

---

12) 오익제, "민족의 광복과 천도교", 『東學革命百周年紀念論叢』下, 東學革命100周年紀念事業會 편, 1994, 650쪽 이하 참조.

13) 이 신구파의 갈등은 1947년 8월 14일, 구파측 청년들이 숙청단을 조직하여 신파를 최린의 추종자라하여 천도교 총본부를 공격하는 사건으로 절정에 이른다. 그에 따라 그 전위조직인 청우당도 신파의 청우당과 구파의 보국당으로 분열한다.

14) 이 운동의 정신을 담은 〈선언문〉 공약5장에는, "우리는 우리의 자유의사에 의거치 않은 어떠한 정치체제, 어떠한 경제체제도 단호히 이를 배격한다. 우리는 남북 통일정부가 수립되기 최후의 일각까지 이 운동을 계속한다."는 등의 5원칙을 제시하고 있다. 앞의 책, 『東學革命百周年紀念論叢』下, 664쪽.

것을 결의했지만, 계획은 사전에 탄로되어 그 주모자 상당수가 북한 당국에 체포되고 평북 연변에서는 노경식의 연원조직을 중심으로 수천명이 집결한 가운데 시위를 거행하여 북한당국에 체포되어 고초를 많은 희생자를 낳기도 한다. 하지만 남한 지역에서는 어떠한 시위도, 사전에 그 모의에 참여한 사람들의 희생도 뒤따르지 않았다. 그것은 최린을 중심으로 한 친일세력이 재빨리 미국의 현실 안정 정책에 편승함으로써, 사실상 집단적 통일운동을 포기하려한 행동에서 나온 결과[15]이었다.

일제하에서 민족운동의 또 다른 원천을 제공했던 대종교 역시, 해방 공간속에서 독립운동에 헌신한 까닭에 사회적 명망을 지닌 종교로 그 브랜드 가치를 종교시장에 쉽게 드러낼 수 있었다. 임정 수립 당시 의원과 각료의 반 수 이상이 대종교 신자였던 만큼, 해방 정국에서도 단군 숭배를 기조로 한 대종교는 임정계 인사들과 긴밀한 관계를 갖고 그들의 후광 아래 교세 성장을 도모한다. 일제하에서 해외로 그 활동 무대를 옮겼던 대종교는, 비록 한때 30여만 명에 달했던 만주 지역을 중심으로 한 신자를 잃었지만, 1946년 종사 윤세복(尹世復)이 만주에서 돌아와 일본인 사찰 터가 있던 서울 저동에 총본사를 두고 기구를 정비하고 직제를 개편하면서 본격적인 부흥 활동에 들어간다. 이와 동시에 임정계 요인들의 국정 참여와 사회 지도층에 포진한 단군신앙인들[16]을 중심으로 국사 책에 단군의 개국 사실을 넣기

15) 이런 사실은 3・1재현운동이 실패하고 이 사실을 서울에 알리기 위해 온 장근영이 최린을 만나는 장소에서 최린이 했다는 다음과 같은 천도교측의 기록에서도 잘 나타난다. 장근영의 실패 소식을 들은 최린은 3.1재현운동이 '금시초문'이라고 시치미를 떼면서, "이번 운동을 남북이 동시에 전개하자는 일부의 논의가 있었으나 지금 남에는 유엔 임시위원4단이 입국해서 선거준비가 활발히 추진되고 있기 때문에, 총선실시를 전국민이 환영하는데 남에서 민족운동일한 있을 수 없는 일이요, 만약에 있다면 환영대회나 추진대회라야 할 것이고 그밖의 민족운동은 자칫 역행이나 반동으로 몰릴 것임으로 남에서는 하지 않는 것이 진정으로 건국을 위하는 것으로 생각했던 것이오. 그리고 북에서 는 공산주의자들이 역행으로 건국이 저해됨이 명백해진 까닭에 조국의 통일과 완전 자주독립을 위하여 민족운동은 당연한 것이었오." 앞의 책, 671쪽.

위한 운동이 활발하게 벌어지면서 전국에 걸쳐 주요 도시에 단군전 건립을 위한 운동[17]을 전개되고, 드디어는 당시 문교부 장관이던 안호상의 적극적인 활동으로 1948년 9월에는 국회에서 단군 개천을 기념하는 국경일의 선포와 단군연호 사용을 의결하게 됨으로써, 종교시장에서도 경쟁력 있는 종교브랜드로 자리매김한다.

그러나 이러한 대종교도 그 유력 신도들이 임정계에 뿌리를 두고 이승만 정권과 대립하고 남한만의 단정 수립을 반대하면서, 이승만이 정권을 완전 장악하면서 부터는 임정과 관련된 대종교는 물론, 단군신앙 자체가 정치적 사찰의 대상으로 되면서 급격히 교세의 위축을 맡게 된다[18]. 이러한 단군신앙의 위축에는 미군정 이래로 강력한 군정의 비호를 받으며 이승만 정권 창출에 기여한 장로교를 중심으로 한 개신교단체들이 단군 숭배를 우상숭배화하면서 배척운동을 전개함으로써 종교시장에서 급속히 그 브랜드 가치를 잃게 된다. 특히, 대종교의 주요 신도층이 한학을 주로 공부한 교육자나 무관학교 출신자, 과거 한말의 고급관료 출신의 후예 등 이른바 전통적 양반 계층의 민족주의자를 주축으로 한 전통적 엘리트[19]가 주요 지도층을

16) 이들 중에는 사학자로 鄭寅普, 安在鴻, 崔南善을 비롯한 조선어학회 중진들과 李始榮, 金奎植, 李範奭, 安浩相 등이 있다.

17) 당시의 대종교 이외 민간에서 행해진 주요한 단군신앙운동을 보면, 서울을 중심으로 한, 『檀君殿奉建會』(1945), 평양을 중심으로 한 『平陽檀學會』(1946), 대전에서 발기한 『檀君天光明道德報本會』(1948), 충남 서산의 『苧村檀君殿』(1948),등이 있다.

18) 당시 상황을 『대종교중광 60년사』(대종교총본사, 1971, 735-736쪽)는 이렇게 적고 있다. "정부 수립후 2년간에 李정권의 무모한 배척으로 말미암아, 중홍의 예기가 위축되고 世情은 급변하여 人心은 乖離하는 동안에, 설상가상으로 교계 원로들의 정계 하야와 赤徒에 의한 납북, 年老 歸天으로 포교의 기반을 확립하기도 전에 또 다시 인물난, 재정난에 봉착하게 되었다."

19) 대종교 중광 제현 43명의 신분을 분석한 결과를 보면, 학력에서 대졸 수준이 10명, 무관학교 졸업이 5명, 한학 수학자가 9명, 기타가 19명이며, 대종교 입교 이전의 직업을 보면, 한말 교육계 종사자가 14명으로 가장 많고 고급관료, 무관 등으로 구성되어 있음을 볼 수 있다. 『대종교중광 60년사』부록1 중광제현 약력 편, 809-875쪽.

형성하고 있었던 까닭에, 미군정이 표방하는 분단 현실에 바탕한 범미주의적 세계 질서 재편전략의 실천집단이 되기는 어려울 수밖에 없었다. 그래서 해방공간에서도 임정계의 몰락과 함께 상대적으로 사회기층세력을 조직적으로 동원할 수 있는 교회조직이 미약했던 대종교의 교세도 급속히 위축되어 갔다. 동시에 정치적 성향을 지닌 대종교계와는 달리, 무속신앙의 전통을 이은 단군숭배의 종교집단들은 미신이나 사이비 종교라는 사회적 낙인을 받으며, 민간의 종교성속에 침잠함으로써, 대종교 계열의 종교집단은 그 어떤 것도 기독교의 주도권 장악에 제동을 걸만한 경쟁상대로 자라날 수는 없었다.

미군정기의 종교시장에서 그나마 전통종교로 브랜드 파워를 유지할 수 있었던 불교는, 오히려 조선총독부로 부터 '조선에서 오래전부터 존재했으며, 오늘날 종교다운 유일한 종교'(강위조, 1977: 68)로서 비호를 받아 왔었다. 또한 잘 알려진, 1911년 6월에 공포된 사찰령에 따라 30본산 1,477개소의 말사 조직을 정비하여 일본의 전통에 따른 행정조직화하여 그 세력을 국민 교화의 수단으로 편입시키려 했던 정책에 순응함으로써, 일제에 순응적인 종교단체로 존재할 수 있었다. 특히, 1926년에는 일본 불교계의 전통을 따라, 승려의 대처와 육식을 합법화하였다. 이로써 한국불교계를 지배해 온 선불교 중심의 비구승은 대처승에 밀려 산중으로 들어가고 선종에서도 대처를 받아들인 세력과 함께 종단 교권은 대처승에 의해 장악된다. 바로 이러한 정책의 결과, 불교계는 일제하에서 1920년대의 불교 청년회와 불교유신회의 사찰령 폐지와 정교 분리 주장을 끝으로, 점차 전반적으로 민족독립운동 계열에서 떨어져 나가 국가 권력에 종속되어 어용화된 측면을 지니고 있었다. 물론, 일제하에서도 불교 유신과 정교분리를 주장하여 1921년 '조선불교선교양종 중앙총무원'을 결성하였던 세력과 불교의 일본화를 방관하면서 '총무원' 반대하여 이듬해 같은 각황사에 '조선불교선교양종 중앙교무원'을 설치함으로써 조선불교는 양대 세력으로 분화되었으나, 1925년 양측의 타협으로 '재단법인 조선불교중앙교무원'으로 통합하였다가, 그 뒤 총본산운동이 일어나 1941년 4월 23일에는 太古寺(현 조계사)를 총본산으로 조선불교조계종이 결성되어 해방에 이른다.

해방공간에서의 불교계는 해묵은 선교 양종의 교권 투쟁과 어울려 비구-대처가 대립되는 양상에서 1945년 9월에 전국승려대회를 열고 새로운 교단 체제와 일제 잔재의 청산 문제를 논의하였다. 여기서 교구제를 확정하면서, 총본산을 총무원으로 개칭하고 각도에 교무원을 두고 종헌을 교헌으로 고치는 등 체제정비를 서두른다. 그러나 이 총무원 중심의 세력은 과거 교무원을 중심으로 불교유신론에 반대한 교종의 대처승 집단이 주류를 이루고 있었다. 그래서 불교유신과 정교분리를 주장했던 같은 선종의 대처승인 과거 총무원 계통[20]은 이들을 친일세력으로 몰아 공격하면서, 불교총본산으로 뭉쳐진 불교청년회, 불교여성총동맹, 혁명불교도 연맹, 선우(禪友)부인회, 재남이북 승려회, 불교혁신연맹, 선학원 등이 가세하게 된다. 여기에 일본불교집단이 남긴 재산점유를 둘러싼 갈등도 이런 갈등의 폭을 넓혀갔다. 그러나 집행부 대부분이 대처승이었던 까닭도 있지만 근본적인 일제청산 보다는 교권투쟁의 양상이 더 강하였다. 이에 선학원을 비롯한 불교혁신단체들이 모여 1946년 12월에 조선불교혁신총연맹을 만들고, 조선불교총본원이라는 별도의 중앙기구를 결성하면서, 교도제(教徒制) 실시를 주장하기도 했다. 이는 승려의 권한을 수도자에게만 부여하고, 대처나 육식을 하는 등 계율을 거부하는 자는 일반신도로 만들자는 주장이었다. 대처승은

20) 이들은 주로 40년대부터 불교유신의 전통을 이어 계율과 법계의 준수를 강조해 온 古佛會라는 단체에 속하고 있었다.

당연히 이를 받아들이려고 하지 않았으므로, 중앙총무원과 선학원 중심의 불교총본원이란 두 단체는 서로 격렬하게 대립하게 되었다. 교단의 기득권 세력과 혁신 세력과의 갈등은 미군정이 불교 혁신세력을 안정을 깨뜨리는 좌익으로 간주하면서 탄압도 이어졌다. 이같이 해방공간에서의 불교계는 천도교나 대종교, 기독교 등과는 달리 정치지향적 투쟁과는 거리가 먼 교단내의 문제에 매달려야 했다.

이런 교단내부의 문제에 치중한 까닭에 기존 불교계는 해방공간이 제공한 열린 종교시장에서 상대적으로 시장 지배력에서 약한 브랜드로 남을 수밖에 없었다. 오히려 이런 조계종의 분규 속에서 불교 구제재의 사회적 수요를 조계종과 관계없는 새로운 재가불교운동이 공급하는 구제재로 충당하는 양상이 활발히 나타난다. 이러한 운동 중에 주목할 만한 것은, 원불교, 심인불교, 그리고 구인사를 본사로 한 천태종의 활동이다. 일제하 불교연구회로 출발하여 소태산의 뒤를 이은 2대 종법사 정산(鼎山) 송규(宋奎)에 의해 1948년 교단명칭을 변경하고 교리를 정비하면서 교화와 교육, 자선을 3대 목표로 새로운 종교활동에 들어간다. 원불교의 그 뒤 성상은 신종교운동의 새 장을 여는 독특한 것이었다. 그리고 심인(心印)불교는 1947년 6월 14일(음)에 대구에서 회당(晦堂) 손규상(孫圭祥)이 '참회원'을 세우고 육자진어(六字眞言)을 본존불로 한 새로운 불교운동을 전개하면서 시작된 재가불교운동으로, 1949년 12월에는 교단명을 심인불교로 하고 교단을 심인당이라 하여 경상북도에 교화단체로 등록하면서 정식교단으로 출발하게 된다.

III. 이승만정권과 종교시장 통제정책

반일 이상으로 철저한 반공주의자였던 이승만을 초대 대통령으로 한 남한 단독 정부의 수립은, 미군정 지도자 맥아더의 반공운동=개신교화라는 도식적 믿음 속에서 군정기의 적산처리 등 차별적 우대 속에 성장한 기독교가 어떤 의미에서 국가 권력 창출의 한 몫을 담당해준 결과이기도 했다. 이승만은 유학시절, 자신의 교육가로서의 포부를 말하며, '짐승 같은 저열상태'에 빠져 있는 한민족의 도덕수준을 기독교교육을 통해 향상시키는 데 있다고 하면서, 장차 한국을 완전한 '예수교 나라'로 만들겠다는 생각을 해왔다고 한다[21]. 이에 따라 이승만정부가 출범하고 이듬해 3월 문교부장관이 관혼상제 개선을 비롯한 사회전반에 걸친 '신생활운동'의 전개를 천명[22]하면서 일기 시작한 신생활운동은 '신생활운동실천요강'을 문교부가 발표하고 생활개선운동을 전개하여, 생활전반에 '예수교 나라에 합당한 높은 도덕수준의 과학적 생활방식'이 지배하도록 하려 했다. 이를 위해 음식 낭비를 부추기는 요정 음식점 정비부터 상장례 의례 간소화, 신생활복식 장려, 축첩폐지, 과학생활화의 실천운동을 독려하고 있었다. 언론도 이에 맞춰 개선해야할 생활양식들을 앞다투어 보도하기 시작한다.

생활개선운동은 점차 미신타파운동으로 초점이 맞춰지고 있었다. 마침 과학적이지 못한 행동을 미신으로 여기도록 하는 사건도 발생했다. 포천군 신북면에서 한 16세 소년이 학질에 걸리지 부모가 치료하기 위해 계란을 개의 항문에 넣었다가 먹이려 했으나 소년이 거부하자 매질을 가해 소년이 자살한 사건[23]이었다. 신생활운동에서 비과학적인 미신이나 복술행위, 굿

21) 유영익, 『이승만의 삶과 꿈』, 서울: 중앙일보사, 1997, 218쪽.
22) 『동아일보』, 1949.3.25. 2면.

등 민간신앙은 척결되어야할 대상일 뿐 아니라, 기독교국가를 지향하려는 이승만정권의 통치이념에도 맞지 않는 것이었다. 언론도 '무당 점쟁이가 격증, 맹랑한 예언 뿌리며 횡행'이란 제하의 기사를 통해 이들이 일대 사회문제화 되고 있다고 연이어 보도하고, 이에 따라 정부도 "공인된 종교인 캐톨릭교, 기독교, 불교와 유사종교인 천도교, 대종교들 외에 무당이니 점쟁이니 하는 것은 순전한 미신으로 인정하고 이들이 국가공안을 문란케 하는 경우에 경찰당국이 선처할 것"이라고 문교부 당국의 입장을 전하면서, 치안국은 서울거리에 즐비한 노점점쟁이들을 일소하고 황당무계하거나 국가보안을 문란케 하지 않는 관상쟁이들은 등록제를 실시하겠다[24]고 발표한다. 당시 정부는 이런 민간신앙을 사회안녕은 물론, 국가안보까지 위협할 수 있는 사회문제로 인식하고 적극 대처해야한다는 입장이었다. 이에 따라 문교부는 10월10일부터 일주간 미신타파주간을 설정하고 '거리나 가정에 뿌리 깊게 잠재하고 있는 미신적 요소를 일소할 기세'를 보이면서, 이 주간에 '전국무당조합을 해산시키는 동시에 공원이나 번화한 길거리에 자리를 잡고 골목골목에 간판을 내걸고 있는 복술쟁이들의 영업을 일체 폐지 시기고 그들로 하여금 신생활운동에 협력'하도록 하겠다[25]고 했다. 이런 정책을 낳게 된 배경에는, 미신은 종교와 구분되는 것으로 종교란, 기독교에서 말하는 그런 신관이나 의례, 교리체계 등을 갖춘 것으로 볼 수 있다는 기독교적 종교관의 자명성에 따른 관점이 들어 있었다. 사실 주술은 종교시장에서 가장 기본적인 경제적 동기를 지닌 구제재로 팔리는 민간신앙의 기본요소이다. 그러나 기독교적 종교관에 따를 경우, 이는 비종교적인 미신으

23) 『동아일보』, 1949.5.30. 2면.
24) 『동아일보』, 1949.8.30. 2면.
25) 『경향신문』, 1949.9.25. 2면.

로 종교시장에서 척결되고 배제되어야할 대상이면서 나아가 이런 요소는 좋은 종교와 나쁜 종교를 판별하는 척도일 수있다는 인식을 우리사회에 부지불식간에 심어주면서, 종교시장에서 기독교의 독과점적 시장지배를 만들어내고 있었다.

이런 상황에서, 해방을 교단재건과 부활의 기회로 보았던 여타 신종교교단들은, 특히 증산계열의 교단들을 포함해서 유사종교라는 브랜드를 달고 종교시장에서 언젠가는 퇴출되어야할 불량 상품처럼 유통되어야 했다. 그래서 이른바 유사종교로 분류된 단체들은, 그나마 고유브랜드를 달고 유통되는 천도교나 대종교, 불교에서 신앙되는 성스러움의 대상을 습합하여 유사종교의 브랜드적 가치를 바꾸려는 경향을 보이기 시작한다. 특히, 증산계가 그 이전에 볼 수 없었던 단군을 수운이나 증산과 함께 예배대상으로 삼는 경우에서 이를 잘 볼 수 있다. 예컨대, 증산법종교가 해방이후 1949년에 '천하우주의 모든 기운이 이곳으로부터 나온다'는 의미로 올(來)터라 불렀다는 오리알터로 본부를 정하고 본격적인 부흥을 꾀하면서, 12월에 삼청전을 짓고 증산미륵불상을 봉안하고 이듬해 한국전쟁이 발발하여 대구가 위태로울 때, 수운 치성을 올려 이후 불교의 미륵과 천도교의 수운을 증산과 함께 예배대상으로 삼아 선불교로 등록하는 절차를 거치는 것이 좋은 보기일 것이다. 해방이후 증산계열 종교단체 통합을 주도해왔던 이상호의 증산교도 그 대표적 경우이다. 광복이 되자, 이상호는 이정립과 최위석 등 145인을 모아 서울 마포구 합정동에서 대법사를 조직하여 증산교운동을 다시 전개하다가, 1947년 최위석과 헤어져 별파를 만들고 이름을 증산교로 명명하고 1948년 17개의 증산교 교단이 모여 증산교단통정원을 조직할 때, 부통교로 활동하면서 증산교를 창립하고 강증산과 환인・환웅・단군 임검 그리고 최수운을 예배대상으로 삼았다. 또한 김환옥이 창교한 무극대도교도 초기 1930년대는 수운과 증산 그리고 교주 김환옥을 예배대상으로 하다가, 1953년 보화교(普化敎)로 교단명을 바꾸고 단군과 수운, 증산을 예배대상으로 삼는 교단으로 변경하였다. 이런 사례는 공인된 종교로 인정받은 대종교와 천도교의 사회적 위상과 종교범주에 증산교단들이 편입해 들어가 정부의 미신타파운동의 대상이 되는 것을 피하려는 증산계 교단 측의 종교시장 생존 전략이기도 했던 것이다.

그러나 이런 신사회운동을 기치로 내건 1949년 한 해 동안의 신생활운동 캠페인의 성과에 대해 당시 언론의 평가는 냉소적이었다. '선전비만 없애고 미신타파는 구호뿐'이란 제하의 동아일보 기사는, "…미신타파 주간을 설치하고 이를 대대적으로 선전하야, 무당, 판수, 점쟁이 등을 전율케하여 일시나마 그들을 거리에서 없이한 것은 대한민국의 장래를 위해 경하할 만한 일이라 아니할 수 없었다. 그러던 것이 미신타파주간이 끝난 며칠 후의 거리는 그대로 그들의 간판이 붙어있었고 복술자를 찾는 사람은 여전하였다 …"[26]고 적는다. 신생활운동의 중심을 이뤘던 미신타파 캠페인도 결국 전시행정으로 끝나버렸지만, 그 의도는 이승만이 품고 있던 '예수교나라'에 대한 이상을 실현하려는 정책적 일환으로 기독교적 종교관에 따른 민간신앙이나 이른바 유사종교를 사회문제시하여 사회로부터 배제시키려는 것이었다. 일상생활세계의 위기나 불안을 극복하려는 민간신앙의 주술적 행위는 그 자체가 생활세계의 일상성 회복을 위한 합리적 방법 중 하나이다. 그런 까닭에 그런 행위가 비과학적이라는 이유로 쉽게 사라질 수 없음은 당연한 일이었다.

이 신사회운동도 6.25 한국전쟁이 발발하면서 중단되고, 북한의 남침으로 시작된 전쟁은 해방 이후 극심한 대립양상을 보여 왔던 좌우익의 이념적

26) 『동아일보』, 1949.12.30. 2면.

갈등을 양자택일적 선택으로 전환시킨다. 동시에 국내 종교시장에서 독점적 지배구조를 확립한 기독교는, 국가의 존립을 위협하는 모든 요소를 구국의 차원에서 제거하려는 사회운동의 핵심세력으로 등장한다. 전쟁이 발발하자, 그 다음 날 곧바로 개신교회는 초교파적으로 '대한기독교구제회'나 '대한기독교구국회', '선무공작대', '기독교의용대' 등을 조직하여 이른바 구국전선에 뛰어든다. 구국=기독인의 책무라는 도식을 만들면서 공산주의 북한의 남침에 맞선 구국활동을 통해 이제 구국=반공=기독교인의 자질과 책무로 도식화된 이념지형을 만들어 간다. 강인철은 이런 과정을 이렇게 설명한다. "반공주의는 교리의 수준으로 격상되어 개신교 신자의 자격요건 중 하나가 되었다. 북한에서의 대결체험과 대규모 월남자 집단의 존재, 냉전적 국제질서의 형성에 영향 받으면서 개신교의 반공주의는 폭력적인 행동을 동반하는 것으로 발전했고, 한국 전쟁기에 이르러서는 한국사회 안에서 '반공주의의 상징'으로 인식되었다. 정치참여를 당연시 했던 것도 이전에는 볼 수 없던 현상이었다. 이 같은 '정치화'는 교파나 교리를 불문하고 일반적인 현상이었다."27)

전쟁이 끝을 알 수 없는 정전협정으로 끝나면서, 반공국가존립의 책무를 스스로 주장해 온 개신교는, 이제 국가권력에까지 개입하며 종교시장에서도 절대적인 지배 권위를 누리면서 '종교의 정치화'에 앞장선다. 이런 정치화는, 정부의 신사회운동의 정화대상에서 빠졌던 대종교에도 영향을 미친다. 개천절을 국경일로 만들만큼 1공화국 초기에는 종교시장에서 브랜드파워를 가졌던 대종교는, 이승만이 임정 세력을 견제하고 1952년 이른바 부산정치파동을 거치며 자유당에서 이범석을 비롯한 족청 계열 인사들이

27) 강인철, 「한국개신교 교회의 정치사회적 성격에 관한 연구」, 서울대학교 대학원 사회학과 문학박사학위 논문, 1994.

제거되는 등의 정치파동에 휩싸이면서 급속히 종교시장에서 퇴추의 위기를 겪게 된다. 정치의 종교시장에의 개입은 종교시장의 정치적 왜곡화를 가져오면서, 단순히 미신이나 유사종교에 대한 사회적 통제에 그치는 것이 아니라, 불교계의 왜색불교 청산 명목의 정화요구와 유학진흥 명목을 담화를 통한 유도회에 대한 개입 등 종교시장 전반에 영향을 미친다. 정치적 이유로 시작된 이런 개입은 결과적으로 종교시장에서 개신교의 특권적 지위를 유지시켜주기는 했으나, 오히려 정치세력이 지배 정당성을 잃어가면서 종교시장에서의 개신교에 대한 사회적 평판을 떨어뜨리고 이미 정치권력화에 맛들인 개신교 내부의 종교권력간의 권력투쟁으로 이어지며 교파 분열[28]을 초래한다.

이승만정권 말기로 갈수록 개신교와 국가권력의 합치현상은, 국가권력의 부패와 정당성 위기를 부채질했다. 이런 상황에서 권력기구화한 개신교회에 실망한 사람들은, 기존의 개신교회로부터 떨어져 나와 새로운 개신교회를 표방하는 신종교로 눈을 돌리기 시작했다. 1954년 문선명에 의해 창교한 '세계기독교통일신령협회'나 1955년 '동방의 의인'임을 사처한 박태선이 조직한 '한국예수교 부흥협회(전도관)'등이 새롭게 종교시장에 진입한다. 또한 전쟁기에 처음 국내에 들어왔던 말일성도예수그리스도회도 1956년부터 국내 선교를 시작하고 여호와의 증인도 일제하에서 중단되었던 선교활동을 1952년 사단법인을 설립하고 재개한다. 여기에 1947년 4월에 김천 용문산에 기도원을 세우며 한국개신교의 기도원 설립 붐을 일으키며 대중적 영성운동을 이끌었던 나운몽이 애향숙(愛饗塾)을 중심으로 1957년부

28) 한국복음주의 협회(속칭 NAE:1953년 7월에 결성된 WCC 비판적 인사들의 모임)와 NCC측이 이른바 박형룡목사의 남산신학교 대지불하 사건을 빌미로 시작된 분규가 1959년 9월 24일의 대한예수교 장로회 제 44회 총회에서 승동파와 연동파로 나뉘어 오늘날의 통합, 합동으로의 분열을 가져다 주기도 한다.

터 전국순회전도대회를 통해 개신교와 대립하기도 한다. 정부의 공언에도 불구하고, 종교시장에는 권력에 맛을 들인 기득권화된 기독교나 연이은 교권 쟁탈전에 빠져있었던 불교에 식상한 수요자들이 새로운 종교집단에 관심을 갖고 모여들고, 여기에 전쟁에 지친 인심을 달래줄 새로운 영성에의 수요는 기도원이나 부흥집회와 같은 대중적 영성집회에 종교시장의 수요자층을 대량으로 끌어들이기 시작했다.

정치화한 종교단체에 식상한 종교수요층은, 기성종교단체보다는 순수히 새로운 종교적 구제재의 보급을 약속하는 새로운 종교집단에 관심을 갖기 시작하면서 기독교중심의 종교시장은 크게 요동친다. 일제하에서 한때 10여만의 신도를 거느렸으나 일제의 유사종교해산령에 따라 지하로 잠적했던 무극도(无極道)가 해방과 더불어 1948년에 다시 교단을 부산에서 재건하여 교명을 태극도(太極道)로 바꾸고 한국전쟁기에 부산 감천동(甘川洞)에 대규모 신앙촌을 건설하고 있었다. 일제하에서 찬물교, 혹은 봉남교(奉南教)로 불리우며 활동하던 김봉남이 1950년 사망함에 따라 그의 제자였던 김옥제(金沃濟)가 1952년에 대구에서 도학주(都鶴姝)와 더불어 성덕교화원(聖德教化院; 1967년에 성덕도로 개칭)을 열고, 중국 일관도(一貫道)계로서 해방 이후 국내에 유입되어 토착화되어 1954년에 대구에서 뿌리내린 손우헌(孫佑憲)의 도덕기초회(道德礎基會; 현재는 재단법인 도덕회)와 서울에 뿌리를 내린 김복동(金福堂)의 국제도덕협회 등도 이 시기에 종교시장에 진입한 경우이다. 이런 현상은, 지금까지 중심부 종교로서 사회적 지위를 누려왔던 개신교 중심의 종교시장에 특정 중심부 종교의 절대적 지배가 사라지고 있음을 말하는 것이기도 했다.

그러나 민생은 어려워지고 정치 사회적 혼란이 이어지면서, 새롭게 종교시장에 진출한 신종교교단 중에는 자신들의 구제재를 세속적 이권 취득을 위해 행사하면서 기성 종교단체로부터의 이단 시비를 불러 일으켜 사회문제화 된다. 1955년 5월 14일에는 이화여대생 12명과 교수 5명이 통일교와 관련되어 제적되는 사태와 연이은 추문이 언론에 보도되면서 세인의 이목을 끈 통일교 사건, '동방의 의인'임을 자처하며 1957년에 소사(素砂)에 건설하여 운영하던 신앙촌이 1958년부터 문제되면서 물의를 일으켜 경찰의 수사를 받고, 이듬해 12월27일에는 박태선이 사기・상해・위증죄로 구속되어 물의를 일으킨 세칭 전도관 사건, 또 1955년 5월에는 나운몽 장로가 산상기도를 빙자하여 2천만원(圓)을 갈취한 혐의로 구속되는 사건, 1958년 조철제가 사망한 뒤 당시 도전(道典)으로 있던 대순진리회를 세운 박한경이 교단 실권을 장악하는 과정에서 발생한 교단 분규와 일부 간부들의 교단재산 횡령 등의 부정 행위 폭로사건, 1959년 5월에는 성덕도 교주 김옥재와 김윤재씨가 신도로부터 강제 추행과 사기혐의로 고소당하는 등은 바로 이러한 사례가 될 것이다. 이승만이 1956년 5월 15일 국민들의 직접선거를 통해 제3대 대통령에 당선되어 장기독재집권체제를 갖추면서, 이런 신흥교단들의 사회적 물의는 정부의 개입을 불러오면서 점차 종교시장에도 '사이비종교척결'이라는 명분으로, 정권의 필요에 따라 기독교적 관점에서 부정적 행위를 일삼는다고 생각하는 단체들에 대한 통제를 하고자 했다. 1957년에는 3월에는 무당과 박수에 대한 단속을 실시하고, 정부는 1958년 9월 25일, 이미 공포한 23개 유사종교단체[29]를 중심으로 유사종교단체의 철저 단속과 9월 말까지 실태조사를 지시하면서 향후 등록을 불허할 방침[30]임

29) 이 유사종교단체로 분류된 것을 보면, 천지대안교, 보천교, 천리교, 태극도, 금강도, 聖德道, 상제교, 三皇道, 一心教, 正道教, 關聖廟, 미륵교, 선불교, 증산대도회, 증산선불교, 국제도덕협회, 수운교, 단군교, 태을교, 一貫教, 칠성교, 天黃地教, 三靈教, 등이다.『경향신문』,1958.9.25. 2면.

30) 이듬해 선거를 대비해 1959년 10월 무당연합회인 '大韓信正會' 조직을 후원하는 등, 기독교를 정권의 지지기반으로 이용해 왔던 이승만정권은 본격적으로 종교단체를 정치에 이용하려 했다.

을 밝힌다. 특히, 박태선의 전도관 문제가 1958년 후반의 한국사회의 큰 이슈가 되면서, 1958년 12월에는 각 종교집단의 교리를 심사하는 '교리심사위원회'를 문교부 산하에 두려는 생각을 장관이 발표하고, 이듬해 1월에는 학자들을 동원하여 국가가 '종교에 대한 개념 정의'를 내리려고도 시도하면서 10일에는 33개 유사종교 단체를 공표[31]하기도 했다. 종교집단의 교리를 심사하는 '교리심사위원회'를 문교부 산하에 두려던 계획은, 구체적으로 1960년 2월 18일 '종교단체심사위원회'로 정식 발복하면서 23명의 위원을 임명하고 첫 회합을 25일 가지기로 하는 방향으로 나타났다. 이런 측면은, 종교에 대한 국가의 개입이 종교의 사회적 존재양식을 규정하는 단계에까지 이를 정도로 국가의 종교부문에 대한 개입 매우 심화된 상태임을 말해주는 것이기도 했다.

IV. 종교시장의 재건과 개발, 성장, 발전

제1공화국 등장과 함께 그 지배이념의 충실한 담당자 역할을 했던 개신교는, 제1공화국의 붕괴와 더불어 종교시장에서 세속 권력의 비호를 받는 중심부 종교로서의 지위를 급속히 상실한다. 개신교의 사회적 위상 변화는 오히려 교간 내부의 갈등을 더욱 초래하면서, 이미 분열의 길로 들어선 장

31) 문교부가 실태조사후 발표한 교단(신도수)을 보면 다음과 같다. 天地大安教(3,443) 普天教(106), 天理教(120), 金剛道(26,923), 聖德道(미상), 上帝教(1,000,000), 三皇道(미상), 一心教(45,000), 正道教(300), 關聖廟(미상), 彌勒教(미상), 仙佛教(9,201), 水雲教(100,832), 太乙教(미상), 一貫教(미상), 七星教(미상), 天黃地教(미상), 三靈教(400), 大韓甑山仙佛教(미상), 仙教(73), 普化教(23,820), 참예수교(27), 呂處子教(250). 『동아일보』,1959.1.10. 3면

로교는 개 교회와 교단 소속 학교, 재산 등에서 한치의 양보도 없는 다툼을 계속해 가면서 교단 분열[32]은 그치지 않는다. 이런 상황은 종교시장에서 정권의 비호를 받으며 절대적 시장 지배력을 유지할 수 있었던 종교가 사라지면서, 본격적인 종교 간, 교파 간의 종교시장에서의 수요층 확보를 위한 경쟁의 시대가 열리고 있음을 말해주는 것이기도 했다.

5.16군사정변은, 사회의 전면적인 개조를 통해 국가경쟁력을 강화할 수 있는 국가개조를 기본적인 지배이념으로 설정하고 부정부패와 무능으로 점철된 1,2공화국의 잔재를 청산하고 사회적 기강확립과 1962년에 1인당 GNP가 87달러에 불과했던 현실의 절대적 빈곤상태로 부터의 탈출을 정변의 정당화 논리로 내세우며, 그 지향점을 '국가재건'이라는 구호로 함축했다. 이는 개인들에게 뿐 아니라 사회전체에 새로운 자기 정체성의 확립과 변화를 요구하는 상황이기도 했다. 1962년 1월 5일에 『제1차 경제개발 5개년 계획』을 발표하면서 시작된 경제개발정책은, 막대한 개발자금을 요구했고 그 해결을 위한 방편으로 등장했던 한일회담을 통한 대일 청구권협상이 정치문제하되고 있었다. 정부는 이 회담을 대일 굴욕외교로 비난하는 야당등 사회일각의 반대를 왜색문화[33]와 그 대표적인 왜색종교 척결로 잠재우려 했다. 이 왜색종교 척결 캠페인에 대상이 된 것은 창가학회였다. 1962년 7월 1일에 있은 일본 참의원 선거에서 창가학회가 제3당으로 진출한 것을 보도하면서 언론의 창가학회에 대한 관심이 보도되기 시작하다가, 1962년 7월 24일에는 창가학회의 한국진출을 위해 재일교포가 입국했다

32) 1960년에 분립한 장로교 교단은, 대한예수교장로회(로고스), 대한예수교장로회(서합측:처음에는 보수측), 대한예수교장로회(연신) 등 3개 교단이 분립한다. 이것을 시작으로 양 장로교 교단내의 교단 분립은 60년대에 18개, 70년대에 15개, 80년대에 27개 등으로 점차 갈수록 증가한다.

33) 4.19 이후 오히려 일제상품과 화장품, 잡지, 유행가에 달려, 번역소설에 이르기까지 왜색이 붐을 이루는 현상을 두고 '한민족의 자각심이 모자라는 것은 아닌가 하는 생각이 든다'는 신문보도도 나오는 상황이었다. 『경향신문』, 1960.12.28. 3면.

는 소식을 『동아일보』가 보도[34]하면서 이듬해 1월부터는 창가학회의 국내 전파문제가 본격적으로 언론에 등장하기 시작한다. 보도가 이어지자, 경찰의 내사가 시작되고 문교부는 1월 14일 관계기관에 '창가학회는 사교(邪教)'로 단정하여 통보하는 조치를 내렸다. 이에 따라 서울 지검과 치안국이 내사에 들어가고 17일에는 문교부가 종교심의회를 열어 창가학회의 종교적 본질과 그 성분을 심의하기까지 한다. 그 결과 18일에는 창가학회는 반국가・반민족 단체로 규정하고 반공법과 국가보안법 위반혐의에 대한 수사에 들어가는 등, 압박은 계속 이어졌다. 그럼에도 불구하고 창가학회의 종교시장에서의 유통속도는 오히려 빨라지고 있었다. 2월에는 왜색종교 척결 칼날은 천리교로 이어졌다. 이런 일련의 왜색종교 척결 캠페인은 종교시장에서 민족주의라는 이념이 시장진입장벽으로 등장하여 자유로운 종교시장의 유통에 개입하고 있음을 보여준 것이었다.

그러나 이미 일제 때부터 국내에 뿌리내렸던 천리교와 달리, 창가학회는 이른바 '창제(唱題)를 통한 숙명전환'이라는 '유력한 신앙생활의 결실'을 담보해주는 구제재를 내세워 의외적으로 국내 종교시장에서 큰 파장을 일으켰던 것이다. 이는 60년대 들어 급속한 정치사회적 변화의 물결 속에서 변화에 노출된 일상성의 안정적 회복을 바라는 사람들에게는 지금까지의 숙명으로 규정된 자아정체성의 변화와 새로운 확립이라는 시대적 요구에 그들의 구제재가 적중한 셈이기도 했다. 비록 창가학회 사태를 통해 드러난 것이는 해도, 이런 숙명적인 자아정체성의 변화와 새로운 확립을 의미하는 '숙명전환'을 담보하는 '신앙생활의 유력한 결실물에 대한 기대'는, 경제개발과정에 필수적인 도시화와 산업화뿐 아니라 간호사와 광부의 독일 파견

34) 창가학회의 국내 전파와 발전과정에 대해서는, 박승길, 『현대한국사회와 SGI; 한국SGI와 대승불교의 사회학』, 대구:도서출판 태일사, 2008, 참조.

과 같은 근로자의 해외진출, 월남파병, 해외로의 끝없는 무역시장의 확대 등에서 겪는 일상생활세계의 급속한 변화환경에서 크게 자라날 수밖에 없는 종교적 기대이기도 했다. 개발과 재건과 성장이라는 구호 속에서 스스로를 재건하여 개발하고 성장하도록 가해지는 사회적 압력은, 일상문제를 즉각적으로 해결해줄 수 있을 것으로 기대되는 유효한 종교적 체험은 물론, 불안한 미래가 아닌 확 바뀐 장밋빛 미래를 사는 자신을 담보해줄 구제재에 대한 수요를 폭발적으로 만들어 내고 있었던 것이다.

특히, 지금의 자아를 개발하여 성장시켜 다시 자아재건을 가능케 하기 위해서는 '자아성찰을 위한 영성(靈性)훈련과 몰입'에 치중할 필요가 있었다. 새로운 '신앙생활 결실에 대한 확실한 담보'와 '유효한 종교적 체험'을 보장하는 종교에의 수요에 앞장 서 부응하려 한 곳은, 개신교교회였다. 개신교교회는 과거의 중심부 종교로서의 지위가 위협받자, '내게 능력주시는 자 안에서 내가 모든 것을 할 수 있느니라'(빌;4:13)는 확신적 믿음을 앞세워 능력 있는 부흥집회의 기도와 예배참석으로 문제해결의 '유력한 종교적 체험'을 보장히며 경쟁적으로 수요자들을 끌이들여 대형교회로의 싱장을 도모했다. 신비한 '종교적 체험의 효과'를 강조하는 대규모의 대중적 집회는 자연스럽게 종교시장에 더 많은 인구를 끌어 들이면서, 교단들은 교단별로 동일한 구제재를 대량으로 보급하려하기 보다는 개인의 신앙이나 기호에 따라 선택이 가능하도록 차별화되고 다양화된 구제재를 개별 교회별로 종교시장에 내놓으면서 개인의 선택을 기다리려 한다. 그 결과, 창립 이후 꾸준히 '사이비 종교'로 사회적 낙인을 받아오던 박태선의 전도관도 69년에는 교회수 1,768개소에 700,520명의 신도를 거느린 가장 큰 신흥 기독교 집단으로 집계[35]될 수 있었다. 마찬가지로, 1958년 5월 신도 5명으로 출범

35) 통계의 신뢰성이 신종교로서 전도관의 사회적 낙인을 피하기 위해 과장되었을 수도 있다. 한국

한 조용기의 순복음교회가 70년대의 고도 성장기를 누릴 수 있었던 것은, 대규모의 대중적 부흥집회를 통한 치유와 특별한 축복과 같은 '유력한 종교적 체험'을 강조하였기에 가능한 일이었다. 종교시장에 일찍이 소비자 중심의 다품종 소량생산에 부응하는 종교시장이 열린 것이다.

이런 현상은 불교계에도 나타나, 지금까지 분규과정에서 독자적으로 법맥을 주장하며 활동하던 많은 사찰들 유력 주지가 중심되어 교단을 형성하는 과정에서도 찾아볼 수 있다. 60년대 전반기에 창종한 불교종파만 해도, 대한불교천태종, 대한불립종(不立宗), 대한불교법화종, 대한불교원효종, 대한불교총화종, 대한불교일승종(一乘宗), 한국불교법화종, 대한불교화엄종, 대한불교진언종 등이 있었다. 소비자 중심의 종교시장은, 새로운 신종교들로 쉽게 진입할 수 있는 여건이기도 했다. 1965년 12월 4일 당시 젊은 철학도로 5년간의 선사들의 가르침을 받으며 산사를 전전하다 스스로 도를 깨우침을 선포하면서 새로운 영성개발술인 무무주(無無呪) 독송법을 통해 고객을 모아 대구에서 창교한 한얼교(1967년 4월 17일 문교부에 사단법인 정일회(正一會)로 등록하였다가 78년 1월에 한얼교로 교명 변경), 1964년에는 정부의 왜색종교 금지조치로 탄압을 받았으나 1967년에는 '일련정종한국신도회'란 조직체까지 갖출 정도로 성장한 일본신종교인 창가학회, '무량청정정방심(無量淸淨正方心')이란 청심주(淸心呪) 독송이라는 영성개발술로 1967년 3월14일자로 개칭한 성덕도, 태극도의 분규과정에서 부산을 벗어나 69년 4월에 창교한 대순진리회 등은 이미 60년대 말에는 신자 수가 적게는 10여만에서 많게는 수십만에 이를 정도로 교세를 확장한다. 성장한 교세를 확보한 신종교단체들은, 이제 종교시장에서 그 종교를 처음 접하는 사람들에게 나름의 '신앙의 유력한 열매'를 담보하는 브랜드로 인식될 수 있었다. 반

기독교교회협의회, 『기독교연감』, 1970, 518쪽.

면에 상대적으로 재건과 성장에 성공적이지 못한 소규모 신종교들은 정부의 통제에 따라 교단의 재정비나 연합운동을 통해 새로운 브랜드를 만들어 종교시장에 진입하려 했다. 문교부의 국산종교통합계획에 따라 과거의 '민족신앙총연맹'36)을 재편성하여 1961년 12월 문교부에 등록한 동도교, 이창환의 세계종교통일본부, 이창규의 대한종단연합회, 미륵불교향도회, 범종교연맹결성준비위원회 등이 60년대 중반에 만들어진다. 이런 군소 신종교교단의 연합은 종교도 종교시장에서의 경쟁력있는 브랜드가치를 높이기 위한 새로운 브랜드 창안전략이었던 셈이다.

이런 자유로운 종교시장에 창가학회 사태 이후 또 다시 정부의 개입이 나타난 것은, 자칭 재림예수라 칭하며 대구를 중심으로 활동하면서 간음, 살인, 혼음, 재물탈취, 가짜 장례식 등의 행위를 하며 사회문제를 일으키던 노광공(盧光公)을 교주로 한 동방교(東方敎) 사건, 1965년에 5백여 명의 신도들이 상경하여 시민들에게 남북통일과 외세 경계 등의 내용을 담은 유인물을 배포하면서 비화된 이른바 서울시위사건을 일으킨 일심교(一心敎, 갱정유도) 사건 등이 터지면서였다. 앞서 1963년 12월에 사회단체등록법에서 종교단체 등록규정을 삭제 했던 정부는, 이런 사건이 터지자마자 다시 1965년 6월 16일 문교부 종교심의회에서 종교단체의 교리와 교지를 엄격히 심사하여 등록을 받는 종교단체등록법을 제정하여 등록 신고제로 하여 '미풍양속을 해치지 않는 교리나 의식절차 등은 간섭하지 않고 단체명, 소재지, 활동목표, 교세 등을 신고내용에 포함시킬 것'을 검토하고자 했다. 1965년 8월 5일 내무부는, 종교심의회와 합의하여 68개 종교유사단체에 대한 조사를 전국 경찰에 지시한다. 여기에는 동방교, 성덕도, 태을교, 도덕회, 단군

36) 1960년 9월, 동학계와 증산교계 등 13개의 신종교 교단들이 민족종교의 통합을 위하여 대전문화원에서 결성하여 1961년 2월에 국문원 사무처에 등록한 단체.

교, 정도교 등 다양한 종단과 각 시도 교화원이 포함되어 있었다. 당시 양찬우 내무부장관은 '민족감정과 국가의식을 흐리게 하거나 신병치유 등 미신적인 요법을 바행할 때는, 사기죄·국민의료법·기부금품 모집금지법 위반으로 엄단하겠다'[37]을 말했다. 커지는 종교시장에 새롭게 진입한 신종교교단 중에서 사회문제를 일으키는 종단에 대한 국가 공권력의 개입은 신앙의 자유문제와 차원이 다른 문제이다. 실질적으로 정부가 종교단체등록법을 제정하지는 않았지만, 계속되는 사회문제화된 종교단체에 대한 이런 조치는 결과적으로 신종교교단의 종교시장에서의 브랜드 이미지를 실추시키는 결과를 가져옴으로써 신종교교단의 시장 진입과 유통에 장애물이 될 수 밖에 없었다.

연차적으로 경제개발계획이 추진되면서 한국사회는 이른바 경제성장에 가속도가 붙기 시작하면서 1969년도에는 15%대의 높은 성장률을 기록한다. 그러나 정부지원을 받는 대자본을 위주로 한 저곡가·저임금에 기초한 수출 지향의 산업구조는 그 파행성을 드러내면서 전태일의 분신사건, 광주대단지 폭동사건과 같은 서민층의 생존권문제가 사회문제화되기 시작했다. 여기에 1971년 대통령 선거에서 박정희의 장기집권이 도전받고 집권당의 존립 자체가 위협받으면서 재야와 학생들의 반독재민주화운동은 더욱 강도가 높아졌다. 이 와중에 국제적으로 닉슨독트린에 의한 국제적인 긴장완화 정세와 달리 무장간첩침투는 빈번해지면서 긴장완화를 위한 남북대화의 필요성이 높아지고 있었다. 이런 정세를 도리어 국가안보의 위기로 단정한 정부는 박대통령의 장기집권을 위한 시나리오를 만들고 1971년 12월 6일에 '국가비상사태선언'을 시작으로 이듬해 10월 17일 10월 유신, 곧 현행헌법의 일부 조항의 기능을 정지시키는 4개 항의 비상조치를 포함한 특

37) 『동아일보』, 1965.8.5.,7면.

별선언과 전국 일원에 비상계엄을 선포했다. 정부는 이를 '한국적 민주주의의 토착화'라는 명분으로 자유민주주의의 기본원칙이 부정되는 사태를 정당화 하려 했다. 유신을 거치며 1972년부터 1977년의 3차 경제개발년도에는 연평균 10.1%의 성장을 보였으며, 수출도 평균 48.5%의 고도성장을 계속 이어갔다. 이 시기에 한국경제는 높은 성장률과 수출증대, 중화학공업화에 따른 산업의 고도화, 농업부문에서 미곡생산의 증대 등의 성과를 이루기도 했다. 이런 경제성장은 지금까지 일사의 빈·병·쟁의 문제해결의 수단을 제공해 줄 수 있는 구제재에 수요가 몰렸던 것과는 달리, 세속에서의 경제적 성공을 이끌 수 있는 '믿고 하면 된다'는 식의 성공에의 강력한 긍정적 믿음을 주는 구제재와 성공에 도움이 될 만한 인맥을 제공받을 수 있는 종교단체에 수요가 집중되도록 했다. 처음에는 정통 개신교신학자들이 의심의 눈초리로 보던, Robert H.Schuller의 긍정적 사고방식이나 조용기목사의 삼박자 축복론이 오히려 대형교회성장의 밑거름이 되면서, 어떤 새로운 교파나 신종교도 수요층을 두텁게하여 교세만 키워가면 종교시장에서 성공적 브랜드로 그 가치가 인정될 수 있는 종교시형이 이뤄시세 된다. 새롭게 종교시장에 진입하려는 신종교들도, 이제는 더 이상 교리체계나 의례에서 전통과 정통을 주장하는 종교단체의 공세를 걱정하기 보다는, 교세확장에 집중하는 포교전략의 개발에 힘쓰도록 한 것이다. 더욱이 외국의 10월 유신에 대한 민주주의의 쇠퇴를 우려하는 목소리에 대응하여 '한국적 민주주의의 토착화'를 명분으로 내세우며 정부가 '한국적'인 것에 방점을 두자, 그 영향은 종교시장에 한민족의 문화전통과 민족주의를 내세운 신종교의 진입장벽을 낮추는 결과로 나타났다.

1962년 목사안수를 받고 신도 100여 명의 순복음중앙교회로 정식 출발하며 방언·예언·신유 등 성령의 은사를 강조하며 타 교단으로부터 이단으로 규정되기도 했던 순복음교회는, 1969년 영등포구 여의도동에 새 건물을 착공하여 1973년 완공하면서는 이미 신도수는 1만 8,000명에 달하는 대형교회로 성장하고 있었다. 또한 1970년 10월 21일, 58년부터 일본에서의 활동 기반을 근거로 국내에서 777쌍의 합동결혼식을 치르면서, 한국은 참부모의 나라임을 강조한 통일교가 개신교 종교시장에 새로운 강자로 떠오르고, 불교적 색체를 완전히 떨쳐버리고 단군신앙으로 탈바꿈한 한얼교가 1969년 자칭 10여만의 신도에서 1977년에는 43만여 명의 신도집단을 거느린 단체로 성장하고, 도덕협회가 1977년에는 47만여 명의 신도수를 거느린 교단으로 성장하며, 성덕도가 1969년에 12,886명(1969년)에서 1977년에는 331,798명으로 그 교세를 확장한 것[38]은 이런 대표적 보기이다. 1971년 1월 6일 정부는, 반공이념으로 무속인들을 동원하면서 무장공비 출현에 대비한 연락망을 만든다는 명분으로 '대한승공경신연합회'를 만들기도 한다. 총체적으로 유신시대는 개인에게는 불안의 시대였다. 중동전으로 인한 유류파동은 연평균 15.91%에 달하는 물가상승률을 기록하면서, 잦은 대통령의 특별담화와 비상조치의 발동, 북으로 부터의 전쟁 위협 등 모든 것은 하루 하루를 불안하게 하는 것이었다. 이런 현실은 현실의 불안으로 부터의 도피를 위해 영성에 몰입하려는 경향도 부추겨 신비주의적 영성에 대한 수요도 발생시켜 탈세속적인 신비주의적 칼트가 자라날 수 있는 토양을 만들어 주고 있었다.

10.26이라는 충격적 사건에 의해 유신체제가 무너지고 12.12 군부 쿠데타를 통해 등장한 이른바 신군부가 전혀 예기치 못한 새로운 권력의 실체로 대두한다. 그 결과, 서울의 봄으로 표현되는 민주화를 열망하던 국민들의 바램은 불안과 기대가 뒤섞이는 상황을 겪어야 했다. 이 시기는 그동안 유

38) 문공부, 『종교법인 및 단체현황(업무자료)』, 1977.

신체제로 억눌렸던 민주화를 요구하는 시민사회가 다시 역사적 소생을 하는 장이었다. 그러나 1980년 5월 18일 광주에서 시작된 광주민주화 항쟁에 대한 신군부의 유혈진압은 민주화요구를 다시 역사의 뒷장에 묻어두고 유신체제의 축소판과도 같은 지배체제를 구축해 갔지만, 신군부의 집권세력은 지속적인 지배 정당성 부재의 질곡에 갇혀야 했다. 그래서 그 어떤 정권보다 부도덕하고 정당성이 없는 정권에 대항하는 것은 종교인의 또 다른 사명처럼 받아들인, 천주교와 기장 중심의 일부 개신교를 주축으로 한, '투쟁하는 교회'가 각계각층으로부터 끊임없이 투입되는 인적 자원을 바탕으로 연대 폭을 더 넓혀 나간다. 반면에 종교시장에서 '능력있는 교회'로 지금까지 엄청난 교세 확장에 성공해왔던 예장의 개신교 중심의 종교단체들은, 5.18로 나타난 시민사회의 엄청난 희생을 보면서도 침묵함으로써 사회 전반에서 비난의 화살을 받아야 했다. 이런 현상은, 1983년 8월에서 9월에 걸친 시기에 전국을 모집단으로 한 여론조사에서도 여실히 나타난다. 조사의 결과를 보면, 조사자의 66.1%가 "종교단체가 본래의 뜻을 잃고 있다"고 응답하고 있으며, 그들은 파벌싸움에 치중하거나(81..3%), 품위 없고 무자격 성직자가 많다(64.8%)고 생각한다.39) 이런 일반인들의 반응은 종교시장에서 사회적 책임을 다하지 못하고 자신들의 구제재의 유통망을 넓히고 판매하여 교세를 확장하는데만 관심을 가진 종교단체의 브랜드 이미지가 실추하고 있음을 보여주는 것이기도 했다.

그러나 신군부의 전두환 정권이 탄생하면서. 5.18로 야기된 지배정당성 위기를 민족문화재건이라는 문화정책을 통해 타파하려는 시도를 했다. 이런 발상은, 5.18 민주화운동 1주기를 앞두고 당시 청와대 정무제1비서관이었던 허문도가 신군부정권에 대한 학원가의 저항을 약화시키려는 의도에

39) 한국갤럽조사연구소, 『한국인의 종교와 종교의식』, 1984, 50-54쪽.

서 대학생들의 주의를 다른 곳으로 돌릴 수 있는 대규모 축제를 기획했다. 「국풍81」로 명명된 이 행사는, 민족문화의 계승과 대학생들의 국학에 대한 관심 고취라는 명분 아래, 면5월 28일부터 6월 1일까지 전국 194개 대학의 6,000여 명의 학생들과 전통 민속인 및 연예인 등이 참여하는 공연을 여의도광장에 벌였던 것이다. 이 행사는 뜻밖에도 전반적으로 민족 정통성이나 한민족 의식을 강조하는 새로운 신종교 교단의 탄생[40]을 촉진시켰다. 이른바 체육관 선거로 대통령직을 움켜잡은 전두환정권이 민주주의 파괴에 대한 명분으로 내세운 '한국적 민주주의'를 포장하려는 '민족문화계승 운운'의 대중조작행위로서의 국풍조장의 틈을 이용해 쉽게 종교시장에 진입하려한 셈이다. 한민족의 정체성 확립을 앞세워 단군계 신종교가 활성화[41]되는 것은 그 전형적 사례일 것이다.

또 하나의 전두환정권 초기에 행한 정당성 회복을 위한 대중조작의 정책은, 교복자율화와 컬러TV방영, 야간통행금지해제, 프로야구단 출범 등을 통한 소비문화의 확산정책이었다. 전두환정권은 박정희시대의 '경제개발계획'을 대신하여 '경제사회발전계획'으로 정책 명칭을 바꾸었다. 이제 '개발'이 아닌 '발전'을 키워드로 하고 '경제개발'이 아닌 '경제와 더불어 사회발전'으로 정책기조가 바뀐 것이다. 물론 이것이 곧 현실에서 그대로 구현

40) 80년대에 성립된 이른바 민족신앙을 강조하는 신종교교단을 보면, 光明奉天彌勒眞法會(1981. 1.9. 서울, 林鐘蓮, 민족종교 통합지향), 檀君敎宗務廳(1981.3.3. 서울, 鄭鳳和, 단군신앙), 永生敎 하나님의 성회 勝利祭壇(1980.10.15. 경기 부천 조희성, 檀君選民신앙), 三眞道(1985.6 서울, 片壹周, 단군신앙), 正道敎(1982.4.15. 부산, 李正院, 甑山신앙), 天道靈符三友會(1981.8. 전북 김제, 宋月學, 단군신앙), 天宇敎(1988.5.11. 서울, 崔南櫶, 단군신앙), 風流道源龍華道場(1986.3.1. 전북 김제, 車長良, 甑山신앙), 開天敬祖會(1983.6.20. 대구, 金學權, 단군신앙), 大韓仙道太白院(1981.2.15. 서울, 金相哲, 선도수련), 한民道典(1984.4.8. 청주, 金玉順, 대자연 하나님 남방여왕) 등으로 그 어느 때 보다 신종교 교단의 새로운 형성이 많이 나타나고 있다.

41) 이 풍조에 편승하여 가장 괄목할만한 성장을 한 교단은, 대구에서 처음 성덕교라 불렀다가 1967년 4월에 정일회(正一會)라는 교명으로 문교부에 등록하고 다음해에는 대구 성서에 교당을 만들고 교명을 정일교(正一敎)라고 바꿨다가 1978년 2월부터 다시 한얼교로 개칭한 교단이다.

되는 것은 아니지만 적어도 정책기조의 그러한 변화는 시대적 필요를 반영하는 것으로 볼 수 있을 것이다. 그리고 개발이란 키워드는 시장적 측면에서 본다면, 지금까지 잠재적으로 존재해 왔던 것을 현실적으로 이용하여 새로운 상품으로 만들어 유통시키는 것이라면, 발전은 상품화된 것을 더욱 나은 부가가치를 부여하여 브랜드의 시장 지배력을 높이는 것을 말할 것이다. 이런 점은 종교시장에도 그대로 적용될 수 있었다. 종교시장에 새롭게 창교된 종교가 등장하기 보다는 이제까지의 교단들이 변화하는 사회에 새롭게 적응하여 브랜드 이미지와 시장 지배력을 높이는데 더 집중하는 현상이 나타남을 의미한다. 정당성이 취약한 정권하에서 나타나는 기성 권위에 대한 불신 풍조나 경제성장이 가져다 준 욕구의 즉각적 만족을 부치기는 소비문화의 확대는, 종교시장에서도 기성종교의 지배적 권위를 인정하여 전통적 신앙행위를 따르기 보다는 개인적으로 당장의 욕구나 일상의 문제를 충족하고 해결해 줄 수 있는 주술이나 신비주의적인 영능술에 더 관심을 갖도록 한다. 그래서 이런 새로운 수요에 부응하면서 종교시장에 진출한 종교들은 새로운 영싱개발술에 호기심을 보이게 한다.

전두환정권이 직선제에 따른 노태우 정권을 뒤이어 이른바 김영삼의 문민정부가 세워지면서 민주화에 대한 사회적 요구도 점차 약화되고 그만큼 정치사회에 대한 관심도 떨어지면서 종교시장의 지형은 그 어느 때 보다 건강에 대한 관심 고조와 함께, 1986년 10월 『사단법인 국선도 법연구회』가 사회단체 등록을 하고 전국적으로 국선도와 진단법(眞丹法)을 보급하고, 1981년에 창립한 대한선도태백원이 내놓은 신무도(神武道), 1985년경 이승헌이 세운 한문화원에서 출발하여 이후에 개칭한 명상 수련단체로서의 단학선원 등과 같이 기(氣)나 단전행공(丹田行功), 요가 등 특별한 건강 수행법이 주요한 구제재로 등장한다. 이뿐 아니라, 무업에 종사하던 모행룡(牟幸龍)

이 스스로 양천존(陽天尊)으로 칭하며 부인과 더불어 1984년 5월부터 서울 면목동에서 치병술을 행하다가 천도선법(天道仙法)의 수련도장을 전국적으로 운영하면서 포교하다가 1986년 3월 29일 강원도 홍천군 남면에 본부건물을 짓고 진리의 상을 봉안하였던 「천존의 집」등도 이런 유형의 신종교교단이다. 기존의 신종교교단들은 이런 신입신종교교단의 종교시장 진출에 맞서, 원불교를 비롯한 25개 신종교교단이 모여 1985년 11월 16일 『한국민족종교협의회(韓國民族宗敎協議會)』를 결성하여 종교시장에서의 경쟁력을 높이려 했다. 그만큼 종교시장 내 경쟁은 폭넓게 진행되는 지형으로 바뀌고 있었다.

이 경쟁적 종교시장에 일본의 신종교교단들도 70년대 들어서면서 국내 진출하기 시작한다. 일제 때 이미 국내서 활동을 하다가 철수 뒤에, 다시 1973년 7월1일 한국연락사무소를 서울에 개설하면서 본격적으로 진출한 '영우회(靈友會)', 1971년에 부산에서 국내활동을 전개한 '세계(世界) 메시아교'와 그 분파로서 1988년에 들어온 '東方의 빛(MOA)'과 '이즈노메', 1974년 1월부터 독서모임으로 대구에서 출발한 '생장(生長)의 가(家)'(국내 명칭은 한국광명사상보급회), 1978년 12월에 서울 연희동에 법좌소를 설치하면서 활동을 시작한 '입정교성회(立正佼成會)', 1986년11월에 제주도에 포교소를 열며 진출한 '진여원(眞如苑)', 한국원폭피해자협회의 활동을 도우며 국내에 발을 들여 놓다가 1978년 8월에 서울지부 포교소를 개소하면서 활동을 시작한 '선린회(善隣會)' 등이 모두 7-80년대 들어 때로는 문공부의 활동 허가를 얻어 공식적으로 국내활동을 하면서 종교시장에 진입한다. 종교시장에는 더 이상 창가학회 사태에서와 같은 '왜색종교'라는 민족적 감정이 실린 배타성이 특정 종교의 브랜드 이미지를 손상시켜 진입과 유통을 저해하는 시장이 아님을 보여준 것이다. 일본의 종교를 통한 민족정신훼손이라는 말이 더 이상 거론되진 않을 만큼 개방적이고 탈정치적인 종교시장으로 지형이 바뀌면서, 전통적인 종교의 사회적 책무나 기능에 따른 시장평가가 종교선택의 기준으로 작용하는데 미치는 영향이 약화되고 있었던 것이다.

1991년 12월 8일 소비에트연방이 해체되면서 이념의 시대가 사라지자, 훨씬 급속히 종교시장에서 차별적으로 우월적인 시장지배력을 유지해 왔던 종교중심의 시장질서는 무너지면서 공급자중심에서 수요자중심의 종교시장으로 지형이 변하기 시작한다. 종교 공급자가 내세우는 교리나 의례, 사회적 실천의 내용이 따라 충성도 높은 소비자를 거느려왔던 시장에 수요자의 개인적 취향이나 기호에 따라 선택하는 것으로 바뀌면서 종교소비자의 충성도는 갈수록 약화된다. 같은 교회나 사찰에 나가던 신자도 목사나 스님의 설교나 법문이 마음에 들지 않으면 언제나 떠나버리는 현상이 나타나면서 이른바 '가나안 성도'[42]가 증가하기 시작한다. 단학선원이 뇌과학을 강조하면서 2002년 4월부터 '단월드'라는 기업으로 변신하여 뇌건강사업을 하거나, 일본에서 1953년에 만들어진 '행복회야마기시(幸福會山岸)'에서 내세운 야마기시즘(Yamagishism)이라는 전 인류의 행복실현의 이상을 실천하면서 양계를 비롯한 영농법을 집단적으로 보급하면서 무소유의 공동생활의 야마기시 마을이라는 이상촌운동에 동조하여 1984년 화성군 향남면에 산안마을을 세워 활동하는 야마기시즘 운동, 일본의 '행복의 과학' 등의 경우와 같이, 갈수록 종교시장에서는 점차 종교의 개념도 모호해지면서 그 경계가 해체되는, 다만 현실문제의 해결을 지향한다는 점에서 '종교적'으로 볼 수 있는 새로운 운동이 종교시장에 등장한다. 이에 따라, 더 이상 과거 신종교운동에 사회적 낙인으로 따라 붙던 '유사' 내지는 '사이비'와 같

42) 처음 개신교에서 사용한 이 용어는, 개신교 신앙은 유지하고 있으나 특정 교회에 출석하지 않는 교인들을 일컫는 교회에 '안 나가'라는 말에서 유래.

이 종교시장에 새롭게 진입하는 신입종교라는 이유로 저평가해 버리는 경우는 대체로 사라진다. 더욱이 현실적으로 사회문제를 일으키지 않는 한, 국가가 종교시장에 개입하는 경우는 갈수록 어려워진다. 그런 만큼, 다양한 형태의 신종교운동이 진입제한이 사라진 종교시장에서 활발하게 진입과 성장과 퇴출이 시장원리에 따라 이뤄지는 지형이 형성되게 된다.

V. 신종교운동의 성장 토양과 방향

특정 종교에 대한 신앙과 포기가 개인의 선택에 달려있는 열린 이념형적 공간으로서의 종교시장은, 일본에 대한 '항복문서 이행'과 '조선인민의 인간적 종교적 권리 보호'를 선언한 AFPAC 총사령관 맥아더의 포고령 1호에 의해 선언적으로 열리고 있었다. 그러나 미군정과 제1공화국을 거치면서 한반도의 기독교화 정책에서부터 시작하여 제5공화국에 이르기까지 정부의 대종교정책은 정권의 지배 정당성 확보라는 측면에서 결정되는 측면이 강하였다. 특히 일제 이래로 유사종교로 분류되어 저급 브랜드 이미지를 종교시장에서 가질 수밖에 없던 신종교는, 교단자체가 일으키는 사회문제나 정권의 종교관에 따라 여전히 가늠되어 평가되는 상황은 계속 이어져 왔다. 그러나 사회 전반에 민주화가 진척되면서 최근에 와서는, 종교시장에서의 각 종교간 차별이나 경계의 벽이 허물어지고 소속된 종교 단체에 대한 충성도도 떨어지는 경향이 나타나고 있다. 그 결과 점차 종교단체들은 충성도 높은 소수를 중심으로 다양한 종교단체가 경쟁하는 시장으로 바뀌고 있다.

이런 현상은 종교시장에서 오랜 지배종교로서의 브랜드를 유지해 왔던 개신교회의 이른바 초대형교회의 내분이나 감리교분쟁 등에서도 잘 관찰된다. 이는 전반적으로 종교시장에서도 소수의 구제재 공급자의 지배적 권위에 의존하여 선택이 집중되는 대량소비시대가 지나고 구제재 소비자의 개별적 취향에 따른 선택이 중시되는 다양한 구제재의 소량소비시대가 도래하였음을 보여주는 것이기도 하다. 이런 종교시장의 변화는 기존의 종교시장에서 브랜드 가치의 지배력에 가려져 선택 받기가 어려웠던 새로운 구제재도 소비자의 취향에 따라 선택될 수 있는 환경이 조성되고 있음을 알려주기도 한다. 한국갤럽의 2014년 4-5월에 걸친 종교조사 보고서에 따르면, 2014년 현재 종교인구 분포는 '불교 22%, 개신교21%, 천주교 7%, 종교없음 50%'[43]이다. 지금까지 신종교운동의 잠재적 수요층은 소속 단체에 대한 충성도와 교리체계의 완결성에서 상대적으로 우월성을 가졌던 개신교와 천주교[44]를 제외한 불교인구나 무종교인이었다. 조사에서는 종교인구 비율이 전체인구의 50%였고, 단체에 대한 충성도를 볼 수 있는 의례 참여율[45]을 감안하여 봤을 때, 국내 인구전체 과반 이상이 우선은 잠재적 신종교운동의 수요층일 수 있다. 물론 이 수치가 실제로 신종교의 수요층일 수는 결코 없다. 그러나 종교시장에서 '종교간 차별이나 경계의 벽이 허물어지고 소속된 종교 단체에 대한 충성도도 떨어지는 경향'은 눈길을 끄는 구제재를 공급하는 종교가 종교시장에 새로이 등장하면 언제나 종교시장의 지배구조도 바꿀 만한 인구구조라는 것이다.

---

43) 『한국인의 종교 1984-2014; 1984년, 1988년, 1997년, 2004년 제5차 비교조사 보고서』, 한국갤럽조사연구소, 2015, 19쪽.

44) 단체에 대한 충성도를 볼 수 있는 의례 참여율에서 '1주일에 한번 이상'이라고 응답한 비율은 불교 6%, 개신교80%, 천주교59%였다. 위의 책, 44쪽.

45) 종교별 의례 참여율에서 '1주일에 한번 이상'이라고 응답한 비율은 불교 6%, 개신교80%, 천주교59%였다. 위의 책, 44쪽.

이런 가능성을 위 갤럽의 조사도 잘 보여준다. 조사에서 '나는 기 수련인 마음 수련 등의 행사에 참여한 적이 있다'는 생각에 그렇다고 응답한 비율이 20%였으며, 종교별로 보면 불교인 25%, 개신교인 33%, 천주교인 23%, 비종교인 12%였다. 기독교인이 전체 56%라는 것은, 위의 수련에 불교인이 더 친화적일 것이라는 예상을 뛰어넘는 수치다. '종교보다 개인적 성찰과 수련에 관심이 많다'는 생각에 대해서도 그렇다가 35%, 종교별로도 불교인 33%, 개신교인 25%, 천주교인29%였다[46]. 이런 결과는, 현대사회의 종교생활양상의 특징 중 하나인 종교활동을 사사(私事)로운 일로 생각하는 사사화 현상을 보여주는 것이면서 동시에 종교단체의 의례에 대한 충성도보다는 개인의 기호에 따른 선택활동에 더 관심을 기울이고 있음을 보여준다고 하겠다. 나아가 '개인은 종교단체에 얽매이기보다는 본인이 옳다고 생각하는 종교적 믿음을 실천하면 된다'는 생각에 대해 매우 그렇다(21%)와 어느 정도 그렇다(65%)는 응답이 전체 응답자의 83%에 달하며, 종교별로도 불교인 85%, 개신교인 73%, 천주교인 84%, 비종교인 86%로[47] 개신교인이 상대적으로 낮지만 거의 모든 사람들이 자신의 종교와 상관없이 같은 생각으로 자신의 선택을 중요시함을 보여준다. 이 또한 자신이 소속된 종교단체에 대한 충성도를 신앙의 척도로 생각하는 경향이 낮아지고 있음을 보여주는 조사결과로 보아도 좋을 것이다. 이런 소속 종교단체에 충성도가 낮아지고 새로운 종교에 대한 잠재적 수요층이 폭넓게 존재함은 그 자체로 향후 신종교운동이 얼마든지 다양한 방식으로 전개될 수 있는 종교지형이 존재함을 보여준다고 할 수 있을 것이다.

그러면 이런 종교지형의 변화가 일어나는 현실에서 새로운 종교운동은

46) 위의 책, 69-70쪽.

47) 위의 책, 71쪽.

어떤 방식과 방향으로 전개될 것인가? 우리사회는 조선왕조 600년 동안 성리학에 숙달된 고전 독서인들인 주지주의적 문사집단이 종교적 권능을 독점해 왔었다. 이들은 고전적 경전에 대한 독서에 바탕한 경전 해석에 치중하고 여기에 동조하는 학파를 만들고 또 그 독서와 해석능력을 검증받는 과거와 음서제를 통해 종교적 권능이 부여되는 사회적 명예를 지켜왔다. 이런 전통은 자연스럽게 경전의 무오류를 믿고 그 문자에 치중하는 근본주의적 태도를 배양해 왔다. 이는 개화기에 들어온 기독교의 성경에 대한 신앙에서도 그대로 이어지면서 이른바 근본주의 기독교신앙의 풍토를 강화시켜주었다. 해방 이후 국내 종교시장을 지배해 온 개신교의 신종교분파 형성과정을 주목할 때, 이런 뿌리 깊은 근본주의 신앙태도가 종교시장의 주요한 종교지형 형성력임을 짐작케 한다. 1950년대부터 박태선의 전도관, 통일교, 오대양 사건과 최근의 구원파 사건까지 연결되어 있는 기독교복음침례회, 영생교, 최근의 하나님의 교회, 신천지 교회 등은 모두 개신교의 교파형 신종교집단들이다. 흔히 민족종교로 분류되는 유・불・선 습합 유형, 혹은 증산, 단군계에 비해 상대적으로 훨씬 활발한 발생과 쇠퇴의 라이프사이클을 그리며 종교시장에 존재해 온 신종교단체는 거의가 기독교 계열이다. 성경을 문자 그대로 믿고 따르려는 근본주의적 신앙을 학습해 온 사람들은, '죄로 가득 찬' 사회현실을 목도하면 할수록 '요한계시록'과 같은 묵시록의 종말적 심판론에 심취하면서, 현실을 엄격한 심판을 피할 수 없는 상황임을 확신하게 된다. 그런 확신은 자신의 종교적 체험을 성경의 문자와 결합시켜 전통적 교회에서 가르쳐온 것과는 다른 성경해석을 통해 스스로 새로운 종교적 권능자가 되어 추종자를 회중으로 조직하여 새로운 종교집단을 형성하도록 한다. 1992년 10월 28일의 휴거설로 사회문제를 일으켰던 이장림의 다미선교회 사건은 그 대표적 사례이다. 이런 경전의 무오류를 믿고 문자에 치중하는 경전 중심의 근본주의적 신앙태도가, '죄로 가득 찬' 사회현실을 구원하려는 종교적 열망과 결합할 경우, 쉽게 종말론적 심판론에 집중하여 스스로 그 심판의 체험을 통해 종말의 구원자이면서 심판자로 등장할 수 있게 된다. 그 점에서 우리의 근본주의적 신앙태도는 종교시장에 종말적 심판을 행하는 새로운 종교적 권능자의 출현을 가능케할 수 있는 토양이기도 하다. 결국 우리사회의 종교시장을 지배하는 근본주의 토양은, 전통적인 경전종교의 다양한 교파로서의 새로운 신종교 발생의 유리한 지형을 유지시켜주는 것으로 판단된다.

| 참고문헌 |

국내논저

강인철. 1992.「해방후 한국 개신 교회와 국가, 시민사회:1945-1960」.『현대 한국의 종교와 사회』. 한국사회사연구회 편. 서울:문학과 지성사.

강인철. 1994.『한국 개신교교회의 정치사회적 성격에 관한 연구:1945-1960』. 서울대학교 대학원 사회학과 박사학위 논문.

김용복. 1982.「해방 후 교회와 국가」.『국가 권력과 기독교』. 서울:민중사.

박승길. 1998.「미군정의 종교 정책과 기독교의 헤게머니 형성」.『사회과학연구』5(1). 대구가톨릭대학교 사회과학연구소.

신철호. 1983.「단군사상과 대종교」.『한국근대 민중종교사상』. 서울: 학민사.

이강오. 1974.「단군신앙(총론1)」.『전북대학교 논문집』10.

노기남. 1969『나의 回想錄』. 서울: 가톨릭 출판사.

동학혁명100주년기념사업회 편.1994.『東學革命百周年紀念論叢』下.

유영익. 1997. 2.『이승만의 삶과 꿈』. 서울: 중앙일보사.

정성구. 1986.『韓國敎會 說敎史』. 서울: 총신대학출판부.

문공부. 1977.『종교법인 및 단체현황(업무자료)』.

박승길. 2008.『현대한국사회와 SGI; 한국SGI와 대승불교의 사회학』. 대구:태일사.

한국갤럽조사연구소. 2015.『한국인의 종교 1984-2014; 1984년, 1988년, 1997년, 2004년 제5차 비교조사 보고서』.

한국기독교교회협의회. 1970.『기독교연감』.

한국사회사학회편. 1995.「해방 후 정치세력과 지배구조」.『한국사회사학회 논문집』45. 서울: 문학과 지성사.

한경직. 1949.『建國과 基督教』, 서울: 보리원.

외국논저

萩野富士夫. 1984.『高等警察體制史-社會運動抑壓取締の構造と實態』, せきた書房.

J.G.Ruggie, “International Regimes, Transactions, and Change: Embedded Liberalism in the Post Economic Order," John A.Hall(ed.), The State: Critical Concepts Vol.2, London: RToutledge, 1994.

William P.Woodard. 1972. *The Allied Occupation of Japan 1945-1952 and Japanese Religions*. 阿部美哉 譯. 1988.『天皇と神道』. 東京: サイマル出判會.

동학계 신종교의 사회운동사

박맹수 | 원광대학교

Ⅰ. 조선후기의 사회운동—민란의 시대

조선후기 사회 전반은 한마디로 총체적 위기의 시대였다. 서세동점(西勢東漸, Western Impact)으로 대표되는 외세의 침략과 삼정문란(三政紊亂) 및 가렴주구(苛斂誅求)로 대표되는 조선왕조 지배체제의 모순이라는 이중의 위기는 지배체제 존립의 위기를 가중시켰을 뿐만 아니라, 기층 민중들의 삶 자체를 뿌리부터 위협하는 것이었다. 이에 따라 민중들은 생존을 위한 투쟁을 전개하였는데 그 형태는 다양한 모습으로 나타났다. 먼저, 민중들의 반외세 투쟁에 대해 살펴보기로 하자.

19세기 중엽 동아시아에까지 진출한 서구 열강은 자본주의 체제를 바탕으로 수립된 국민국가들이었는데, 그들은 자국의 경제적 이익을 극대화하기 위해 값싼 원료 획득 및 상품 판매 시장 확보를 위해 동아시아에서 식민지를 구하고 있었다. 그런데 서구 열강은 산업혁명을 통해 이룩한 근대적 과학기술을 활용하여 근대적 과학기술 발달이 지체되고 있던 비서구권 여러 나라를 정치군사적으로 침략하여 식민지화하기 위해 치열한 경쟁을 벌였다. 이 같은 열강의 침략 손길은 19세기 후반 조선까지 밀려 왔다.

조선의 입장에서 서구 열강보다 더 큰 위협은 이웃나라 일본이었다. 1868년 메이지유신(明治維新)을 통해 천황제 국가를 확립한 일본 내부에서는 1871년경부터 '정한론(征韓論)'이 대두하였다. '정한론'이란 근대일본에서 일어난 아시아 침략의 선구로써 천왕제 국가인 일본을 인정하려 하지 않는 조선을 군대를 동원해 응징하자는 주장이었는데, 국내정치에서 소외된 그룹과 메이지유신에 대한 불만세력들이 주축이 된 정한론자들의 침략 책동은 반대파에 의해 일단 좌절되었다. 그러나 '정한론'을 통해 대두된 일본의 조선침략 책동은 마침내 1875년 운요호(雲揚號) 사건으로 표면화되었으며, 이듬해 1876년 2월 27일에는 불평등조약인 조일수호조규(朝日修好條規), 이른바 '강화도조약' 체결을 조선에 강요함으로써 조선 및 아시아 침략을 향한 교두보를 마련하였다. '강화도조약' 제 1조에서 일본은 조선에 대해 "조선국(朝鮮國)은 자주국(自主國)으로 일본국과 평등한 주권을 보유한다"는 내용을 포함하도록 하였는데, 그것은 조선이 독립국임을 내세워 '조공체제' 하의 조선에 있어 청국의 종주권을 타파하고, 조선에 대한 일본의 외교・통상・군사적 지배를 확립하기 위해 국제법상의 근거를 확보하려는 의도였다. 이리하여 조선은 '조공체제'를 강화하여 종주권을 유지하려는 청국의 욕심과 '조공체제' 하의 조선을 청국으로부터 분리하여 그 지배권을 확립하려는 일본의 이해관계가 서로 충돌하는 격전장이 되어 그로 인한 희생과 고통은 고스란히 민중의 몫으로 전가되기에 이르렀다. 이처럼 청일 대립이 날로 격화되어 가자 조선 각지에서는 '강화도조약' 체결 직후부터 명화적(明火賊)을 중심으로 한 반외세 투쟁이 활발하게 일어났으며, 그것은 다시 1890년대 초반 서울 상인들의 '철시(撤市)' 투쟁, 동학교도들과 일반 민중이 결합하여 전개한 1892-3년의 동학교조의 신원운동 및 척왜양 운동 등의 사회운동으로 발전되었으며, 최종적으로는 1894년 동학농민혁명으로 수렴되었다.

대외적 위기와 함께 민중들을 생존의 위기로 내몰아간 것은 다름 아닌 삼정문란 및 지방관의 가렴주구로 빚어진 사회경제적 위기였다. 이에 민중들은 사회경제적 위기를 극복하기 위해 다양한 형태의 사회운동을 전개하였다. 예를 들면, 가혹한 수탈을 일삼는 지주(地主)에 대해 지대(地代) 지불을 체납 또는 거부하는 항조(抗租) 투쟁, 부당한 민중수탈을 일삼는 지방의 관리와 토호, 향리, 지주들에 대해 나쁜 소문을 퍼뜨리는 와언(訛言) 투쟁, 밤에 횃불을 들고 산에 올라가 가렴주구에 항의하는 내용을 외치는 거화(擧火) 투쟁, 집회를 통해 고을 행정의 부당성과 지방관 및 향리들의 부정비리를 성토하고 해당 고을 또는 상급관청인 감영에 소지(所志)를 올리는 정소(呈訴) 투쟁 등이 그것이었다. 유망(遊亡) 등 소극적 투쟁도 다반사로 일어났다. 그러나 이 시기 가장 일반적인 사회운동은 다름 아닌 민란(民亂) 또는 병란(兵亂), 변란(變乱) 등으로 불린 민중들의 봉기였다. 민중봉기는 조선후기 내내 있어 왔지만 집중적으로 일어나기 시작한 것은 1860년대 중반 이후, 즉 철종(哲宗)과 고종(高宗) 연간이었다. 예를 들면, 1862(철종 13, 壬戌)년에만 37회의 민란이 일어났다. 지역별로 경상도 16, 전라도 9, 충청도 9, 경기・황해・함경도 각각 1개소 등 경상・전라・충청 등 삼남지방에서 집중적으로 일어났다.

민란의 전개 양상은 지방에 따라 조금씩 다르긴 하나 대체로 머리에 흰 수건을 쓰고 몽둥이와 죽창으로 무장을 한 수십에서 수백 또는 수천 명의 농민들이 읍성을 습격하여 동헌을 점령한 다음, 해당 수령을 축출하고 인부(印符)와 향권(鄕權) 등을 탈취하는 한편, 감옥을 부수어 갇혀 있던 사람들을 풀어주고, 삼정 즉 세금 장부를 불태웠으며, 수탈을 일삼던 향리(鄕吏)들을 구타하거나 잡아 죽이고, 해당 향리의 집을 부수거나 불태우며 재물을 탈취하는 행동으로 나타났다. 또한 그들은 조정이나 상급 고을의 우두머리에게 해당 고을의 악정을 고쳐달라고 상소하는 것이 일반적이었다. 하지만, 민란에서는 지방 수령을 내쫓는 일은 있어도 죽이는 일은 거의 없었다. 임금이 파견한 관리를 죽이는 것은 임금의 영을 거역하는, 즉 반역을 도모하는 행위로 생각했기 때문이다.

민란이 빈번하게 발생하자 조정에서는 민란의 원인을 수령 개인의 잘못으로 인한 삼정문란에 있다고 생각하여 해당 고을의 수령을 징벌하는 것으로 사태를 수습하려 했다. 하지만 민란이 삼남 지방으로 널리 확산되자 크고 작은 봉기를 가리지 않고 봉기를 주도한 자를 잡아 효수(梟首)하는 강경한 방책을 취하였다. 그러자 조정의 강경한 대책에도 불구하고 민란은 그칠 줄을 모르고 더욱 확대되어 갔다. 해당 수령과 봉기 주창자를 처벌하는 조정의 대책이라고 하는 것이 근본적인 대책이 될 수 없었기 때문이다. 결국, 조정은 민란 수습을 위한 근본적인 방안을 마련하여야만 했다. 그렇게 해서 모색된 방안이 바로 삼정이정청(三政釐整廳) 설치요, 삼정이정절목(三政釐整節目) 반포였다. 민란을 불러일으킨 삼정의 문란함을 근본적으로 바로 잡겠다는 것이었다. 이정청 설치 직후 민란은 일시 가라앉았다.

그러나 삼정이정절목은 부분적인 개선에 불과하였을 뿐이며 그나마도 반포된 지 석 달이 지나지 못해 돌연 그 시행은 중지되고 옛 제도로 돌아가 버리고 말았다. 이렇게 된 데에는 삼정의 문란을 바로 잡겠다는 지배층의 의지가 결여된 데 가장 큰 이유가 있었다. 즉 국가재정의 원천인 전정, 군정, 환곡 등 삼정(三政)에 대해 근본적인 개혁을 한다는 것은 지배층의 입장에서 국가재정의 파탄을 의미하는 것이자, 자신들의 기득권을 포기하는 것이었기에 지배층으로써는 결코 바라지 않았던 것이다.

이렇듯 민생을 안정시키기 위한 정부의 의지는 없는 것이나 마찬가지였고, 따라서 삼정의 폐단은 계속되었다. 그리하여 옛 제도로 돌아간 지 1년 뒤인 고종 1년(1864)부터 민란은 다시 일어나기 시작하였고, 고종 25년(1888)부터는 전국적으로 만연되어 갔다. 1894년 동학농민혁명이 일어나기 전까지 고종 때 민란은 전국 46개소에서 47회에 걸쳐 발생하였다. 고종 때 민란이 발생한 지역은 경상도(8개소), 강원도(8개소), 함경도(8개소), 황해도(6개소), 전라도(3개소 4회-광양 2회, 가리포, 고부), 경기도(4개소), 충청도(2개소)이고 이외 수원과 개성 등지에서도 발생하였다. 철종 때 민란이 삼남을 중심으로 발생했던 것에 비해 고종 때 민란은 전국적인 규모로 확대되어 갔던 것이다. 고종 때 민란의 대부분은 철종 때 임술민란과 같은 일반적 성격의 지방 민란으로써 그 전개양상 역시 철종 때 민란과 같았다. 그런데 고종 때에는 일반 민란과 달리 무장(武裝)을 하여 지방 수령을 살해하고 조선왕조에 반기를 드는 병란(兵亂)이 일어나기도 하였다. 광양민란, 종래 이필제란(李弼濟亂)이라 널리 알려진 영해 교조신원운동, 문경의 조령관민란 등이 그것이었다.

민란을 통해 민중들이 요구한 것은 대체로 삼정 개혁과 수세(收稅) 담당자인 향리들의 가렴주구 근절이었다. 즉, 민중들의 요구는 대부분 조세(租稅) 문제에만 집중되어 있었던 것이다. 이 점에서 조선후기 민중들은 자신들의 절실한 이해가 걸린 토지(土地) 문제나 토지문제의 근본적 해결 주체인 지배체제의 문제에 대해서는 인식의 한계를 보이고 있다. 이와 더불어 조선후기부터 19세기 중반에 걸쳐 가장 대표적인 사회운동이었던 민란은 여전히 다른 지역과 연계가 없는 개별적 봉기에 그쳤으며, 지도부 역시 민중들 속에 광범위하게 뿌리박지 못함으로써 지속적・조직적이지 못했다. 또한, 지배체제 자체를 부정 또는 개혁하고자 하는 문제의식의 결함으로 인해 우발적, 자연발생적이라는 한계를 보였다.

그렇다면 민란으로 대표되는 조선후기 사회운동이 지닌 의미는 과연 무엇일까? 첫째, 오랜 기간에 걸쳐 빈발했던 민란의 경험은 대규모 사회운동을 예비하는 일종의 전초전과도 같은 역할을 하였다. 즉 조선후기 이래 민란을 중심으로 지속되어온 사회운동은 한국 근대 역사상 최고이자 최대의 사회운동인 1894년 동학농민혁명을 꽃피워내는 토양이 되었다. 둘째, 종래 민란의 지도 이념으로 자주 등장했던 『정감록』을 비롯한 비기도참에 근거한 민간신앙을 더욱 체계화한 새로운 지도이념을 요청하는 사회적 분위기가 고양되었으며, 그 같은 분위기는 마침내 1860년의 동학(東學) 창도로 결실을 보기에 이른다. 셋째, 1개 군이나 현 중심의 지역 단위 봉기에 그쳤던 민란이 실패를 거듭함으로써 다수의 군현 또는 도와 도를 연결하는 광역 단위의 봉기를 위한 조직망을 요청하기에 이르렀으며, 그에 대한 해결책을 동학의 포접제(包接制)에서 구하게 되었다.[1)]

II. 동학의 사회운동—1894년 동학농민혁명

조선후기부터 19세기 중반까지 다양한 형태로 표출되었던 민중사상은 1860년 동학(東學) 성립으로 일단의 완성을 이루게 되고, 민란으로 대표되던 조선후기 이래의 사회운동 역시 1894년 동학농민혁명으로 그 완결을 보기에 이른다. 이 장에서는 조선후기 및 한국근대 민중사상의 완성인 동학

1) 박맹수, 「동학과 민중운동」, 한국근현대사학회 편, 『한국근현대사강의』, 한울, 2013, 83-97쪽.

의 성립 및 기층 민중들을 중심으로 한 사회운동의 총결(總結)인 동학농민혁명(東學農民革命)에 대해 개관한다.

1. 동학 창도와 전파

동학은 1860년(哲宗 11) 4월, 경상도 경주 출신 수운 최제우(水雲 崔濟愚, 1824-1864, 이하 수운)가 창시하였다. 동학이란 이름은 서학을 비롯한 외래 사상을 대신하여 동쪽 나라인 조선의 학문, 조선의 종교를 주체적으로 일으켜 세운다는 뜻에서 수운 자신이 명명한 것이다. 몰락 양반인 부친 최옥(崔鋈)과 재가한 모친 한씨(韓氏) 사이에서 서자나 다름없는 신분으로 태어나 어린 시절을 불우하게 보낸 수운은 20세 때부터 어지러운 현실을 건질 수 있는 길을 찾기 위해 구도의 길에 나섰다. 그는 전국을 유랑하며 수련을 거듭한 끝에 35세 때인 1860년 음력 4월, 상제(上帝)의 가르침을 받고 무극대도(無極大道), 즉 천도(天道)를 깨달아 동학을 창시하였다. 수운은 1861년 음력 6월부터 본격적으로 동학을 펴기 시작하였다. 그는 시천주(侍天主), 보국안민(輔國安民), 다시 개벽(再開闢=後天開闢), 유무상자(有無相資) 사상 등을 동학의 핵심 가르침으로 제시하였다.

시천주란 "사람은 누구나 제 안에 하늘님을 모신 존재"라는 뜻으로 이것은 신분제 아래에서 허덕이던 수많은 민중들에게 구원의 메시지와도 같은 가르침으로써 만인평등의 근거가 되는 동학의 핵심사상이다. 보국안민이란 잘못된 나라를 바로 잡고 도탄에 빠져 있는 백성들을 널리 구제하여 편안하게 만들고자 하는 사상이다. 『동경대전』의 「덕을 펴는 글(布德文)」에서 수운은 "우리나라는 나쁜 병이 가득하여 백성들이 사시사철 편안할 날이 없으니 이것이 바로 사람들이 상하고 다칠 운수이다. 서양은 싸워서 이기고 공격하여 빼앗아 모든 일에 성공하지 않음이 없으니 나라가 망하게 되면 또한 백성들 또한 망하는 한탄이 없지 않을지니 잘못되어 가는 나라를 바로 잡고 도탄에 빠진 백성들을 건질 계책을 장차 어디에서 찾을 것인가"[2] 라고 하여 보국안민을 위한 계책을 동학을 창도했다고 역설하고 있다. 다시 개벽(또는 후천개벽)이란 1860년 동학 성립을 기준으로 낡은 세상인 선천(先天) 5만 년이 끝나고, 이상적인 새 세상인 후천(後天) 5만 년이 새로 열린다는 뜻이다. 이 같은 다시 개벽 사상은 부패한 조선 왕조가 끝나고 정씨가 새로 세상의 주인이 된다는 『정감록(鄭鑑錄)』 신앙[3]과 더불어 당시의 민중들에게 변혁(變革)의 꿈을 심는데 기여하게 된다. 유무상자란 부자와 가난한 사람, 지식이 있는 사람과 없는 사람들이 서로 돕고 아낀다는 사상이다. 이 유무상자의 가르침은 동학 성립 때부터 1892-3년의 교조신원운동을 거쳐 1894년 동학농민혁명에 이르기까지 수십 년 동안 단절됨 없이 실천되어 민중들을 동학 조직 속으로 끌어들이는 데 크게 이바지한다.

수운에 의해 창도된 동학은 1861년부터 경상도 경주 지역을 중심으로 빠른 속도로 전파되어, 포교 3년째인 1862년에는 경상도 15개 군현(郡縣)에 접(接) 조직을 설치하고 이들 각 접에 그 지도자인 접주(接主)를 임명할 정도로 조직화된다. 그러나 동학 교세의 급격한 확산에 위기의식을 느낀 조선 왕조는 동학을 좌도(左道) 즉 '옳지 못한 도'로 간주하여 탄압하였다. 그 결과, 최제우는 1863년 12월에 체포되어 이듬해 3월 좌도혹민(左道惑民; 옳지 못한 도로 민중들을 현혹시킴)이라는 죄명을 쓰고 처형당했다. 그러나, 2대 교

2) 我國惡疾滿世, 民無四時之安, 是亦傷害之數也. 西洋戰勝攻取, 無事不成, 而天下盡滅, 亦不無脣亡之歎. 輔國安民 計將安出.(『동경대전』, 「포덕문」).

3) 조선후기 및 근대한국의 사회운동에서 『정감록』이 차지했던 역할에 대해서는 다음의 책이 참고가 된다. 백승종, 『정감록: 역모사건의 진실게임』, 푸른 역사, 2006.

주 해월 최시형(海月 崔時亨, 1827-1898)의 헌신적인 노력에 의해 동학은 경상도, 충청도, 전라도 등 삼남지방을 비롯하여 강원도, 경기도, 황해도 등 전국 각지로 퍼져 나갔다. 1861년에 교조 최제우에게 직접 가르침을 받은 최시형은 1898년에 체포되기까지 38년 동안 동학 조직을 전국적으로 확산하였을 뿐만 아니라 동학사상의 체계화 및 실천에도 온 힘을 기울였다. 특히, 최시형은 동학의 시천주에 근거한 평등사상의 사회적 실천에 남다른 노력을 기울였는데, 예를 들면 "사람이 곧 하늘이니 사람 섬기기를 하늘님 섬기듯 하라(人卽天이니 事人如天하라)"라든지, "천지만물이 모두 하늘님 아님이 없으니"(天地萬物 莫非侍天主), 하늘과 사람 그리고 만물을 두루 공경하라"는 삼경(三敬=敬天, 敬人, 敬物)사상을 확립함으로써 사람이 모두 하늘님일 뿐만 아니라 만물도 모두 하늘님이라는 범천론적(汎天論的) 동학사상의 체계를 확립하였다.[4] 또한, 최시형의 역할 가운데 가장 주목할 만한 활동은 다름 아닌 동학 조직의 전국적 확대였다. 그는 조정과 지방관들의 가혹한 탄압 속에서도 목숨을 건 지하포교(地下布敎) 활동을 통해 삼남(三南) 전역은 물론 강원도, 경기도, 황해도 등지에 동학을 진파하여 무니진 동학 조직을 새건하였으며, 각 지역 출신의 중견 지도자로 양성함으로써 동학농민혁명 전개를 위한 사상적, 조직적 기반 확립에 성공하였다.

2. 동학의 사회운동—1894년 동학농민혁명

한국근대사에서 최대이자 최고의 사회운동이라 할 수 있는 1894년 동학

4) 신일철, 「최시형의 범천론적 동학사상」, 『동학사상의 이해』, 나남, 1995, 99-118쪽.

농민혁명은 결코 우발적으로 일어난 운동이 아니었다. 조선을 포함한 동아시아와 세계사에서 그 유례를 찾아볼 수 없는 대규모 사회운동이었던 동학농민혁명은 조선후기 민란의 연장선 위에서 그것을 집약한 것이었을 뿐만 아니라, 그 사상적・조직적 배경에는 민중 층으로부터 분출된 변혁의지를 체계화한 동학이라는 신종교 및 동학 고유의 조직제도인 포접제가 자리하고 있었다. 여기에 더해 1892년에서 1893년까지 2년여에 걸친 교조신원운동(教祖伸冤運動)이라는 합법적 사회운동 경험이 총체적으로 결합되어 일어난 것이 바로 1894년 동학농민혁명이다. 동학농민혁명은 대체로 교조신원운동 단계, 고부농민봉기 단계, 제1차 혁명 단계, 집강소 통치 단계, 제2차 혁명 단계, 일본군에 의한 농민군 학살 단계 등 크게 여섯 단계로 나눌 수 있다.[5] 여기서는 합법적 운동 단계인 교조신원운동과 제1차 및 제2차 혁명, 그리고 최근에 그 진상이 확인된 일본군에 의한 농민군 학살에 대해 설명한다.

1) 교조신원운동의 전개

동학농민혁명 전사(前史)로서의 성격을 지닌 교조신원운동은 첫째, 동학을 창시한 교조 수운 최제우의 억울한 죽음을 풀어달라는 요구(동학포교의 자유를 인정해달라는 요구)와 둘째, 동학을 금(禁)한다는 핑계로 동학교도 및 일반 민중들의 재산을 불법으로 수탈하는 지방관들의 부당한 행위를 막아 달라는 요구(지방관들의 가렴주구행위 금지 요구), 그리고 셋째 나날이 만연하고 있는 서학(西學)과 불법적인 침탈을 벌이고 있는 일본 상인을 비롯한 외국

5) 박맹수, 「동학농민혁명의 전개과정 개관」, 『사료로 보는 동학과 동학농민혁명』, 모시는 사람들, 2009, 245-261쪽.

세력을 물리치자는 요구('척왜양'을 기치로 한 反외세 요구)를 내걸고 전개됐다. 이러한 요구는 동학교도들의 요구이자 당시 일반 민중들의 요구이기도 했다. 그리하여 합법적 사회운동인 교조신원운동은 동학교단 지도부가 앞에서 끌고 일반 신자 및 민중들이 광범위하게 참가하는 가운데 조직적, 지속적, 공개적으로 전개되었다.

교조신원운동은 우선 1892년 10월 서인주(徐仁周=徐璋玉)와 서병학(徐丙鶴)이 중심이 된 공주집회(公州集會)를 계기로 시작되었다. 공주집회가 일정한 성과를 거두자 같은 해 11월 동학교단 지도부의 독려에 따라 수천여 명이 모여 20일이 넘는 기간 동안 집단적인 시위를 벌이는 전라도 삼례집회가 이어졌다. 그 결과, 충청감사 조병식(趙秉式)과 전라감사 이경직(李耕稙)은 동학교도 및 일반 민중에 대한 지방관들의 부당한 수탈, 즉 가렴주구 행위를 금하도록 조치하겠다는 성과를 얻어 냈다. 이를 계기로 일반 민중들은 다투어 동학에 입도하기에 이른다. 교조신원운동을 계기로 이른바 '동학과 일반 민중들의 결합'이 가속화되어 갔던 것이다.

한편, 교조 최제우의 억울한 죽음에 대한 신원(伸冤), 즉 동학의 공인과 포교자유 인정 문제는 중앙 조정의 권한에 속한다는 전라 충청감사의 입장 표명에 따라 1892년 11월 말부터 국왕에게 직접 동학 공인을 요구하는 복합상소(伏閤上疏), 즉 상경투쟁이 준비되기 시작했다. 이 계획은 서울에서 외국인 배척운동이 일어날 것이라는 소문으로 번져 당시 주한 외국인들에게 커다란 위기감을 불러 일으켰다. 동학교도들의 상경투쟁은 실제로 현실로 나타났다. 1893년 2월 9일, 40명의 동학 지도자들이 광화문 앞에 엎드려 동학을 공인해줄 것과 동학 교조 최제우의 억울한 죽음을 풀어달라고 3일 밤낮을 호소하였을 뿐만 아니라, 14일부터 외국인들을 배척하는 내용을 담은 '척왜양' 격문들이 교회와 외국공사관, 외국인이 사는 집 담에 나붙기 시작하였다. 이것이 바로 광화문 복합상소와 척왜양(격문 게시) 운동의 단계이다. 그러나, 광화문 복합상소와 척왜양 운동은 외국의 간섭과 조정의 강경책 때문에 실패했다. 복합상소를 주도한 지도자들은 체포되거나 수배되었고, 체포를 모면한 일부 지도자들은 동학 본부가 있던 충청도 보은(報恩)에 모여 대응책을 모색하였다.

2대 교주 최시형(崔時亨)은 전국 각지의 동학 지도자 및 교도들에게 통문(通文)을 보내 1893년 3월 10일 교조 순난(殉難) 기념일을 기해 보은으로 모일 것을 지시하였다. 이 단계가 바로 보은집회이다. 4월 2일 해산하기까지 보은으로 모인 교도의 수는 최소 3만에서 최대 8만 여명에 이르렀다. 그들은 '척왜양창의(斥倭佯倡義)' 즉 반외세의 깃발을 선명하게 내걸었다. 보은집회와 거의 같은 시기에 전라도 금구 원평(院坪)에서도 또 하나의 집회가 열렸다. 금구집회가 그것이다. 금구집회는 전봉준을 비롯한 전라도 동학 지도부가 주도했다. 교조신원운동의 마지막 단계인 보은집회 및 금구집회는 양호선무사(兩湖宣憮使) 어윤중 (魚允中)의 설득과 회유, 그리고 군대를 동원한 진압을 불사하겠다는 조정의 강경책에 의해 해산되었다. 교조신원운동은 표면상 실패했으나 장차 동학농민혁명을 이끌 지도부가 성장하는 '상당한 성과'를 거두었다는 점에서 동학과 일반 민중들의 사회운동 역량 성장에 크게 기여하였다.

2) 동학농민혁명의 전개

동학농민혁명 제 2단계는 1894년 음력 1월 10일에 일어난 고부농민봉기 단계인 바, 고부농민봉기 역시 동학농민혁명의 전사(前史)에 해당한다. 왜냐하면 고부농민봉기는 어디까지나 군수 조병갑이 고부군 내에서 자행한 폭정을 제거하려는 데 그 목적이 있었기 때문이다. 요컨대 고부농민봉기 단계까지는 아직 '지역적 봉기' 수준에 머물고 있었다. 물론, 고부농민봉기를 주도한 핵심세력은 대부분 동학교도들이었음은 주지의 사실이다.

동학농민혁명 제3단계는 고부농민봉기를 주도한 전봉준 등 그 지도부가 안핵사 이용태(李容泰)의 가혹한 탄압을 피해 1894년 음력 3월 13일경 고부에서 봉기한 민군(民軍)을 해산한 뒤, 인근 고을인 무장(茂長)으로 피신하여 무장의 대접주 손화중(孫化中)의 도움을 받아 3월 21일에 전면 봉기를 단행하는 제 1차 동학농민혁명(무장 기포) 단계를 말한다. 전봉준은 1894년 3월 20일경 전라도 무장에서 「포고문(布告文)」[6]을 공표하여 전면 봉기의 대의를 만천하에 공표하고 이튿날 봉기군을 이끌고 북상하여 3월 23일경 고부(古阜)를 점령하였으며, 3월 25일경에는 고부봉기 단계에서 진을 친 적이 있던 백산(白山)으로 이동하여 각지에서 참가한 농민군을 모아 진영을 확대 개편하였다. 백산에 도착은 전봉준은 '호남창의대장소(湖南倡義大將所)' 이름으로 격문(檄文)을 발표하여 민중들의 봉기와 호응을 촉구하는 한편, '4대명의(四大名義)'와 '12개조 기율'을 발표하여 군율을 정하고, 4월 7일 새벽에는 황토재에서 전라감영군을 맞아 승리를 거두었다(황토현 전투). 이후 전봉준이 이끄는 농민군은 기수를 돌려 정읍, 흥덕, 고창, 무장, 영광, 함평 등 서남부 지역 고을을 차례로 점령하였다. 4월 23일에는 장성 황룡촌(黃龍村)에서 홍계훈이 이끄는 경군(京軍)과 싸워 승리를 거두고, 마침내 4월 27일에는 호남의 수부(首府)인 전주성을 점령함으로써 최대의 승리를 거두었다. 그러나 전주성 점령을 기화로 청・일 양국 군대가 출병한다는 소식을 접한 농민군들은 5월 7일에 초토사 홍계훈과 '전주화약(全州和約)'을 체결하고 이튿날 자진 해산함으로써 동학농민혁명은 새로운 단계로 접어들게 된다.

---

6) 부록 〈참고자료 1〉 참조.

'전주화약' 이후 농민군은 출신 고을로 돌아가 자치적인 조직인 도소(都所; 종래 집강소라 불렀다)를 설치하여 폐정개혁에 착수하는데 이를 일러 일반적으로 '도소체제'라 부른다.[7]

'도소체제' 아래에 있던 음력 6월 21일(양력 7월 23일) 서울에서는 일본군이 경복궁을 불법 점령하는 과정에서 조선정부군과 전투를 벌이는 일대 변란이 일어났다. 이 소식을 접한 전봉준 등 농민군 지도부는 9월 초순부터 일본군을 몰아내기 위한 재봉기에 착수하고, 10월에는 북상을 개시한다. 이처럼 9월 초순부터 11월의 우금티 전투까지를 제 2차 동학농민혁명(제2차 기포) 단계라 부른다. 이 단계는 동학농민혁명이 '척왜구국(斥倭救国)'이라는 반외세적 성격을 선명하게 드러내는 단계이다. 제 2차 혁명은 제 1차 혁명과는 달리 일본군이 직접 농민군 토벌을 위해 서울에서부터 남하하였다. 경군(京軍)에 대한 지휘권마저 장악한 일본군이 세 길로 나뉘어 남하하자 전국 각 지역에는 일본군을 몰아내기 위한 농민군의 봉기가 잇따랐다. 그리하여, 제 2차 혁명 단계에서는 1차 혁명 당시에는 참여하지 않은 충청도, 강원도, 경기도, 경상도 북부 지역 농민군들도 항일구국 항쟁의 대열에 동참하기 위해 봉기하였다. 특히 충청도 경상도 지방 동학 지도자들은 교주 최시형의 봉기령에 호응하여 논산의 전봉준군과 '남북접 연합군'을 형성하였다. 남북접 연합군은 공주 우금티 일대에서 일본군 및 경군에 맞서 10월 23일부터 25일까지 1차 대접전을 벌였으며, 다시 11월 8일부터 9일까지 제 2차 대접전을 벌였다.[8] 그 중에서도 2차 우금치 대접전은 11월 8-9 양일에 걸쳐 4-50 차례 이상의 공방전(攻防戰)으로 이어졌다. 그러나 우금티 대접전

7) 이 글에서는 자세한 설명을 생략한다.

8) 우금티에서 벌어진 대접전의 광경은 부록 참고자료-2 참조를 참조. 동학농민혁명 당시 최대의 격전이었던 '우금티전투'에 관한 가장 최근의 연구로는 지난 3월 31일자로 간행된 박맹수 · 정선원, 『공주와 동학농민혁명』,(모시는 사람들, 2005)이 있다.

은 무기와 전략 전술의 열세를 극복하지 못한 농민군 측의 막대한 희생으로 결말이 나고 말았다. 1, 2차 대접전을 치르고 난 뒤 남아 있는 농민군의 전력에 대해 전봉준은 다음과 같이 회고한 바 있다. "제 1차 접전 후 1만 여명(전봉준이 직접 지휘하던 부대; 주)의 군병을 점고하니 불과 3천 명에 지나지 않았으며, 그 후 다시 2차 접전 후 점고하니 5백여 명에 불과하였다."[9)]

이리하여 동학농민혁명은 두 차례에 걸친 우금티 대접전을 고비로 패퇴기로 접어들게 되었다. 그렇지만, 우금티 전투 패배에도 불구하고 전봉준은 다시 11월 15일경 논산 황화대(黃華臺)전투에서, 그리고 11월 25일 원평(院坪) 구미란 전투에서, 또한 손병희 등이 이끄는 북접 농민군 역시 영동 용산 전투와 보은 북실 전투에서 끈질긴 저항을 계속하였다.

3) 일본군의 동학농민군 학살

충청도 공주에서 벌어진 제1, 2차 우금티 대접전을 고비로 패퇴기에 접어든 농민군들은 일본군에게 참혹한 '학살'을 당하게 된다. 1894년 3월 21일, 제 1차 동학농민혁명 발발을 기화로 조선에 대한 주도권 장악의 절호의 기회로 간주한 일본은 조선의 반대에도 불구하고 대규모 군대를 '출병'시켜 서울에 주둔시켰다(1894년 6월). '거류민 보호'와 "조선 유사시 청국과 일본은 공동 출병한다"는 천진조약(天津條約)이 그 출병 이유였다. 그러나, 일본군에 의한 조선왕궁 점령사건(6월 21일) 이전에 농민군은 일본인을 공격하거나 또는 살상 행위를 한 적이 없기 때문에 '거류민 보호'라는 일본 측 출병 이유는 '출병'을 위한 억지 구실에 지나지 않았다. 또 청일 양국 군대 '출병'

9) 서울대학교 규장각 소장, 『전봉준공초』 「전봉준공초 초초문목」 참조.

이라는 국가적 위기 사태에 직면한 동학농민군은 일본군이 출병하기 전인 5월 7일 조선 정부군과 전주화약(全州和約)을 체결하여 전주성에서 자진 철수하여 해산하였다. 이로 인해 청일 양국 군대가 조선에 주둔해야 할 이유 즉 유사(有事)의 상황은 해소되었다. 청국은 당연히 양국 군대의 공동 철병을 일본 측에 제안하였다. 그러나 조선 유사의 상황을 주도권 장악의 절호 기회로 삼고자 출병한 일본이 청국의 '공동 철병안'을 받아들일 리가 없었다. 일본은 철병안을 받아들이기는커녕 일본군의 장기 주둔 구실을 마련하고 청국과의 전쟁 구실을 만들기 위해 양국이 조선 내정을 공동으로 개혁하자는 '내정개혁안(內政改革案)'을 청국에게 제안하였다. 이 같은 일본 측의 제안은 조선 정부의 주권을 무시하는 것이었을 뿐만 아니라, 조선과 청국 사이의 전통적인 조공(朝貢) 관계를 부정하는 것이기도 했기 때문에. 조선 정부는 강력히 그것을 거부하였다. 청국도 마찬가지였다. 진퇴양난의 지경에 빠진 일본 정부는 청국과의 전쟁 구실 마련에 혈안이 되었다. 이런 상황 속에서 일어난 사건이 바로 6월 21일 일본군에 의한 경복궁 불법점령사건이다. 일본군의 경복궁 불법점령은 명백한 국제법 위반이었다. 당시의 국제법을 무시한 행동이었기 때문에 일본 정부는 사건 당시부터 진상의 은폐와 날조에 급급하였다.10)

군대를 앞세워 경복궁을 불법 점령한 일본은 '내정개혁안'을 거부하고 있던 국왕과 대신들을 축출하고 대원군을 중심으로 한 친일개화정권을 수

---

10) 1894년 음력 6월 21일(양력 7월 23일), 국제법 및 조선왕조의 주권을 무시한 가운데 일본군이 자행한 경복궁 점령의 불법성을 비롯, 사건 당초부터 경복궁 침략의 진상을 왜곡하고 날조한 일본정부의 잘못된 행위 등에 대해서는 일본 코분켄(高文硏) 출판사에서 나온 中塚明. 1997.『역사의 僞造를 밝힌다-戰史로부터 사라진 일본군의 조선왕궁점령』(일본어)에서 상세하게 밝혀진 바 있다. 위 책은 필자의 번역으로『1894년 경복궁을 점령하라』는 제목으로 푸른역사 출판사에서 2002년 9월에 국내에서 간행되었다.

립하였다. 이후 일본은 친일개화정권을 압박하여 '청국 군대 구축(驅逐)'을 조선 정부로부터 의뢰 받는 수순을 밟아 청일전쟁을 일으켰으며, 또한 이 친일개화정권을 압박하여 조선 정부가 일본군에게 농민군을 진압하도록 의뢰하는 공문을 발하도록 강요하였다. 이 과정에서 대원군은 끝까지 일본 측에 대항하여 농민군 진압은 우리 조선이 자주적으로 행할 것이라고 버텼으며, 일본 측에 협력하기는커녕 비밀리에 평양의 군대, 농민군과 연대하여 일본군을 구축하려는 계획을 진행하였다[11]. 농민군 최고지도자 전봉준 역시 대원군과 일정한 연대를 시도하려 했다는 사실은 이미 학계가 검증한 바 있다.[12] 그러나 대원군의 노력은 끝내 실패로 돌아갔고, 괴뢰정부 친일개화정권은 일본군에게 농민군을 진압하도록 의뢰하였다. 친일개화정권이 일본군에게 농민군 진압을 의뢰한 것은 1894년 음력 10월 중순 경이었으며, 조선정부군의 지휘권은 일본군으로 넘어 갔다.

그런데 당시 조선과 일본은 선전포고를 한 적국 관계가 아니었다. 또한 비록 일본군이 친일개화정권으로부터 농민군 진압을 의뢰 받았다 하더라도 농민군에 대한 처벌은 조선의 국내법에 따라야 했다. 왜냐하면 농민군을 비롯한 조선 민중에 대한 사법권(司法權)은 어디까지나 조선 정부와 조선 군대에 속해 있었기 때문이다. 그러나 농민군 진압에 나선 일본군은 조선의 국내법, 조선의 사법권을 철저하게 무시한 채 10월 27일자 대본영의 "모조리 살육하라"는 명령을 아주 충실히 수행하게 된다. 농민군 지도자는 말할 것도 없고 동학의 경전이나 명첩(名帖)과 같은 문서를 소지했다는 이유 하나만으로 일반 동학 신자들 역시 체포 즉시 현장에서 학살되었다.[13] 농

---

11) 趙景達, 『異端の民衆反亂-東學と甲午農民戰爭』, 岩波書店, 1998. 제 8장 참조.

12) 장영민, 「大院君의 東學農民軍 保守兩班 動員 企圖에 관한 一考察」, 『重山 鄭德基博士 華甲紀念 韓國史學論叢: 韓國史의 理解』, 景仁文化, 1996. 참조.

13) 井上勝生, 「甲午農民戰爭(東學農民戰爭)と日本軍」, 田中彰 編, 『近代日本の內と外』, 吉川弘文館,

민군인지 일반 민중인지 그 구별이 애매한 사람들 역시 재판 절차 없이 현장에서 학살당하였다. 현재 일본 방위청 방위연구소 도서관에는 조선의 사법권을 무시한 채 농민군을 대량 학살한 일본군이 남긴 작전일지, 전투상보, 진중일지, 전보 등이 대량으로 소장되어 있다. 일본군에 의한 농민군 학살 전모를 밝히기 위해서는 이들 사료의 공개가 절대적으로 필요하다. 일본군은 조선의 국내법, 사법권만 무시한 것이 아니었다. 당시의 국제법마저 무시한 행위를 공공연히 저질렀다. 만국공법(萬國公法)이란 이름으로 널리 알려진 당시의 국제법에는 비전투원에 대한 보호가 명시되어 있었다. 그러나 농민군 진압에 나선 일본군은 이 같은 국제법을 철저히 무시한 채 비전투원인 동학 신자들마저 동학 신자라는 단 하나의 이유만으로 모조리 학살하였다. 1894년 11월부터 1895년 3월까지 일본군에 의해 학살당한 농민군 숫자는 최소 5만 명에 달하는 것으로 추산되고 있다.[14] 일본의 책임을 엄중하게 물어야 할 이유가 여기에 있다.

Ⅲ. 동학농민혁명 이후의 사회운동

동학농민혁명이 좌절되고 난 뒤, 봉기에 대열에 참가했던 살아남은 농민

1999, 260-261쪽. 井上勝生 교수는 이후 일본군의 농민군 학살 진상 규명에 전력을 기울여 그 내용을 종합한 역저 井上勝生, 『明治日本の植民地支配』, 岩波書店, 2013를 간행한 바 있다.

14) 이 같은 사실은 2001년 5월 31일부터 6월 3일까지 全羅北道 全州市에서 열린 동학농민혁명 국제학술대회에서 발표된 北海道大學 文學部 井上勝生 교수의 「日本軍에 의한 東學農民 虐殺」 및 『世界』 2001년 10월호(第693號), 岩波書店에 실린 「日本軍による最初の東アジア民衆虐殺」이라는 논문에서 최초로 밝혀진 바 있다.

군 지도자들과 농민군들은 재지 유생들을 중심으로 조직된 민보군의 의해, 한편으로는 관군과 일본군에 의한 지속적인 진압작전에 의해 체포되어 처형되었다. 가까스로 살아남은 농민군들은 천주교와 기독교(개신교)와 같은 외래종교로 숨어들어 가기도 하였고, 일본군의 경복궁 불법점령(1894) 및 '을미사변'(1895)을 계기로 일어난 의병(義兵) 대열로 합류하기도 하였다. 또 다른 일부 농민군들은 속리산이나 지리산 등과 같은 깊은 산골로 숨어들어 1900년대 의병으로 다시 조직화되어 등장하기도 하였으며, 극히 일부의 농민군 세력은 일진회(一進會)와 같은 친일단체에 참여하여 구차한 목숨을 이어가기도 한다. 동학농민혁명 좌절 이후 분화되어간 사회운동을 의병(義兵), 영학당(英學黨) 및 활빈당(活貧黨), 천도교를 비롯한 신종교(新宗教) 세력 등으로 나누어 개관한다.

1. 의병

1894년의 동학농민혁명 과정에서 강하게 드러났던 반봉건・반외세 투쟁을 계속해 가는 대표적인 사회운동 세력은 바로 의병이었다. 의병(義兵)이란 조선왕조 지배체제의 통치이념인 주자학적 정신에 근거하여 외세의 침략에 맞서 자발적으로 일어나 무력 항쟁을 벌인 재야유생이나 일반 민중을 가리킨다. 의병은 1592년의 임진왜란 당시의 의병에서 유래하고 있지만, 근대의 의병은 1894년 7월 23일 일본군의 불법적인 경복궁 점령에 항의하여 일어난 갑오의병(甲午義兵)이 그 시원이 된다.[15] 갑오의병 이후, 근대 의

15) 김상기. 1997.「제3장 한말 갑오의병의 항일투쟁」, 김상기,『한말의병연구』, 일조각 참조.

병은 1895년 명성황후 시해사건 및 단발령 시행에 반발하여 일어난 을미의병(乙未義兵) 단계를 거쳐, 1905년에 일제가 대한제국의 외교권을 강탈하기 위해 강요한 이른바 '을사늑약(乙巳勒約)'에 반대하기 위해 일어난 병오의병(丙午義兵)으로 발전하였으며, 그 다음 1907년 헤이그밀사사건에 이은 고종의 강제퇴위 및 군대해산에 반발한 정미의병(丁未義兵)으로 이어진다. 이상과 같은 단계를 거쳐 전개된 근대 의병운동에 대해 기존 연구는 크게 네 단계로 구분하고 있다. 현재, 학계에서 유력하게 통용되고 있는 근대 의병의 시기 구분은 다음과 같다.

전기(=제 1기): 1894년-1896년
중기(=제 2기): 1904년-1907년 7월
후기(=제 3기): 1907년 8월-1910년 10월
전환기(=제 4기): 1910년 11월-1915년

전기 의병은 1894년 7월에 일본군이 불법으로 왕궁인 경복궁을 점령하고, 항일(抗日) 관료를 몰아내고 친일괴뢰정권을 세운 것을 국가적 '변란(變亂)'으로 인식한 유생들이 일으킨 갑오의병부터, 이듬해 명성황후시해 및 단발령 강요에 항거하기 일어난 을미의병 단계까지를 가리킨다. 중기 의병은 일제가 러일전쟁을 도발하고, 또 러일전쟁 승리를 위해 조선인 노동자들을 강제로 징발하여 경의선(京義線) 부설 공사에 투입하는 데에 항의하여 일어나기 시작하여, 1905년 '을사늑약' 체결을 계기로 전국 각지에서 활발하게 일어나 1907년 군대해산 직전까지 계속되었다. 후기 의병은 1907년 고종의 강제 퇴위와 군대해산을 계기로 촉발되었다. 즉, 고종은 1905년에 체결된 '을사늑약'은 일제의 협박에 의해 강요된 조약이므로 무효라는 것을 국제사회에 널리 알리기 위해 이상설, 이준, 이위종 등 3인의 밀사를 네덜란드 헤이그에 파견하여 국제사회에 호소하고자 하였다. 이것을 빌미로 삼은 일제는 '헤이그 밀사사건' 직후 고종을 강제 퇴위시키고, 대한제국의 군대를 강제로 해산하는 조치를 취했다. 이에 대해 해산당한 대한제국 군인들은 물론 재야 유생, 일반 민중들이 대거 의병을 조직하여 봉기하였다. 전환기 의병은 후기 의병이 일제의 '남한대토벌작전'에 의해 커다란 희생을 치른 뒤, 다시 재기한 의병들이 의병활동을 계속하면서 점차 만주 등지로 이동하여 독립군으로 전환되어 가는 단계를 말한다.

2. 영학당과 활빈당

동학농민혁명 좌절 이후에도 민중들은 안으로는 조선왕조의 전근대적 지배체제의 모순을 타파하려는 반봉건(反封建) 운동과 밖으로 격화되는 외세의 침탈 특히 일제의 침략에 맞서 국권을 수호하려는 반외세(反外勢) 운동 등의 사회운동을 계속하였다. 그 대표적인 사례로 영학당(英學党) 및 활빈당(活貧党)을 들 수 있다.

영학당은 동학농민군이 내걸었던 '척왜양'과 '보국안민'의 이념을 계승하는 한편, 농민군 잔여세력, 의병, 일반 농민들을 결집하여 군수의 탐학을 시정하기 위해 1898년 12월 28일 홍덕에서 첫 봉기를 단행한 이래, 이듬해 5월까지 고부, 태인, 정읍, 무장, 전주 등지에서 잇따라 봉기했다. 홍덕 봉기의 지도자는 이화삼(李化三)으로 그는 일찍이 서울의 만민공동회에 참가한 적이 있는 인물이었다. 영학당의 봉기 당시 조직은 서기, 성찰, 운량관, 접주, 포사, 포사장 등으로 구성되었는데 이는 동학농민군의 집강소 조직과 갑오 을미의병의 실질적 전투력이었던 포군조직이 결합된 형태를 취하고 있다. 주요 무기는 화승총, 칼, 몽둥이, 죽창 등 동학농민군의 무기와 동일했다. 영학당은 농민군과 마찬가지로 수적 우세를 앞세워 관군과 접전을 벌였지만 근대식 소총으로 무장한 관군에 의해 철저하게 진압되고 말았다.

다음으로 활빈당 투쟁이 있다. 개항 이후 격화되어 가는 사회경제적 모순 속에서 농민들을 중심으로 한 일반 민중들을 생존의 위기로 내몰리게 되는데, 위기로 내몰린 빈농층들은 화적(또는 명화적) 집단화되어 갔다. 이들은 특히 동학농민혁명을 거치면서 외세에 대한 저항의식과 봉건적 지배체제의 모순을 타파하고자 하는 반봉건 개혁의식에 눈을 뜨면서 전국적인 조직을 갖추는 한편, 단순한 도적 집단에서 가난한 민중들을 돕는 '의적(義賊)' 활동으로 방향을 전환했다. 이렇게 탄생한 사회운동 세력이 바로 활빈당이다. 활빈당은 경기, 충청, 경상, 전라도 등지에서 각각 결성되어 연합체를 구성하여 횡적 연대를 유지하면서 독자적으로 활동했다. 그들은 평소 10-30명, 또는 40-50명 단위로 말을 타고 총과 칼로 무장하여 떼 지어 다니며 양반 부호가, 관아, 사찰 등지를 습격하여 재물을 탈취한 다음 빈민이나 영세상인 등에게 나누어주었다. 이 같은 활빈당 투쟁은 민중들로부터 커다란 호응을 받았다. 그러나 1905년 '을사늑약'이후 일본군의 무력 탄압으로 지도부가 붕괴되어 일부는 농민무장대 형태로 활동을 계속하고, 일부는 의병부대에 흡수됨으로써 자취를 감추게 되었다. 활빈당의 이념은 반봉건 반외세 요구를 담아 공표한 「대한사민논설(大韓士民論說)」 13개조에 잘 나타나 있다.

영학당 및 활빈당이 내걸었던 요구는 척왜양과 보국안민이었다. 이것은 갑오년 이후의 동학계열 사회운동 역시 동학농민군이 내걸었던 요구를 그대로 계승하고 있음을 보여주는 동시에, 갑오개혁(甲午改革) 및 광무개혁(光

武改革)으로 대표되는 지배층 중심의 개혁이 여전히 일반 민중들의 생활상의 위기를 해소해 주지 못했다는 것을 보여준다.

3. 동학의 분화와 신종교

동학농민혁명 실패 이후 농민군 잔여세력 가운데는 의병, 영학당, 활빈당 등에 가담하며 무장투쟁 중심의 사회운동을 지속하는 경우도 있었지만, 그와는 달리 종교운동 형태로 사회운동을 계속하는 사례가 더 많았다. 그 대표적인 사례가 바로 동학의 후신인 천도교(天道教)이다.

1905년에 성립되는 천도교의 사상적 유래와 연원은 두 말할 필요 없이 1860년에 창도된 동학이다. 동학은 동학농민혁명이 실패로 돌아간 뒤 사실상 여러 갈래로 분화되는데, 여기에는 천도교, 시천교, 상제교, 청림교 등이 있어 천도교가 유일하게 동학을 계승했다고 볼 수는 없다. 동학농민혁명은 '반봉건적임과 동시에 반자본주의적 · 반식민주의적이며 반근대적(反近代的) 변혁'이라고 할 수 있는 것이었는데,[16] 이 같은 동학농민혁명의 이념 가운데 반근대적 노선에서 근대적 노선으로의 전환, 즉 일본을 통한 근대문명의 적극적 수용을 통해 종래의 동학을 크게 쇄신하고자 했던 손병희를 중심으로 일본 내 망명개화파 인사들이 결집하여 1905년에 성립되는 신종교가 바로 천도교였다. 그에 반해 동학의 교리나 의례 등의 기본사상을 그대로 계승하면서도 1894년 당시 동학 교단의 지나친 현실참여(동학농민혁명)에 대해 비판적 태도를 취하면서 종교적 수도주의, 은둔주의, 현실 불간섭주

16) 趙景達,「甲午農民戰争指導者 全琫準の研究」,『朝鮮史叢』7, 1983, 71-72쪽.

의를 표방하면서 종교운동에만 전념하는 세력도 있었다. 이 같은 계열은 경상북도 상주(尙州)를 비롯하여 충청남도 계룡산 등을 근거지로 삼아 활동했던 경천교(敬天敎)·청림교(靑林敎)·동학교(東學敎)·상제교(上帝敎) 등이 포함되어 있었다.

한편, 동학과 완전히 결별한 후 새로운 종교운동을 전개하거나, 타종교로 개종하는 세력도 있었다. 동학과 결별한 후 새 종교를 개창하는 사례로는 1901년에 성립되는 강일순(姜一淳)의 증산교(甑山敎)와 1916년에 성립을 보는 박중빈(朴重彬)의 원불교(圓佛敎) 등이 있으며, 타종교로 개종하는 사례로는 가톨릭과 개신교 쪽으로 개종한 사례가 대표적이었다.

〈부록〉

참고자료 1〉 「무장포고문」(1894년 3월 20일)

이 세상에서 사람을 가장 존귀하게 여기는 까닭은 인륜이란 것이 있기 때문이다. 임금과 신하, 아버지와 자식 사이의 윤리는 인륜 가운데서도 가장 큰 것이다. 임금은 어질고 신하는 정직하며, 아버지는 자애롭고 자식은 효도를 다한 후에라야 비로소 한 가정과 한 나라가 이루어지며 한없는 복을 누릴 수 있는 법이다.

지금 우리 임금님께서는 어질며 효성스럽고 자애로우며, 귀신과 같은 총명함과 성인과 같은 예지를 갖추셨으니, 현명하고 정직한 신하들이 보좌하여 돕기만 한다면 요(堯) 임금과 순(舜) 임금 때의 교화(敎化)와, 한(漢) 나라 문제(文帝)와 경제(景帝) 때의 다스림에 도달하는 것은 마치 손가락으로 해를 가리키는 것처럼 그리 오래 걸리지 않을 것이다.

그러나 지금 이 나라의 신하라는 자들은 나라의 은혜에 보답할 생각은 하지 않고 한갓 봉록(俸祿)과 벼슬자리만 탐내면서 임금님의 총명을 가린 채 아첨만을 일삼고 있으며, 충성스러운 마음으로 나라의 잘못을 충고하는 선비들의 말을 요사스러운 말이라 하고 곧고 바른 사람들을 가리켜 도적의 무리라 하고 있다. 또한, 안으로는 잘못되어가는 나라를 바로잡을 인재가 없고 밖으로는 백성들을 수탈하는 관리들만 많으니 사람들의 마음은 날로 거칠고 사납게 변해만 가고 있으며, 백성들은 집에 들어가도 즐겁게 종사할 생업이 없고 집을 나오면 제 한 몸 보호할 방책이 없건마는 가혹한 정치는 날로 심해져 원망의 소리가 끊이지 않고 있으며, 임금과 신하 사이의 의리와 아버지와 자식 사이의 윤리, 윗사람과 아랫사람 사이의 분별은 마침내 다 무너지고 남은 것이라곤 하나도 없는 실정이다.

일찍이 중국의 관자(管子)께서 말씀하기를 "사유(四維), 즉 예의염치(禮義廉恥)가 떨치지 못하는 나라는 결국 망한다"고 하였는데 지금의 형세는 그 옛날보다도 더 심하기 그지없으니, 예를 들면 지금 이 나라는 위로 공경대부(公卿大夫)로부터 아래로 방백수령(方伯守令)들에 이르기까지 모두가 나라의 위태로움은 생각하지 않고 그저 자기 몸 살찌우고 제 집 윤택하게 할 계책에만 몰두하고 있으며, 벼슬길에 나아가는 문을 마치 재화가 생기는 길처럼 생각하고 과거시험 보는 장소를 마치 돈을 주고 물건을 바꾸는 장터로 여기고 있으며, 나라 안의 허다한 재화(財貨)와 물건들은 나라의 창고로 들어가지 않고 도리어 개인의 창고만 채우고 있다. 또한 나라의 빚은 쌓여만 가는데 아무도 갚을 생각은 하지 않고 그저 교만하고 사치하며 방탕한 짓을 하는 것이 도무지 거리낌이 없어 조선 팔도는 모두 어육(魚肉)이 되고 만 백성은 모두 도탄에 빠졌는데도 지방 수령들의 가혹한 탐학(貪虐)은 더욱 더하니 어찌 백성들이 곤궁해지지 않을 수 있겠는가.

백성들은 나라의 근본인 바, 근본이 깎이면 나라 역시 쇠잔해 지는 법이다. 그러니 잘못 되어가는 나라를 바로잡고 백성들을 편안하게 만들 방책을 생각하지 않고 시골에 집이나 지어 그저 오직 저 혼자만 온전할 방책만 도모하고 한갓 벼슬자리나 도둑질하고자 한다면 그것을 어찌 올바른 도리라 하겠는가. 우리 동학농민군들은 비록 시골에 사는 이름 없는 백성들이지만 이 땅에서 나는 것을 먹고 이 땅에서 나는 것 입고 사는 까닭에 나라의 위태로움을 차마 앉아서 볼 수 없어서 팔도가 마음을 함께 하고 억조(億兆) 창생들과 서로 상의하여 오늘의 이 의로운 깃발을 들어 잘못되어가는 나라를 바로잡고 백성들을 편안하게 만들 것을 죽음으로써 맹세하노니, 오늘의 이 광경은 비록 크게 놀랄 만한 일이겠으나 절대로 두려워하거나 움직이지 말고 각자 자기 생업에 편안히 종사하여 다 함께 태평성대를 축원하고 다

함께 임금님의 덕화를 입을 수 있다면 천만 다행이겠노라17)

참고자료 2〉 「동학농민군 12개 기율」 한글 번역문
(조선국 동학당 동정에 관한 제국공사관 보고일건)

동도대장(동학의 대장)이 각 부대장에게 명령을 내려 약속하기를, "매번 대적을 할 때는 (동학농민군) 군대가 칼에 피를 묻히지 아니하고 이기는 것을 가장 으뜸의 공으로 삼았으며, 비록 어쩔 수 없이 싸우더라도 사람의 목숨을 다치지 않는 것으로 귀함을 삼았다. 또한 매번 행진하며 지나갈 때에는 다른 사람들의 물건을 해치지 아니하였으며, 부모에게 효성스럽고 형제간에 우애하며 나라에 충성하고 사람들 간에 신망이 있는 사람이 사는 동네 십리 안에는 주둔하지 아니하였다.

12개조 기율

항복하는 자는 사랑으로 대한다 곤궁한 자는 구제한다

탐관은 쫓아낸다 따르는 자는 공경하며 복종한다

굶주린 자는 먹여준다

간교하고 교활한 자는 (못된 짓)을 그만두게 한다

---

17) 1894년 음력 3월 20일경, 전라도 무장에서 발표된 「무장포고문」이 실려 있는 사료로는 다양하다. 구체적으로 오지영의 『동학사』를 비롯하여, 재야 유생 매천 황현의 『오하기문』, 관변측 자료인 『동비토록』과 『취어』, 『수록』, 동학농민혁명 당시 서울에 주재하던 천주교 주교 뮈텔의 「뮈텔문서」, 일본인 파계생(巴溪生)의 「전라도고부민요일기」 등이 있다. 이 가운데 『동학사』에는 국한문으로, 「전라도고부민요일기」에는 일본어로 번역되어 실려 있으며, 나머지 사료에는 모두 한문으로 수록되어 있다. 『취어』에는 모두 405자, 『수록』에는 모두 400자의 한자로 구성되어 있으나 내용은 거의 동일하다. 이 글에서는 『오하기문』과 『동비토록』, 『취어』에 실린 포고문을 대조하여 필자가 번역하였다.

도망가는 자는 쫓지 않는다　　　　가난한 자는 진휼(賑恤)한다
충성스럽지 못한 자는 제거한다　거스르는 자는 타일러 깨우친다
아픈 자에게는 약을 준다　　　　　불효하는 자는 벌을 준다

참고자료 3〉「우금티 대접전 상황」

적병(농민군; 인용자주)이 삼면을 포위하니 그 머리에서 꼬리까지가 30 리에 이르러 마치 상산(常山)의 뱀을 치는 듯하였고, 효포와 능치(=웅치; 인용자주) 쪽에서 움직이면서 곧장 공격해 오려는 기세였지만 사실은 그 의도가 언제나 우금(牛金=우금티) 쪽에 있었다. 그러나 적은 (관군과 일본군이) 우금티를 엄히 지키고 있다는 것을 알고 또한 공격 방향을 주봉(周峰) 쪽으로 바꾸었다. 견준봉(犬蹲峰)을 지키는 부대가 그들을 쳐서 물리치고, 주봉(周峰)을 지키던 부대가 포를 쏘며 호응하니 이에 우금티에서 큰 전투가 벌어지게 되었다. 처음에는 성하영(成夏泳)의 경리청군이 홀로 그 충돌을 감당하였으나 가히 지탱할 만한 형세가 되지 못하여 일본군 병관(兵官, 후비보병 제 19대대 서로 분진대 제 2중대 森尾雅一 대위; 인용자주)이 군사를 나누어 우금티와 견준봉 사이에 배치하였다. (관군과 일본군은) 산등성이에 벌리고 서서 일제히 사격을 하고 다시 몸을 산속으로 숨겼다가 적이 능선을 넘어오려고 하면 또다시 산등성이로 올라가 일제히 사격을 하였으니, 이렇게 되풀이한 것이 4-50 차례가 되어 적의 시체더미가 온 산에 가득하였다.[18)]

아아! 그들 비류(동학농민군) 몇 만의 무리가 4-50리에 걸쳐 두루 둘러싸고

---

18) 「공산초비기」(公山剿匪記)의 우금지사(牛金之師), 『구한국관보』, 개국 503년(=1894년) 11월 29일자.

길이 있으면 다투어 빼앗고, 높은 봉우리가 있으면 다투어 차지했다. 동쪽에서 소리치면 서쪽에서 호응하고, 왼쪽에서 번쩍 하다가 금세 오른쪽에서 튀어나와 깃발을 흔들고 북을 울리면서, 죽음을 무릅쓰고 앞을 다투어 올라왔다. 도대체 저들은 무슨 의리(義理)와 무슨 담략(膽略)을 지녔기에 저리 할 수 있었단 말인가. 지금 그때 그들의 행동을 말하려 하니 생각만 해도 뼈가 떨리고 마음이 서늘해진다.[19]

19) 「선봉진일기」(갑오 11월 16일). 1971. 『동학란기록(상)』, 국사편찬위원회, 237-238쪽.

| 참고문헌 |

원전 및 기초사료

서울대학교 규장각 소장.『전봉준공초』.

「공산초비기」(公山剿匪記)의 우금지사(牛金之師).1894.11.29.(개국 503년)『구한국관보』.

「선봉진일기」(갑오 11월 16일). 1971.『동학란기록(상)』, 국사편찬위원회.

국내논저

신일철. 1995.「최시형의 범천론적 동학사상」.『동학사상의 이해』,나남.

장영민. 1996.「大院君의 東學農民軍 保守兩班 動員 企圖에 관한 一考察」.『重山 鄭德基博士 華甲紀念 韓國史學論叢: 韓國史의 理解』.경인문화사.

김상기. 1997.「제3장 한말 갑오의병의 항일투쟁」.『한말의병연구』. 일조각.

백승종. 2006.『정감록: 역모사건의 진실게임』. 푸른 역사.

박맹수. 2009.「동학농민혁명의 전개과정 개관」.『사료로 보는 동학과 동학농민혁명』. 모시는 사람들.

박맹수. 2013.「동학과 민중운동」.『한국근현대사강의』, 한국근현대사학회 편. 한울.

박맹수・정선원. 2015.『공주와 동학농민혁명』. 모시는 사람들.

외국논저

趙景達. 1983.「甲午農民戰爭指導者 全琫準の研究」.『朝鮮史叢』7.

趙景達. 1998.『異端の民衆反亂 - 東學と甲午農民戰爭』. 東京:岩波書店.

나카츠카 아키라(中塚明). 박맹수 역. 2002.『1894년, 경복궁을 점령하라』. 푸른 역사.

井上勝生. 1999.「甲午農民戰爭(東學農民戰爭)と日本軍」,『近代日本の內と外』, 田中彰 編. 東京:吉川弘文館.

井上勝生. 2001년 10월.「日本軍による最初の東アジア民衆虐殺」,『世界』(第693號). 東京: 岩波書店.

井上勝生. 2013.『明治日本の植民地支配』, 東京:岩波書店.

대종교인의 독립운동과 사상의 변천 양상

차옥숭 | 이화여자대학교

Ⅰ. 들어가는 말

조선말 사대부 세도정치의 부패와 동학혁명의 실패에 뒤이은 주권의 상실은 전통적 교양을 갖춘 지식인과 평민으로 하여금 일상생활 속에서도 자주와 독립에 대한 관심을 갖게 했다. 이때 대종교(大倧教)의 창시자들은 주체적 역사의식을 가지고 민족의 위기를 돌파하고자 했다. 대종교에서 개인 구원의 내용이 성통공완(性通功完)을 통한 삼진귀일(三眞歸一), 즉 한얼님께 돌아가는 것이라면 대종교에서 지향하는 사회적 구원의 내용은 홍익인간 이화세계, 즉 널리 인간을 이롭게 하여 서로 돕고 상생(相生)하는 평화로운 복지사회를 이 땅에 이룩하는 것이다. '성통공완(性通功完)'이란 영묘한 신성(神性)에 자각적으로 통하고 그 결과를 사회적 실천으로 표현하는 내외합일의 노력에서 진정한 공효가 완성된다는 것이고, 홍익정신은 민족 자주정신과 결합하여 평등과 공익을 강조하는 정치사상으로 발전할 수 있는 잠재력을 갖는다. 대종교인들은 독립운동과 교육운동이라는 실천적 사명을 행동으로 옮겨야 하는 절실한 상황에 있었기 때문에 공효의 정신은 특히 중요한 것이었다. 그들은 수전일치(修戰一致)의 원칙에 따라 행동하는 가운데 독립운동의 사상적 기반을 세웠다. 그들은 전통적 개념들에 새로운 의미를 부여하여 세계와 인간에 대한 새로운 해석을 전달했다. 한민족독립운동에 참여했던 일제하의 많은 지식인들은 대종교(大倧教)와 직간접으로 연관이 있었다.[1] 대종교인들은 민족주의적 독립운동의 주력이었으며, 서양사상과 급진 정치사상을 흡수하여 20세기에 적용하는 많은 개혁 지식인들로 발전해 갔다.[2]

---

1) 박명진의 「대종교독립운동사」에 당시 각 교구와 주요 교도들이 아래와 같이 수록되어 있다. 동이도본사에 서일, 동이도본사-동북만에 신채호, 서일도 본사에 이회영, 서이도본사에 박은식의 이름이 있다.

○동일도본사: 동만-함경도를 말하며 서일종사가 령도하였다.

여준, 박성태, 박찬익, 정신, 신팔균, 이규, 김동삼, 강희, 손일민, 김동평, 나우, 황상규, 서상용, 김좌진, 이장녕, 조소앙, 김규식, 최해, 정훈, 계화, 이범석, 양현, 조성환, 백순, 이채우, 김성, 나중소, 현천묵, 천천극, 고평, 정지택, 오혁, 박두희, 홍희, 이홍래, 윤창현, 김찬수, 오근태, 엄호, 최익환, 권녕준, 장유순 등이다.

○동이도본사: 노령 연해주 및 해삼위 및 동북만일대를 말하며 서일종사가 령도하였다.

① 연해주 및 해삼위-이화, 정광, 김익형, 박서련, 이범윤, 홍범도, 김백수, 최우익, 허련, 황강, 허철 등이오.

② 동북만-한기욱, 이섭, 신최수, 이종수, 최호, 이건, 허(은), 이창언, 김백, 이기, 이민혁, 김연원, 이정, 이곤, 현준, 이근, 신채호 등이오.

○서일도본사: 남만일대-평안도를 말하여 윤세복종사가 령도하였다.

조맹선, 박장호, 이진용, 김덕원, 차도선, 조병준, 김호, 김혁, 백삼규, 신우현, 허혁, 이탁, 박건, 이청천, 이시영, 이회영, 이천민, 윤기섭, 오광선, 김승학, 문일민, 윤세용, 독고욱, 김탁, 장승언, 이종건, 황학수, 승영제, 공진원, 성하식, 성세영, 이현익, 이억, 이광 등이오.

○서이도본사: 상해를 중심하여 전중국을 말하며 신규식도형이 령도하였다.

박은식, 민제호, 민필호, 신건식, 신익희, 신석우, 이동녕, 이석, 김갑, 조완구 등이오.

○북일도본사: 북만을 말하며 한기욱대형이 령도하였다.

윤복영, 박세진, 김서종, 박승익, 우덕순, 김백원, 심근, 김백, 김정일, 남진호, 유백, 윤각, 김낙, 윤정, 박명진 등이오.

○남일도본사: 영남 호남 기호 관동 황해도를 말하며 강우도형이 령도하였다.

민형식, 지석영, 주시경, 김윤식, 기산도, 홍명희, 안재홍, 신백우, 안호상, 김두봉, 정렬모, 신성모, 이극노, 백남규, 류근, 이용태, 안희제, 정인보, 명제세, 서상일, 장도빈, 이규채, 김사학, 정관, 김교준, 김두종 등이오.

박명진. 2003. 「대종교독립운동사」. 『국학연구』 제8집. 419-420쪽.

대종교인으로서 실심실학(實心實學)을 주장했던 백암 박은식(白巖 朴殷植, 1859-1926), 위당 정인보(爲堂 鄭寅普, 1892-1950), 민권 계몽운동을 하다 상해로 망명하여 3・1운동 정신을 민주 공화주의와 대종교의 민족정신으로 계승하고, 1919년 임시정부 초대 의장이 되었던 석오 이동녕(石吾 李東寧, 1869-1940), 역시 대종교인이었고 제국주의를 흘겨본다는 뜻의 예관(睨觀)이라는 호를 가진 신규식(申圭植, 1879-1922)[3]은 손문의 신해혁명(1911)에 참가했고, 1912년 대종교계 인물들을 중심으로 동제사(同濟社)를 조직하여 상해 독립운동의 중심기구로 만들었으며, 대종교의 이념에서 민권(民權)에 기초한 급진 민주주의적 사상을 이끌어내었다. 단재 신채호(丹齋 申采浩, 1880-1936)는 억압적 제도와 관념 체계에 대한 자아의 독립성과 투쟁성을 근간으로 급진 무정부주의를 제안했다.

주시경(周時經, 1876-1914)은 우리글의 명칭을 '한글'이라고 처음 명명한 사람으로서, 대종교의 정신에 따라 한글을 하늘이 명한 것으로 보고 문자[글, 經]의 민족적 본유성을 강조했다. 그는 민족의 기관인 언어를 갈고 닦아 민족혼을 불어넣어 제국주의의 언어 농락에 저항했다.[4]

---

2) 이규성. 2012. 『한국현대철학사론』. 이화여자대학교출판부. 186쪽.

3) 신규식은 어려서부터 풍전등화의 위기에 직면한 민족의 운명에 근심, 갑오전쟁이 바로 일어나기 바로 직전, 겨우 열다섯 살 난 그는 왜를 배척하라는 격문을 짓고 서당학우를 모아 동년군(同年軍)을 조직하여 주야로 조련하면서 무덕을 널리 제창하였다. 1905년, 일본침략자의 정치, 경제, 군사적 특권의 확인과 더불어 이완용 등 을사오적의 매국적 흉계로 말미암아 조선민족의 운명이 위기에 놓이자 육군부위로 있던 신규식은 통분을 누를 바 없어 즉시 지방진위대의 동지들을 규합하여 왜들과 대결하려다 실패하자 통탄과 고뇌로 음독자살을 시도하였다. 요행히 집안 사람들에 의하여 생명만은 살렸으나 오른쪽 눈의 시신경이 약기에 다치어 앞을 정시하지 못하고 흘겨보게 되었다. 그래서 그는 일제의 만행을 곁눈으로 흘겨본다는 뜻으로 아호를 예관(睨觀)이라 지었다. 그는 대종교가 중광(重光)한 1909년 정월에 가장 먼저 대종교에 입교하여 1910년 대종교의 시교사(施敎師)가 된 후 자원하여 상해로 건너가 대종교의 해외포교 및 독립외교운동의 거점을 마련하는 인물이다. 류린석・신규식 외. 2007. 『연세국학총서』 73. 『중국조선민족문학대계』 1. 연변대학교 조선문학연구소. 김동훈・허경진・허휘훈 주편. 보고사. 287쪽.

4) 愼鏞廈. 1987. 「周時經의 愛國啓蒙思想」. 『韓國近代社會思想史硏究』. 일지사. 385-437쪽. 이규성.

한국 독립·저항 운동의 시조이자 대종교의 '대종사(大宗師)'인 홍암 나철(弘巖 羅喆, 1863-1916, 본명은 인영(寅永))이 1916년(52세) 황해도 구월산에서 자결하자 독립운동은 들판의 불길처럼 번져나갔다. 「순명삼조(殉命三條)」[5]는 자신의 '죄악이 심중하다' '하느님의 대도[천조지도(天祖之道)]'를 '정성을 바쳐' 다하지 못한 것을 자책하고, 세계의 '형제자매'가 '고통과 암흑에 떨어진 죄'를 대신하여 세계를 위하여 죽는다는 말을 남겼다. 이것은 대종교에 대한 일본의 대대적 탄압에 직면하여 자신과 역사에 대한 그의 마지막 저항이었다. 그의 생각대로라면 조선 군주제의 마지막 군주가 주권을 내놓았을 때 그 주권은 조선의 '형제자매'에게 넘겨지는 것이지 타국에 이전되는 것이 아니다. 형제자매가 주권을 갖는 것은 '공리(公理)'이며 타국이 갖는 것은 '강권(强權)'의 '업신여김[侮辱]'이다. 세계질서는 각국과 그 구성원의 주권을 경외하는 '정의[義]'와 '인도(人道)'에 부합해야 한다.

홍익정신은 대종교인들의 일부가 무정부주의적 공산주의나 사회주의로 나아가게 되는 이유로도 작용했다. 대종교인 주시경의 영향으로 조선어학 연구가였던 김두봉(金枓奉)[6], 웅변적 계몽가인 박일병 및 박순병, 안기성 등은 사회주의를 수용하고, 신채호(申采浩), 이회영(李會榮) 등은 무정부주의로 발전해갔다.[7]

184-185쪽에서 재인용.

5) 박성수. 2003. 『나철』. 북캠프. 27-280 쪽.

6) 주시경의 수석제자로 김두봉은 《조선말본》을 저술하였고 조선어학회 활동에 많은 영향을 끼쳤으며, 민족혼을 되살리기 위해 한글운동을 전개했다. 1916년 홍암나철의 수석시자로 구월산에 동행한 인물이다. 김동환. 2001. 「대종교 항일운동의 정신적 배경」. 『국학연구』 제6집. 국학연구소. 146-149쪽 참조 국어확립을 통한 항일운동에서 빼 놓을 수 없는 인물의 하나가 이극로다. 이극로 또한 그의 혁혁한 문화적 업적에도 불구하고 분단의 상황 속에서 김두봉과 같이 우리 민족운동사에 잊혀진 인물 중의 하나다. 해방 후 건민회위원장 자격으로 1948년 4월 '남북 제정당 사회단체 연석회의'에 참석하기 위하여 평양에 갔다가 돌아오지 않았다. 그는 북에서도 과학원 소속 조선어 및 조선문학연구소장으로 현대 북한국어의 정착에 결정적인 역할을 한다. 위의 책. 150쪽.

임시정부 주석이었던 이동녕(李東寧)은 당시 혁신 민족주의자들의 모임 장소이기도 했던 서울 상동교회의 청년회를 다니다가 대종교에 입교했다.[8)]

동학혁명 이후 대종교의 독립전쟁, 무정부주의 항일 혁명운동에 이르기까지 역사 사회의 변형과 인격의 고결성을 결합하는 문제는 가장 핵심적인 문제로 작용했다. 중요한 것은 행동하는 개인의 내면성과 객관적 현실을 어떻게 하나의 통일된 전체로 형성하는가의 문제였다. 구한말로부터 1940년까지 시대적인 상황 속에서 당대의 지식인들은 어떻게 자기 자신을 이해하고 어떻게 세계를 인식하여 자기와 세계를 변형할 것인가에 대한 물음을 가질 수밖에 없었다. 이러한 물음에 대한 해답은 자기와 세계의 변형이라는 실천적 지평 안에서 이루어 졌다. 이런 의미에서 인성론적인 탐구와 객관적 역사에 대한 이해와 변형의 문제를 한국 대종교 전통의 몇 분을 통해서 탐구해 보는 것은 의미 있는 일이라고 생각한다. 대종교와 관련이 있는 평소에 관심이 있던 몇 사람을 조명해 보도록 하겠다.

II. 본 론

앎이 절실하고 참되며 독실한 곳이 바로 행동이요, 행동이 밝히 깨닫고 정밀하게 살핀 곳이 바로 앎이다.[9)] 앎과 행동에 관한 공부는 본래 서로 떨어질 수 없다. 단지 후세의 학자들이 두 가지 공부로 나누어 앎과 행동의 본

7) 이규성. 위의 책. 209-210 쪽.

8) 李炫熙. 1990.『光復鬪爭의 선구자』. 동방도서. 42-43 쪽.

9) 원문에 "知之眞切篤實處, 卽是行. 行之明覺精察處, 卽是知"라고 나온다.

체를 잃어버렸다. 그래서 합쳐 하나이니 나란히 나아간다니 하는 설이 생겼다. 참으로 안 것은 행동한 것이니 행동하지 않은 것을 앎이라 말할 수 없다.[10]

당시 시인이자 학자로 유명했던 천사 왕석보(川社 王錫輔, 1816-1868)는 다산 정약용의 국학 사상과 왕양명(王陽明)의 철학에 조예가 있었다. 나철은 10세에 왕석보의 서당에 들어간 것으로 되어 있지만, 왕석보가 그 전에 사망했기 때문에 그 문하생들과 교류한 것으로 보인다. 왕석보는 개화파에 가까운 인물로 왕양명처럼 도교철학에도 조예가 있었을 것으로 생각된다. 20세기 초 대표적 우국지사들이었던 나철의 제자들은 아마도 왕양명의 '광자'(狂者, 뜻이 높아 관습에서 벗어난 사람)의 기상(氣象)에서 나온 '대동(大同)' 관념과 '지행합일'의 실천정신을 망국의 상황에 적용한 것으로 보인다.

거기에 대종교인이었던 박은식, 정인보, 장지연이 구체적 실천주의를 '실학(實學)'으로 이해하고 대동의 이상사회를 말하게 된 것은 당시 중국의 강유위(康有爲)와 양계초(梁啓超)의 영향과 함께 초기 우국지사들의 분위기가 전승적 배경이 되었을 것이다.[11]

동학의 사상과 혁명이 서민적 지성들에 의해 전개되었다면, 대종교의 창건은 문학, 철학, 역사에 대한 유가적 교양을 가진 선비들을 중심으로 이루어졌다. 그들의 유가적 우환의식(憂患意識)은 자신을 희생하지 않으면 안 된다는 비극 정신으로 발전한다. 죽어야 할 때 죽어야 한다는 그들의 유가적 정명의식(正命意識)은 그들로 하여금 더욱 죽음을 내면화 하도록 했던 것으로 보인다. 또한 대종교의 존재론에 의하면 무극(無極)인 한얼대도의 산물인 현상세계는 관계들 속에서만 일시적으로 존립하는 변양태에 불과하며, 생

10) 박은식・이종란 옮김. 2010. 『왕양명실기』. 한길사. 276-277 쪽.
11) 이규성. 위의 책. 215쪽.

명체와 인간 및 별들의 세계도 유한한 한계[可死性]를 갖고 있다. 죽음은 한 얼대도 안에서 일어나는 필연적 사건이다.[12]

대종교의 삼신일체론은 하느님에 대한 믿음과 세 가지 능력과의 실천적 합일을 지향한다. 그것은 동양의 내재적 성격이 강한 한국[韓]의 형이상학이었으며, 개인과 민족의 자주성을 형성해주는 사상이었다. 하느님의 내재적 활동성과 공익적 실천성을 강조하는 이 사상은 신성한 가치들이 인간으로부터 소외되는 것이 아니라 지상의 인간에 의해 지상에서 실현되어야 한다는 신념을 표현하고 있다. 그것은 조선인이 땅 위에 살고 있는 인간으로서 존재의 포부를 드러내는 한 방식이었다.[13]

20세기 대종교 사상은 보다 철학화되고 문명화된 것이었다. 그것은 신성한 가치들을 인간 세상에 내재적으로 연관시키고, 인간의 자주적 활동성과 연대성을 강화한 전일적(全一的) 체계였다.[14]

나철의 대종교는 독립운동과 교육운동이라는 실천적 사명을 행동으로 옮겨야 하는 상황에 있었기 때문에 공효의 정신은 특히 중요한 것이었다. 대종교인들이 양명학에 관심을 보인 것은 그 성공합일, 지행합일의 실천적 정신이 이미 대종교의 철학에 들어와 있었기 때문이라고 판단된다.[15]

호를 위당(爲堂)이라 했던 정인보(1892-1950)는 당쟁과 살육과 세도정치로 일관한 조선의 역사를 '허가(虛假, 헛됨과 거짓)로 전개된 자취'로 보고, '진학(眞學)'과 '실학(實學)'을 주장했다. 진실한 학은 동양과 서양을 말과 학설만을 표준으로 삼는 마음이 아닌 '실심(實心)'의 확립에 기초한다. 실심의 학이란 책에서 구하는 인식이 아니라 '나라와 백성의 문제를 내 마음 속의 일로 받

12) 위의 책. 244 쪽.
13) 위의 책. 247 쪽
14) 위의 책. 249쪽.
15) 위의 책. 255쪽.

아들여 서로 감통하게 하는 인식이다.[16] 실심은 왕양명의 양지(良知)[17]처럼 자신의 상황과의 활동적 관계 속에서 인식하고, 인식된 것을 다시 활동 속에서 확인하는 지행합일의 과정을 살아가는 마음이다.

또한 실심의 주체성은 사회적 상황과 관계하는 마음일 뿐만 아니라 왕양명의 견해처럼 '우주의 본체[天之本體]'와도 맞닿아 있는 '마음 본체[心之本體]'이다. 실심은 고요의 차원[靜無]인 '마음의 우주적 심연[天淵]'에까지 경험의 영역을 확장한다. 마음은 이 심층적 고요의 영역에서 발산해 나오는 우주의 생성 과정이 갖는 생의 활력을 생명 긍정의 인(仁)으로서 경험하고, 그것을 실현할 수 있게 된다. 이러한 형이상학적 경험의 주체가 사회적 상황을 변형해가는 심적 토대가 된다.[18]

서일은 인간과 우주가 본질적 측면에서는 몸과 마음이 모두 우주의 일부로서 서로 연속되어 있으며, 서로 융통하는 개방적 관계에 있다는 것을 강조할 수 있었다. 한얼의 무형, 무위, 무언의 무(無)와 인간계의 유형, 유위, 유언의 유(有)를 통일하는 사람이 철인이다. 철인은 마음 본체에서는 하나의 무이며, 그 작용에서는 유와 관계하여 실천적으로 움직인다. 그의 인도(人道)는 동정합일(動靜合一)의 길이다.[19] 구체적으로 서일을 살펴보자.

---

16) 정인보. 2004. 『양명학 연론』. 정원식 해설. 계명대학교출판부. 7-13쪽.

17) 박은식은 『왕양명실기』에서 "배우는 사람은 마땅히 온 마음을 천리에 두되, 가만히 있을 때에는 이것을 보존하여 기르고, 행동할 때에는 이것을 좇아 행하면, 바야흐로 사람의 행동이 하늘의 도리에 부합할 수 있다. 그러니 그 천리를 드러내 엿볼 수 있는 곳은 내 마음의 양지이다. 양지는 자연히 밝히 깨닫는 앎이요, 순수하고 거짓이 없는 앎이요, 유행하여 멈추지 않는 앎이요, 두루 응하여 막히지 않는 앎이요, 성인과 어리석은 사람 모두에게 있는 앎이요, 하늘과 사람이 하나 되는 앎이니", 사람에게 양지가 있는 것이 하늘에 태양이 있는 것과 같다고 한다. 박은식 · 이종란 옮김. 2010. 『왕양명실기』. 한길사. 94쪽.

18) 鄭寅普. 2005. 『陽明學演論』. 홍원식 · 이상호 옮김. 한국국학진흥원. 43-64쪽; 이규성. 위의 책. 268쪽. 재인용.

19) 위의 글. 274쪽.

1. 백포 서일(白圃 徐一, 1881-1921)

무원종사 김교헌[20]과 함께 홍암의 양대 제자로 꼽히는 백포종사 서일은 중광단을 조직하고 1918년 김좌진 장군을 영입 이범석, 김규식등과 협의하여 북로군정서를 개편하여 무장 독립운동을 전개한다. 1881년 함경도 정원군 안농면 금희동에서 태어난 서일은 10세에 한학을 수학하고 22세에 함일사범학교 전신인 유지의숙을 졸업하고 10년간 고향에서 계몽운동과 교육사업에 전념한다.

서일은 1911년 적극적인 항일투쟁을 위해 두만강을 건너 북간도 왕청현 덕원리에 도착한 후 제일 먼저 동년 3월 항일단체인 중광단을 조직하였다. 이 단체는 항일무장단체이자 단군신앙으로 무장된 철저한 정신집단으로 후일 대한정의단, 대한군정서(일명 북로군정서)로 발전해갔다.[21]

---

20) 대종교의 제2대 교주 무원종사(茂圓宗師) 김교헌(金獻)은 1868년 7월 5일 수원에서 태어났다. 무원종사의 김교헌은 18세에 과거에 급제하여 규장각의 부제학을 지냈다. 43세에는 종 2품 가선대부(嘉善大夫)로 승계되었으나 관직을 버리고 대종교에 몸을 바친다.
1910년에 대종교의 입교한 김교헌은 중책을 맡으면서 종리(倧理) 및 종사(倧史)를 연구하던 중 1914년에 『신단민사((神壇民史)』, 『신단실기(神壇實記)』, 『단조사고(壇祖事攷)』 등을 저술하였다. 『신단실기』와 『신단민사』는 건국시조인 단군과 대종교를 연결시켜 그 연원을 역사적으로 조명한 것이며, 이것은 한국 민족사의 정통을 체계적으로 세워서 남북 만주에서 자라나고 있는 후진들과 조국의 광복을 위해서 항일 투쟁하는 동포들에게 민족의식을 불어 넣는 탁월한 국사 교재였다. 『신단실기』와 『신단민사』의 저술은 모두 1910년 나라가 일제에게 강점되는 것을 보고 난 후에 나라를 구하는 길은 대종교에 입각하여 일제에 항거 투쟁해야 된다는 신념에서 나온 것이다. 그는 신채호, 박은식의 배달민족사관의 선구자였다. 1918년 무오년에 김교헌은 김규식, 박은식, 김동삼, 이승만, 이시영, 김좌진, 이동휘, 신채호, 조소앙, 안창호 등 독립운동 대표 39명의 동의를 얻어 대종교 총본사에서 11월에 3·1독립선언의 도화선이 되었던 「무오 대한독립선언서」를 작성 발의하였다. 이 독립선언서는 단군사관에 바탕하여 '독립자주'와 '평등복리'의 이념을 분명히 했으며, 김교헌을 대표로 하는 무오독립선언서의 39인 중 12인을 제외한 27인은 대종교인이었다. 박영섭. 1976. 「대종교의 독립운동에 관한 연구」. 『史叢』. 21·22합집. 375-376쪽.

21) 정길영. 2012. 「백포 서일의 대일항쟁 전략과 그 결과-대한군정서의 설립과 墾島會戰을 중심으로-」. 『국학연구』. 제16집. 16쪽.

서일은 1912년 32세에 도만(渡滿)하여 동만주 왕청현(汪淸縣)에서 명동학교를 창설하여 교육사업에 전념한다. 같은 해 10월에 대종교에 입교한 서일은 참교(參敎), 지교(知敎), 상교(尙敎)를 역임한다. 1919년에는 무원종사가 서일에게 교통(敎統)을 전수하려고 하나 군사거의(軍事擧義) 준비중이라 광복사업을 위하여 교통전수를 5년간 유보한다. 서일은 조성환, 이장녕, 김좌진, 이범석, 김규식등과 협약하여 상해에 있는 대한민국임시정부와 연계하에 북로군정서를 설립하고, 총재에 서일, 총사령관에 김좌진, 참모장에 이장녕, 사단장에 김규식, 여단장에 최해, 연대장에 정훈, 연성대장에 이범석이 취임을 한다.22)

대종교의 교인이었던 이시영 선생이 세운 서로군정서가 이시영 선생의 사재로 운영된 반면에 백포종사의 북로군 정서는 대종교 40만 교도들의 성금으로 운영되었다. 북로군정서는 청산리 대첩(1920)을 승리로 이끌었다.

그 당시 조국을 등지고 떠나있던 한인들에게는 종교나 사상을 초월해서 그들의 공동목표는 조국의 광복이었고 조국광복은 절대가치였다. 대종교는 해외 동포들에게 불길처럼 확산되어 갔고 대종교의 정신은 당시 독립군들의 사기와 정신 무장에 중요한 원천이 되었다. 청산리 전투에서 참패를 당한 일본은 그 보복으로 병신토벌을 감행하여 만주에 있는 대종교인들을 수없이 학살 고문하였다. 대종교인들이 참화를 당하는 모습을 목격한 무원종사는 울분과 비통 속에서 56세를 일기로 생을 마감한다. 서일은 1921년 1월 독립군단체들의 대동단결, 인민보호, 친일분자처단을 강조하면서 경신참변을 당한 동포들에 대한 구제를 요청하는 격고문을 여러 독립군단체에 발송하였다. 1921년 1월 대한국민의회와 중로연합선전부 간부들의 안내로 흑룡강을 건너 이만시로 들어갔다. 대한군정서는 치타정부와 공산주

22) 『大倧教重光六十年史』 372. 389-391쪽.

의 노선에 대한 절대적 지지를 약속한 이동휘의 설득과 현실적 필요에서 러시아로 돌아갈 수밖에 없었다. 1921년 3월 대한군정서, 대한독립군, 신민단, 국민회군, 군무도독부, 의군부, 혈성단 등의 간도 독립군과 청용대(青龍隊), 사할린대(朴일이아부대), 이만대(박그레고리부대)등의 러시아 한인 독립군은 연합하여 총병력 3,000여 명의 '대한의용군총사령부(대한총군부)'를 결성하였다. 이는 독립군부대의 대동단결과 군사통일이 실현되었음을 의미하는 것이다. 서일의 노력으로 1921년 4월 12일 이만에서 36개의 대소 단체 대표들이 모여 '독립군대회'를 열고 단체명을 대한의용군총사령부에서 '대한독립단(대한독립군단)'으로 바꾸었다. 대한독립단의 간부진으로 총재 서일, 부총재 홍범도, 고문 백순, 참모부장 김좌진, 참모 이장녕・나중소, 제 1여단장 김규식(金奎植), 제 1여단장 참모 박녕희(朴寧熙) 등이 선출되었다.[23)]

1921년 4월경 서일은 주변 돌아가는 것을 감지했는지 대한독립단원에 "일정한 주소와 생업을 갖고 있거나 가족부양의 의무가 있는 독립군은 고향으로 귀환하라."는 명령을 내렸다. 이에 따라 약 300여 명의 독립군이 귀환 길에 올랐다. 이들이 그대로 러시아 지역에 남아 있었다면 흑하참변에 희생될 수도 있었다. 이들의 생명을 구한 것은 바로 서일의 결단이었다.

대한군정서의 몰락은 대한독립단을 러시아 공산정권에 귀속시키려는 코민테른 동양비서부가 1921년 6월 28일에 자행한 흑하참변(자유시참변)으로 이어졌다. 1921년 6월 22~28일에 일어난 이른바 '흑하사변'은 한국의 독립군 부대들이 소련의 적군과 합작해서 대규모의 독립전쟁을 준비하고 있다가 갑자기 무장해제하라는 소련군의 통보를 받고, 이에 응할 수 없으므로 소련군과 충돌하게 되었다. 이에 소련군은 독립군을 2중으로 포위하고 유리한 지형을 선점하여 각종 대포와 중기관총으로 공격해왔으므로, 이

23) 신운용. 2012.「서일의 민족운동과 대종교」.『국학연구』제 16집. 104-105 쪽.

전투에서 독립군들은 막대한 희생을 내고 무장해제 당하게 되었다.[24] 소수의 독립군 부대원들이 다시 만주로 넘어와서 독립군 부대를 재건했으나 독립군의 역량은 이 흑하사변으로 큰 타격을 입게 되었다.

러시아 공산당에 종속되지 않은 독립군조직으로 국권을 회복하려던 서일의 꿈은 물거품이 되었고, 독립군 진영은 돌이킬 수 없는 큰 타격을 입었다.[25] 거기에 부하 몇몇과 밀산으로 들어가 재기를 도모하며 군사훈련에 열중하던 1921년 8월 26일 수백 명의 토비들이 야습하여 살인, 방화 그리고 약탈을 자행한다. 이로 인해 진중이 초토화되고 훈련 중이던 수많은 청년들이 희생당했다. 더구나 태평양회의 결과는 서일을 더욱 힘들게 하였다. 서일은 1921년 9월경에 이홍래에게 독립군들을 간도지역으로 보내어 태평양회의에서 국제여론을 환기해 조국광복을 이룰 수 있다는 홍보활동에 진력하도록 하였으나 태평양회의에서 한국문제가 다루어지지 않았다. 이러한 절박한 상황에서 서일은 스승인 나철의 죽음을 떠올렸을 것이다. 그 스승이 그랬듯이 그 자신의 희생으로 민족운동의 단결과 독립투쟁의 불씨를 되살릴 수 있기를 염원하면서 1921년 10월 17일 밀산현 당백진에서 41세의 나이로 순교, 순국하였다.[26] 서일이 쓴 「회삼경」의 아래 내용에서 삶과 죽음에 대한 그의 생각을 엿볼 수 있다.

> "마땅히 복되지 못할 데에 복되면 이는 도리어 재앙이요. 마땅히 장수하지 못할 데(때)에 장수하면 이는 도리어 욕이요. 마땅히 귀하지 못할 데에 귀하면 이는 도리어 부끄러움이니라."[27]

---

24) 신용하. 1990. 「申采浩의 無政府主義 獨立思想」. 『신채호』. 고려대학교출판부. 87쪽.
25) 신운용. 앞의 책. 104-105쪽.
26) 김동환. 2012. 「백포 서일 그 미래지향을 위한 제언 -인물 연구의 중요성을 중심으로-」. 『국학연구』제16집. 193 쪽; 신운용. 2012. 「서일의 민족운동과 대종교」. 『국학연구』 제16집. 108쪽.
27) 백포종사 서일. 개천 4440. 「회심경」. 대종교총본사. 『대종교요감』. 279쪽.

일찍이 노길명은 '순명삼조'를 비롯한 유서의 내용들을 통해서 분명하게 드러나는 것은 홍암의 죽음이 단순히 한 개인의 죽음이 아닌 순교와 순국이라는 것이다. 또한 홍암이 순명하기 전에 구월산 삼성사에서 드렸던 제천의례는 한배검께 드리는 상례적인 천제가 아니라, 한배검께서 친히 강림하시어 세우신 나라를 천손 천민인 우리 후손들이 잘못하여 망하게 함으로서 한배검께 지은 죄악을 갚기 위해 홍암이 자신의 목숨을 제물로 바친 종교의식이었다고 보았다.[28)]

김동환은 나철의 죽음은 삼법(止感, 調息, 禁觸)중 하나인 '조식법'을 통해, 스스로 절식(絶息)함으로 숨을 거두었는데 이러한 폐기(閉氣)의 수행경지는 최고의 수행경지로써 일관된 도력으로 육체적 생리작용을 버리고 정령(精靈)을 돌이켜 통성(通性) · 지명(地名) · 보정(保精)의 삼미를 온전히 갖춤으로써 얻을 수 있는 성철의 죽음이라는 점을 강조한다.[29)] 서일은 수행의 마지막 완성이라 할 수 있는 순교의 순간에 나철의 수행적 삶을 그대로 계승, 조식(調息)을 통한 폐기절명(閉氣絶命)이라는 죽음의 길을 따른다.

김동환은 '나철과 서일의 순교는 구도자가 얻을 수 있는 수행적 삶의 극치이며 그들은 육체적 죽음을 통하여 정신적 각성과 역사적 동력이라는 무한한 힘을 얻어냄으로써, 사후에도 수행적 저항의 힘을 극대화시키는데 기여했다'[30)]고 평가한다.

서일은 진중에서도 수도실을 따로 마련하여 항상 원도(願禱)와 수행, 그리고 교리 연구를 통한 종교적 집중을 게을리 하지 않았다고 한다. 심지어는

---

28) 노길명. 1996. 「大倧教의 祭天儀禮」. 『이성과 신앙』 11호. 27쪽. 신운용도 서일의 순교, 순국의 의미를 서술하고 있다. 신운용. 105-11쪽 참조.

29) 『대종교중광육십년사』. 297쪽. 김동환. 2002. 「대종교와 홍익인간사상 : 홍암사상과 대종교의 5대종지를 중심으로」. 『국학연구』 7집. 국학연구소. 336쪽에서 재인용.

30) 김동환. 위의 책. 349쪽.

전투의 와중에서도 대종교 깨달음의 상징인 단주(檀株)를 늘 목에 걸고 있었다. 서일의 군교일치(軍敎一致)・수전병행(修戰竝行)의 행동철학도 이와 같은 배경에서 나타나는 것이다.31)

나철이 대종교의 기본 경전들을 확립했다면 서일은 그 경전들을 해설하고 체계화하고자 노력했으며 김교헌은 우리 겨레의 신앙의 유래를 역사적으로 정리했다. 서일은 일제와 전쟁을 하면서도 끝없이 진리를 탐구하여 『삼문일답(三問一答)』, 『회삼경(會三經)』, 『구변도설(九變圖說)』, 『진리도설(眞理圖說)』, 『오대종지강연(五大宗旨講演)』, 『삼일신고 강의(三一神誥 講義』 등 여러 책들과 해설서를 저술하였다.32)

서일의 자아론은 강도 높은 윤리성과 실천성을 갖는다. 이 두 가지 특징은 대종교의 교육운동과 무장항쟁의 사상적 기초로 작용했다. 서일의 사상은 대종교의 우주관과 인성론에 저항적이고 군사적인 실천의 의의를 부여했다. 그의 독아관(獨我觀), 위아관(爲我觀), 무아관(無我觀)을 살펴보자.

> 거룩한 이・밝은 이[聖哲]들이 때맞추어 일어나서 시세 따라 순조롭게 인도하여 그 폐단을 바로 구하시니 그러므로 풍속의 계급을 숭상하여 귀함으로

---

31) 김동환.「백포 서일 그 미래지향을 위한 제언 -인물 연구의 중요성을 중심으로-」.『국학연구』. 제 16집. 2012. 190 쪽. 대종교 활동에서 군교일치(軍敎一致) 뿐만 아니라 교학일여(敎學一如) 정신도 빼놓을 수 없다. 김교헌, 백포 서일, 단애 윤세복은 교육활동을 통한 민족의식 고취에 심혈을 기울인다. 서일이 1911년 중광단을 조직하여 무장항일투쟁의 전초기지를 만들었을 당시 명동학교・동일학교・청일학교 등 10여 개의 학교를 설립 운영하였고 윤세복이 1911년 만주 환인현으로 이주하여 대종교 포교의 거점을 잡을 당시 가장 먼저 동창학교를 설립을 시작으로 백산학교・대흥학교・대종학원 등 수많은 학교들을 설립 운영하였다. 그 밖의 서로군정서의 신흥무관학교, 북로군정서의 사관연성소, 신민부의 배달학교 그리고 무수한 소학교나 야간강습소 운영 등을 통해 교당이 학교인 동시에 독립운동기지로써 교학일여(敎學一如), 군교일치(軍敎一致)정신을 실천했다. 김동환. 2001.「대종교 항일운동의 정신적 배경」.『국학연구』 6집. 국학연구소. 185쪽.

32) 최윤수. 2012.「종교 지도자로서의 서일」.『국학연구』 제 16집. 132쪽.

써 천함을 능멸하게 되니 이런 때는 나만이라는 봄[獨我觀]이 있고, 사람들이 권세와 이익을 따라 강함으로써 약함을 업신여기니 이런 때는 나를 위하는 봄[爲我觀]이 있고, 세상의 방자(放恣)함을 좋아하여 사사(私事)로써 공중(公衆)을 해롭게 하니 이런 때는 내가 없다 봄[無我觀]이 있느니라.

나만[獨我]이란 것은 스스로 높음을 주장함이요, 나를 위한다 [爲我]는 것은 스스로 사랑함을 주장함이요, 내가 없다[無我]는 것은 스스로 겸손함을 주장함이니 스스로 높으므로 능히 평등되며 스스로 사랑하므로 능히 자유로우며, 스스로 겸손하므로 능히 그 중간을 잡음[執中]이니라

그 공을 이룸에 미쳐서는 제가끔 돌아가 의지하는 데가 있으므로 나만이란 것은 깨달음[覺]에 돌아가 의지하여 적멸(寂滅)의 즐거움이 있게 되고, 나를 위함이라는 것은 까마득[玄]함에 돌아가 의지하여 날아오르는[飛昇] 즐거움이 있게 되고, 내가 없음이란 것은 거룩[聖]함에 돌아가 의지하여 모두 같이[大同]하는 즐거움이 있게 되느니라.

적멸을 구함을 마음을 밝혀 성품을 봄[明心見性]에 있고 날아오름을 구함은 김을 길러 성품을 단련[養氣煉性]함에 있으며, 모두 같이 함을 구함은 몸을 닦아 성품을 따름[修身率性]에 있느니라.[33]

여기서 서일이 말하는 삼아론(三我論)은 현실적 인간의 자연적 자기애를 긍정하고 그것을 일반화하여 모두에게 적용하는 실천 이성적 관점에서 본 것이다.

서일의 대종교는 심층적으로는 천도의 성(性)에 통하고, 수평적으로는 평등과 대동에 통한다. 그의 자아관은 모든 곳으로 확산된다. 조상과 후손이 등차가 있지만 그 모두가 나다. 사회적 타인도 나다. 모두가 나다.

---

33) 「회삼경」. 289-290쪽.

"세로로 보면 조상과 차등이 있는 내[等差我]가 있고, 가로로 보면 평등한 내[齊等我]가 있으며, 두루 보면 모두 공동한 내[共同我]가 있다. 무엇을 차등이라 하는가? 존귀하여 조상이고 낮아서 후손이나, 모두 나 아님이 없다(尊而祖宗, 卑而子孫, 莫非我也). 무엇을 평등이라 하는가? 귀하여 왕공이고 천하여 노예이나 모두가 나 아님이 없다(貴而王公, 賤而皂隷, 莫非我也). 무엇을 공동이라 하는가? 작게는 가정 국가이고 크게는 온 누리가 나 아님이 없다(小而家邦, 大而世界, 莫非我也)."[34]

무한의 관점에서 본다는 것은 사물을 우주적 연대성의 관점에서 본다는 것이다. 계급으로 분열된 사회일지라도 근본에 있어서는 모두가 나(我)와 연속되어 있다. 따라서 서일은 사람이 처세함에 있어 신분의 높낮이나 귀천(貴賤)으로 상대방을 능멸하거나 업신여기지 말라고 한다.[35] 이는 상대적 차별주의와 침략주의는 무리의 관점 안에 있다는 것을 입증하는 것이다.

2. 백암 박은식[白巖 朴殷植, 1859-1925, 필명은 겸곡(謙谷)]

박은식은 30대에 주자학을 바탕으로 하는 위정척사파(爲政擲梭派)의 정통 이론가들 중 한 사람이었다. 그가 새로운 개혁적 사상을 갖게 된 것은 1898년에 독립협회의 자주 민권과 자강운동을 알게 된 40세 이후의 일이다.

그는 1898년 장지연, 남궁억, 유근 등이 『대한황성신문』을 인수하여 『황성신문』으로 제호를 바꿔 간행하자 장지연과 함께 황성신문(皇城新聞)의 주필이 되었다. 이 시기 박은식의 정신적 가치를 가장 잘 보여 주는 것은 1904

34) 「회삼경」. 292쪽 참조; 이규성. 279쪽.
35) 위의 글. 279 쪽.

년 박문사에서 출간된 『학규신론(學規新論)』과 1901년 수고본(手稿本)으로 엮어진 『겸곡문고(謙谷文稿)』라 할 수 있다. 『학규신론』은 교육개혁에 관한 13종목의 논설이 체계적으로 서술된 것으로 종래의 성리학적 교육전통을 비판하면서 양명학과 실학사상에 입각한 교육개혁을 도모하는 내용이 주를 이룬다.[36)]

1905년 을사보호조약으로 국권이 상실되자 주자학적 전통에 대한 격렬한 비판과 함께 반제국주의적 논조를 강화했다. 1906년 이후 그는 양명학을 '간이직절(簡易直切)'하고 상황의 문제를 주체적으로 해결하는 '실학(實學)'으로 선언한다. 당시 한국의 구국계몽운동에 영향을 준 중국의 변법사상가 강유위(康有爲)와 양계초(梁啓超)는 왕양명주의를 토대로 이상주의적인 금문경학과 근대 서양사상을 선택적으로 흡수했다. 1914년 전후에 친교를 맺게 되는 강유위처럼 박은식은 점차 서양 과학과 사회진화론의 의의를 인정하면서도, 그 부도덕한 위험성과 제국주의적 야만성을 비판했다. 그의 비판은 왕양명의 우주적 연대성인 만물일체지인(萬物一體之仁)을 근거로 한 것이었다. 계몽 운동가들 가운데 무정부주의자가 된 사람들 또한 자발적 생명원리[生機, 生意]를 우주와 인생의 본체로 보는 왕양명주의 관념을 이미 숙지하고 있었다는 것은 자연스러운 일이었다.[37)]

박은식은 『왕양명실기(王陽明實記)』를 저술하여 조선 이학을 혁신하여 행동주의적 독립 계몽운동의 주체적 기초로 삼았다. 이 책은 일본 양명학과의 교류를 통해서 자극받은 것으로 다카세 다케지로(高瀨武次郎, 1868-1950)의 『왕양명상전(王陽明詳傳)』(1915, 다이쇼 4년)과 황종희 『명유학안(明儒學案)』을 참조하여 왕양명의 생애와 사상을 소개 · 평론한 것이다. 그러나 다카세

---

36) 김동환. 1998. 「박은식 민족사학의 정신적 배경」. 『국학연구』 제4집. 국학연구소. 52-53쪽.
37) 이규성. 340쪽.

다케지로가 양명학을 일본의 근대화에 일조하는 신민(臣民) 사상으로 활용했다면, 시민운동을 지향한 박은식은 양지의 우주적 소통성을 바탕으로 민주적 평등과 민족의 독립을 지향하는 방향으로 나아갔다.[38]

따라서 박은식의 양명학은 독립운동과 시민적 계몽운동의 이념이 될 수 있었다. 박은식은 "같은 뜻을 지닌 호걸의 선비를 얻어서 양지의 학문을 천하에 밝혀, 천하 사람들에게 모두 양지를 발휘하게 하고자 한다. 그리하여 서로 편안하고 서로 부양(扶養)하며 사리사욕으로 가려진 것을 제거하고, 참소하고 투기하며 남을 이기려 성내는 습속을 단번에 씻어버리고, 대동(大同)의 세계[39]로 구제하려 한다. 이렇게 하면 내가 미친병에서 나아 마침내 정신을 잃은 고통에서 벗어날 것이다."[40]고 한다. 그의 양명학은 안으로는 '국혼(國魂)'을 보존하면서 전통 신분질서를 파괴하고, 밖으로는 상공업 질서를 추진하는 가운데 그 개인주의적 폐단과 식민 질서를 극복하고자 했다. 그의 국혼에 대한 관심은 지대했다. 국혼은 대종교와 유교, 민족의 역사와 조선 실학, 국학 등을 포괄한다. 그의 민족주의적 양명학은 민족 자주와 시민운동의 이념으로 기능했다. 그것은 자발성과 우애의 연대에 의해 인간화된 사회를 예감하게 하며, 무정부주의와 같은 다른 급진주의 운동에도 영향을 줄 수 있었다. 양지에 근본하는 대동의 세계는 자연과 인간, 인간과 인간, 생물체와 인간의 대립이 화해로 전환된 화해와 평화의 세계이다.[41]

박은식은 이처럼 인간의 주체적 자주성과 능동성, 부단한 생동성과 감응성, 평등성과 우주적 연대성을 인간의 본질로 보았다. 그러한 가치들이 상실한 세계를 회복하는 원리이며, 새 시대의 요청이기도 한 것이었다. 그에

38) 위의 책. 336-337쪽.
39) 이상사회를 말한다. 『예기』 「예운」에 보인다.
40) 박은식 · 이종란 옮김. 2010. 『왕양명실기』. 한길사. 305쪽.
41) 이규성. 358쪽.

게 양지의 부단한 생동성은 민족의 독립 자주와 새로운 조직화 및 천지의 진화에 대응하는 역동적 원리가 된다.[42)]

박은식을 민족사학자로서의 반열에 올려놓을 수 있는 시기는 1910년 경술국치(庚戌國恥) 이후라 하겠다. 박은식에 있어 망국의 충격은 실로 큰 것이었다. 일제의 강제에 의한 언론기관의 폐쇄와 서북학회의 해산은 그의 인생에 새로운 변화를 예고한다.[43)] 그는 신채호, 이회영과 함께 신민회를 만들었으며, 만주로 망명하여(1911) 대종교의 민족 독립사관을 정립했다.

민족사에 대한 각성 속에서 중대한 망명을 결심하게 된 박은식은 1910년 망명과 더불어 대종교를 접하게 되면서 완전히 민족주의자로 변신한다.[44)]

1911년 만주 서간도 환인현으로 망명한 박은식은 대종교 윤세복의 후원으로 역사저술에 몰두하여 1911년에 『동명왕실기』, 『발해태조건국지』, 『몽배금태조』, 『명임답부전』, 『전개소문전』, 『대동고대사론』 등을 저술하게 된다. 만주를 중심으로 한 대륙사관적인 시각을 보여주는 고대사 중심의 이글들은 대종교의 종입학교(宗立學校)인 '동창학교(東昌學校)'의 역사교재로, 재만한인(在滿韓人)들의 정신교육 고양에 중요한 역할을 담당했다.[45)] 박은식은 망명 이후 1925년 11월, 67세 최후의 임종까지 민족사를 올바로 세우는데 인생의 후반기를 바쳤다.

박은식은 『대동고대사론』의 서문에 "민족이 있으면 역사가 있고 역사가 없으면 민족이 없다."[46)]고 서술하고 독립된 역사가 존재한 후에 독립된 정신이 존재할 수 있다고 역설했다. 그리고 자존의 역사가 있은 연후 자존의

---

42) 위의 책. 362쪽.
43) 김동환. 1998. 63쪽.
44) 한영우. 1994. 「1910년대 박은식의 민족주의 사학」. 『한국민족주의 역사학』. 일조각. 124쪽 참조.
45) 김동환. 1998. 64쪽.
46) 박은식. 1992. 『대동고대사론』 (프린트 영인본). 『한국학보』 제67집. 240쪽.

정신이 존재하는 까닭에 신성의 민족에게는 반드시 신성의 역사가 있음을 천명하고 있다. 이것은 민족독립을 위해서는 애국애족의 민족주의를 고취하는 역사가 필요하다는 점을 강조한 것이다. 또한 그는 이 책에서 기자보다 단군이 먼저임을 분명히 밝히고 우리 대동민족사 역시 단군강세(檀君降世)를 그 기원으로 삼는 것이 마땅하다고 선언한다. 이러한 역사인식은, 망명 이전에 그가 보여주었던 역사인식을 생각하면[47] 대종교의 영향으로 보아야한다. 이러한 역사적 인식은 대종교의 2세 교주를 맡았던 김교헌의 역사서술에도 그대로 계승되어 『신단민사(神壇民史)』, 『신단실기(神壇實記)』, 『배달족역사(倍達族歷史)』 등에 구체화되고 있다.[48]

또한 『대동고대사론』에서 박은식은 종교와 역사의 중요성을 내세운다. 그는 우선 민족의 대결은 물리적인 힘이나 정신으로 이루어지는데 우리는 물리적 세력이 쇠퇴한 상황이므로 반드시 정신을 통해 승리를 취해야 한다는 것이다. 바로 그 정신의 원천을 종교와 역사에서 찾아야 한다는 것이며, 그것을 통해 독립정신을 고취해야 한다고 주장한다.[49] 까닭에 박은식은 동방민족의 시조인 단군이 '신선양생의 술'로 선종의 종교를 확립하여 제천보본(祭天報本)과 함께 신도(神道)로써 종교를 삼았다고 밝히고 현재의 대종교가 이를 계승한 역사적 종교임을 분명히 말한다. 이러한 인식은 그의 역사정신인 '국혼' 형성에 그대로 연결된다.[50] 또한 박은식은 『한국통사』에서 대종교(신교)가 국교로서의 가치가 있음을 구명하고 있다.[51]

박은식이 대종교에 처음으로 입교한 것은 1911년 망명 직후였다. 그리

---

47) 김동환. 1998. 68-69쪽.
48) 위의 글. 69-70쪽.
49) 박은식. 1992. 242쪽.
50) 김동환. 1998. 70쪽.
51) 위의 글. 71쪽.

고 2년 후인 1913년 참교의 교질을 받고, 1914년 지교로 올라간다. 1916년에는 상교로 승급되고, 1922년 9월 3일에는 중국 상해지역의 대종교 책임자라 할 수 있는 서이도본사(西二道本司) 전리(典理)를 맡았다.[52] 대종교에서는 그가 67세로 타계한 이듬해인 1926년 개천절을 기해 그의 종교적 업적을 기려 정교(正教; 加 大兄號)를 추승(追陞)했다.

박은식은 신규식과 더불어 이상설, 조성환, 유동열 등 대종교 계열의 인물들과, 대종교 계통의 민족주의 교육기관인 '박달학원(博達學院)'을 설립하여 그 정신 속에서 후학을 양성하기도 했다. 또한 동제사의 중심인물 대부분이 대종교도였고 1917년 7월, 박은식은 윤세복, 신규식, 조소앙, 조성환, 홍명희 등 14인의 이름으로 '대동전결선언'을 발표한다.[53] 이어 1918년 11월에는 동제사의 소장층을 중심으로 동제사의 전위단체라 할 수 있는 '신한천년당'이 조직되었다. 여기서 신한청년당의 강령 가운데 세계대동이란 구호를 발견할 수 있다.[54]

그러나 이것은 박은식이 개혁유교기때 주창한 공맹의 대동사상과 민위중지설과는 거리가 먼 것이었다. 왜냐하면 박은식이 만수로 망명하여 대종교와 관계하면서, 그의 대동사상을 철학적 기초는 대종교의 교의라 할 수 있는 홍익인간(弘益人間) 재세이화(在世理化)로 귀착하게 된다. 이처럼 박은식의 망명후의 삶은 대종교와 밀접한 관계가 있다.

박은식이 1911년 만주 환인현 대종교 시교당에 기거하면서 저술한 여섯 편 가운데 안타깝게도 남아있는 것은 『대동고대사론』과 『몽배금태조』, 그리고 『천개소문전』 등 세 편뿐이다, 이 중 『대동고대사론』과 『몽배금태조』

52) 김동환. 1998. 「박은식 민족사학의 정신적 배경」. 『국학연구』 제4집. 국학연구소. 64-65쪽.
53) 김동환. 1988. 「무오독립선언의 역사적 의의」. 『국학연구』 제2집. 160-161쪽 참조.
54) 김동환. 1998. 66-67쪽.

는 박은식의 고대사에 대한 인식과 우리 민족의 활동강역을 잘 제시한 것으로 주목된다.[55)]

박은식은 그의 독특한 역사관에 입각하여 『한국통사』(1915)와 『한국독립운동의 혈사』(1920)를 씀으로써 우리나라에서 처음으로 한국근대사를 체계화하고 동시에 우리나라에서 근대역사학을 창건하는 귀중한 작업을 수행하였다. 『통사』는 1864년부터 1911년까지의 역사를 다루고, 『혈사』는 1884년부터 1920년까지를 다루었으므로, 두 책을 합쳐보면 1864년-1920년까지의 우리나라 근대사는 박은식에 의하여 최초로 체계화되었음을 명백하게 말할 수 있다.[56)]

박은식의 『혈사』는 상해 임시정부의 '임시사료편찬회'에서 간행한 『한일관계사료집』에 의거했기 때문에 풍부한 자료의 기초 위에서 저술된 것이다. 박은식은 임시사료편찬회에 참여하여 이를 지도하였다. 임시정부에서는 1919년 9월에 안창호의 책임하에 『한일관계사료집』 4책을 간행했는데, 이것은 파리 강화회의에 이어 열리는 국제연맹회의에 제출하여 우리 민족의 독립에 진원을 요청하기 위한 자료의 하나로 준비된 것이었다.[57)]

이 사료집의 제 2책-제 4책의 내용이 그대로 박은식의 『혈사』의 자료가 되고 있다. 뿐만 아니라 3 · 1운동 이후 박은식은 임시정부의 독립신문을 지도했는데, 당시에는 한국인들이 국내외에서 임시정부를 신뢰하여 상당히 정확한 보고들을 제출했으므로 박은식이 접촉한 독립운동사료들은 신빙성이 높은 것이었다고 볼 수 있다. 박은식의 『통사』와 『혈사』는 학문적으로 우리나라 근대사를 최초로 체계화하고 우리나라 근대역사학을 창립했을

---

55) 김동환. 위의 글. 67-68쪽.
56) 신용하. 1986. 『박은식의 사회사상연구』. 서울대학교출판부. 301쪽.
57) 『혈사』. 『전서』 상권. 565 참조.

뿐 아니라 한국 민족의 독립운동을 크게 고취하였다.[58)]

박은식의 『통사』와 『혈사』는 한편으로 한국민족 성원들에게 자기 민족과 민족문화 전통에 대한 더할 수 없는 깊은 애착과 자부심을 심어 주었으며, 다른 한편으로 일본제국주의 침략에 대한 불같은 분노와 마음과 몸을 다 바친 독립투쟁에의 결의를 일으키게 하였다.[59)]

여기에서 주목할 것은 첫째는 민족혁명사관의 전개이다. 『혈사』에서는 『통사』에서 '난'으로 평가되거나 소극적으로 평가되던 운동들이 '혁명'으로 높이 평가되어 서술되고 있다. 그는 우리나라 근대사의 전반에서 혁명운동이라고 볼 수 있는 요소들을 빠트리지 않고 적극적으로 해석하여 평가하였다.

둘째는 민권과 민중에 대한 강조이다. 『혈사』에서는 『통사』에서 보다 역사발전에 있어서의 민중의 역할과 민권의 중요성을 더욱 크게 강조하고 있다.

셋째는 3・1운동에 대한 매우 적극적인 평가이다. 그는 3・1운동을 '혁명운동'이라고 때때로 부르고 있으며, 그 내용설명이나 평가에 있어서 『혈사』는 별칭으로 '3・1운동사'라고 불러도 크게 틀리지 않을 만큼 3・1운동에 높은 비중을 두고 있다.[60)]

박은식은 소위 '동학난'에 대하여 『통사』에서는 「갑오동학당의 난」이라고 장의 표제를 기술했던 것을 『혈사』에서는 「갑오동학당의 대풍운」이라고 하면서 '난'을 '대풍운'으로 고쳐서 서술하였다. 그리고 '대풍운'을 설명하면서 "이에 동학당이 백성들의 감당하지 못하는 고통으로 인하여 혁명의

58) 신용하. 305-306쪽.
59) 위의 글. 307쪽.
60) 위의 글. 287-288쪽.

기치를 들고 일어나서 동아의 대풍운을 일으켰다."[61]고 하여 그것을 '혁명의 기치'로서 설명하였다.[62]

박은식은 농민군의 혁명의 본의는 구습을 혁파한 하나의 신선한 독립국의 건설이었음을 시사하면서, 이 혁명이 성공했으면 강한 이웃 나라가 이 기회를 타서 간섭하는 일도 없었을 것이고, 청일전쟁 후의 우리의 독립이란 것이 자력으로 얻은 것이 아니어서 마침내 일제에 의해서 파괴당하는 일도 없었을 것이라고 이 '평민혁명'의 실패를 아쉬워하고 있다.[63]

개체의 욕망과 자발성을 강조하면서 반국가적 공동체 운동을 모색했던 양명 좌파의 경향을 박은식은 공덕과 공리의 정신에 부합하지 않는 것으로 보고 있다. 이 점에서 박은식은 홍익인간이라는 대종교의 윤리에 접근하고, 개체의 자유를 중시하는 무정부주의적 혁명론과는 분리된다. 대종교의 김좌진(金佐鎭)은 무정부주의를 상당히 용인하여 함께 무장 항쟁을 했으나, 이 때문에 그가 러시아 공산주의자에 의해 암살되자 대종교와 무정부주의 사이의 갈등이 표면화되었다.[64] 실제 운동상에서의 갈등뿐만 아니라 이론상에서도 갈등의 요인이 있었다.

3. 단재 신채호(丹齋 申采浩, 1880-1936)

신채호는 일찍이 조부로부터 전통적이고 엄격한 동양의 유학 교육을 받고 구한말 대학자 신기선의 도움으로 성균관에 입학하였다. 이곳에서 그는

61) 『혈사』 『전서』 상권. 454쪽.
62) 신용하. 289-290쪽.
63) 위의 글. 291쪽.
64) 박환. 2005. 『식민지시대 한인 아나키즘 운동사』. 선인. 114-128쪽.

주자학은 물론 신·구교육을 접목하면서 실학사상과 개화자강사상을 체득하여 주자학적인 폐쇄된 세계관을 청산·극복할 수 있었다.

그는 장지연의 초청으로《황성신문》논설위원으로 활약하다가《황성신문》이 무기정간 당한 후 양기탁의 간청으로《대한매일신보》의 주필이 되어 배일 민중 계몽사상을 고취하였다.

당시《대한매일신보》의 사장인 영국인 베델이 그를 미국에 유학시키려고 주선한 일이 있었다. 그의 신문화에 대한 진보적인 자세와 애국적인 열정, 그리고 타고난 학문적 재능에 감복하고 있던 베델은 그에게 유학을 권유했으나 그는 국내활동의 중요성을 깊이 인식하고 언론 보국의 필요성을 들어 이를 사양한다.[65)]

1905년의 을사조약 체결을 전후로 우리나라 민족운동 내지 국권수호운동의 두 주류는 자주독립사상을 지닌 민족운동자들에 의해 전개된 항일 의병운동과 애국계몽문화운동이었다. 그중 애국계몽사상은 개화자강사상을 지닌 지식인들에 의해 유도되었다. 그리하여 전국 각지에서 신교육운동이 전개되고, 산업진흥운동도 여러 가지 형태로 대두되었다. 1906년 국권회복을 위한 '대한자강회'가 창설되었으나 1907년 8월 '보안법'에 의거 해산령이 내려져 후에 '대한협회'로 다시 발족되었다. 이 무렵 일제의 탄압으로 합법적인 항일민족운동이 점차 불가능하게 되자, 일단 애국지사들은 목사 전덕기(全德基)가 설립한 상동교회(尙洞敎會)를 중심으로 자주 회합하고 새로운 민족운동의 조직과 방략을 모색하고 1907년 9월 새로운 민족독립운동의 전개를 위한 비밀결사 신민회(新民會)가 조직되었다. 이때 신채호는 신민회의 주동자의 한 사람으로 활동하게 되었다.[66)]

---

65) 최홍규.『단재 신채호』. 태극출판사. 1979. 184쪽.

66) 위의 책, 141-143쪽. 신민회에 참여한 인사로는 신채호를 비롯하여, 양기탁·이동녕(李東寧)·

민족주의사학은 한말의 애국계몽운동 과정에서 성립하였으며, 일제의 통치를 거부하고 민족적 자주성을 쟁취하려는 독립운동의 일환으로 발전하였다. 흔히 민족주의사학의 선구자로 신채호와 박은식을 꼽는다. 특히 신채호의 『독사신론』(1908)은 근대적 민족주의사학을 확립시킨 것으로 알려져 있다.[67] 그는 『독사신론』에서는 우리 민족이 쇠약해진 원인을 동족간에 분열하여 서로 적대시하는 것과 개인의 작은 이익을 위해 민족전체의 이익을 버리는 윤리의식 내지 민족의식의 타락이라고 지적한다.[68]

신채호가 민족가치의 최고성을 확립하는 과정에서 싸워야 했던 대상은 개인주의나 가족주의-파벌주의-지방주의 같은 자세였다. 개인주의나 가족주의-파벌주의 같은 태도는 실로 분열과 갈등을 야기시켜 민족사회를 약화시켜는 장본인 중의 하나였다. 따라서 그는 모든 국민이 애국심으로 무장해야 함을 강조하였고, 민족과 국가의 이해가 개인적-가족적-당파적 이해에 우선해야 한다고 주장한다.[69]

단재에게 있어 역사는 애국심을 고취시키는 수단만은 아니었다. 국민의 정신을 바로잡고 그를 통하여 사회와 국가의 개혁과 발전을 도모할 수 있는 유력한 수단이기도 하였던 것이다. 단재는 1908년에 쓴 논설 「옛사람의 죄악에 대한 심판(許多古人之罪惡審判)」에서 역사상 인물들이 저지른 죄과를 엄징해야만 오늘날을 사는 인물들의 각오가 새로워질 수 있다고 보고 있다.

이회영(李會榮) · 전덕기 · 안창호 · 이갑(李甲) · 이승훈(李昇薰) · 이시영(李始榮) · 주진수(朱鎭洙) · 이동휘(李東輝) · 노백린(盧伯麟) · 안태국(安泰國) · 이강(李剛) · 최광옥(崔光玉) · 유동열(柳東說) · 김구(金九) · 이덕환(李德煥) · 류동작(柳動作) · 이종호(李種浩) · 김홍량(金鴻亮) · 조성환(曺成煥) · 김홍서(金弘敍) · 임치정(林蚩正) · 김지간(金志侃) · 김도희(金道熙) 등이며, 1910년에는 그 회원이 사백여 명에 이른다.

67) 신용하, 「신채호의 독사신론의 비교분석-1908년경 시민적 근대민족주의사학의 성립」, 『단재 신채호선생 탄진100주년 기념론집』, 1980.

68) 정영훈, 「한말 신채호사학의 정치적 성격」 『국학연구』 5집, 국학연구소, 2000, 179쪽.

69) 위의 글, 178-179쪽.

그에게 있어 역사를 저술의 목적은 우선은 민족과 국가를 보전하기 위해 국민의 애국심을 조장하는데 있으며, 다른 한편 국가와 사회를 개혁할 수 있는 개혁의지를 고양시키고 그 개혁방향을 제시해주는 데 있다.[70)]

1909년 10월, 의병장 안중근이 하르빈 역두에서 한국침략의 원흉 이또오 히로부미를 암살한 사건이 발생했다. 이해 12월 이재명(李在明)이 이완용을 저격했고, 의병활동 등 민족의 항거는 끊이지 않고 일어났다. 그러나 일제는 이해 12월 일진회를 교사하여 한일합방 건의 성명을 채택케 하고 이완용에게 '소위 합방 상주문 급 청원서'를 제출케 하여 합방을 합리화하는 데 광분했다. 이때 신채호는 《대한매일신보》에 「한일 합병론자에게 고함」(1910년 1월 6일) 등 논설을 통해 일제 침략의 불가함과 일진회 등의 매국행위를 맹렬히 규탄했다.

신채호의 초기의 역사관은 시대적 조류에 따라 계몽사학으로 정리・요약되며 영웅을 역사의 주체로 부각, 인식하는 영웅사관의 성격을 보여주었다. 그러나 이후에는 민중을 역사의 주체이자 무장작탄투쟁의 주체로 인식하는 무정부주의적 민중사관에 입각하고 있음을 눈여겨 볼 수 있겠다.

그는 망명과 함께 중국 중심의 존화주의사관을 탈피하고 당시 왜곡된 식민통치주의사관을 극복하기 위해 순수한 단군의 홍익인간 정신과 애국적 민족주의사관 정립에 평생을 진력하였다. 그의 민족사관 형성에 중요한 토대가 되는 대종교적 민족주의는 그의 낭가사상(郎家思想)과 연결되면서 중요한 정신적 기반과 요소로 작용한다.[71)] 「조선역사상일천년래제일대사건(朝鮮歷史上一千年來第一大事件)」에서는 "낭(郎)은 곧 신라의 화랑(花郎)이니 화랑은 본래 상고 소도제단(蘇塗祭壇)의 무사 곧 그때에 '선비'라 칭하던 자인데, 고

70) 위의 글, 168-169쪽.
71) 이현희, 「단재 신채호사학의 정신적 배경」, 『국학연구』 제4집, 국학연구소, 1998, 22쪽.

구려에서는 조의선인(皂衣仙人)이라 하였다.[72]

신채호는 선사시대의 원시종교를 형태화하여 한국상고사의 수두시대에 설정함으로 낭가사상이 한국상고사의 출발에서부터 이루어진 민족 고유의 정통사상임을 밝히고자 고심하였다. 상고시대의 종교적 의식으로부터 배태된 고구려의 선배제도는 단군시대부터 연유된 낭가사상의 중추로서 신라의 화랑제도에 연결됨으로 낭가사상은 사상사적 논리성과 실천성을 갖추게 되었다. 그러나 전통적이고 민족적 명맥을 이어온 낭가사상이 고려 광종 때 유학을 장려하고 왕권이 확립되는 성종조에 이르러는 유학자가 재상으로 등용되어 압박을 당하면서 쇠퇴하기 시작하여 묘청의 난을 계기로 그 맥이 끊어지게 되었다고 주장하였다.[73]

그는 중세 사대주의적 유교사관과 일제의 식민사관에 대한 비판논리로써 낭가 사상을 인식하였으며, 한국고대사의 대외항쟁 승리와 신라의 삼국통일은 낭가사상의 발현에 의해 이루어진 것으로 보았다. 그리고 낭가사상의 실천자로서 연개소문・을지문덕 등을 발굴하여 '낭가'사상에 입각한 민족적 영웅사관을 수립・제시하였다. 이와 같이 신채호의 역사인식에는 대종교의 영향속에서 성숙된 낭가사상이 결정적인 기저를 이루고 있다.[74]

이처럼 신채호가 대망하는 영웅은 개인적 야망이나 가문-지역-당파의 영광을 도모하면서 민중위에 군림하는 그런 영웅이 아니라 어디까지나 국가와 민족, 그리고 '사회공익'과 '자유 독립'을 위하여 자신을 희생하는 '국민적 영웅'이요 '민족적 영웅'이다. 그는 당시의 시대가 요구하던 영웅을 '신영웅'이라 불렀는데, 국민 모두가 이 신영웅이 되어야 한다고 강조하였다.

---

72) 위의 글, 32쪽.

73) 『朝鮮史研究草』『전집』 중, 104-124쪽 참조.

74) 이현희, 「단재 신채호사학의 정신적 배경」, 『국학연구』 제4집, 국학연구소, 1998, 33-34쪽.

말하자면 국민 모두가 국가와 민족에 대한 사명감과 참여의식을 가지고 민족의 자강과 국권회복을 위해 분투하는 '신국민'과 '신영웅'이 되어야 한다는 것이다.[75]

1910년 이후의 신채호의 역사 연구는 대부분 선교의 실체를 탐구하는데 두어졌다 해도 과언이 아니다. 이런 점에서 살펴본다면 「동국고대선교고(東國古代仙教考)」는 신채호의 의식변화를 보여 주는 대표적 작품으로써 유교정신의 잔재를 청산하고 우리 고유의 사상을 바탕으로 한 민족사학정신의 애국적・정통적 틀을 마련하는 것이기도 하다.

신채호의 작품에서 낭가사상과 연관하여 또 하나 주목할 것은 『꿈하늘』이다. 『꿈하늘』은 신채호가 중국에서 망명하여 대종교와 깊은 유대를 맺으면서 독립운동을 전개하던 때인 1916년 3월 에 쓴 사담체(史談體)의 자전적 소설이다. 이 시기의 신채호는 대종교의 경제적 후원을 받으면서 대종교도들과 함께 독립운동을 전개하고 있었다. 신채호는 『꿈하늘』에서도 단군이래 내려오는 선교에서부터 화랑도에 연결되는 민족 교유의 전통사상의 발굴에 강한 의지를 보이며 한국사에 나타나는 민족정신과 전통사상에 대한 종교사상적인 새로운 역사 인식을 제시하고 있다.[76]

신채호의 주체성에 대한 인식에는 민족의 생존에 리(利)를 주고 해(害)를 제거하기 위해서는 무엇이라도 주저치 말고 과감하게 말살・제거해야 한다는 현실주의적 혁명성・과단성이 강하게 내표되어 있다고 하겠다.

이에 그가 선택한 처방이 바로 무정부주의 사상인 것이다. 그의 무정부주의 사상은 서양의 것을 그대로 따른 것이 아니라 자신의 주체적 인식에 의해 수정한 자주독립적인 조선의 무정부주의 사상이었다. 이와 같이 신채

75) 정영훈, 「한말 신채호사학의 정치적 성격」 『국학연구』 5집, 국학연구소, 2000, 184-185쪽.
76) 이현희, 위의 글, 31쪽.

호의 역사인식과 사상은 철저하고 독립적인 주체성을 기반으로 하여 전개되었다고 하겠다.77)

그는 무산민중의 생존을 절규하면서 원래 민중들은 자유롭고 평등한 사회에서 살았으나 소수의 사람들이 민중들을 속여 지배자의 지위를 얻어 민중을 조직적으로 약탈하기 위해 정치・정부・법률・형법・윤리 등을 만들어 그들에게 노예적 복종을 세뇌시켜 왔다고 격렬하게 비판하였다.78) 79)

우주와 연속된 자아에 대한 관심과 사회를 변형하려는 의지를 발전시킨 신채호는 배달민족 사관과 정치의식을 우주의 생성을 통관하는 진아(眞我) 혹은 대아(大我)에 그 기초를 둔다. 그의 민족적 정치의식은 시대의 반영일 뿐만 아니라, 노예 의식을 벗어버린 주체성의 발로이다. 이러한 첨예한 의식은 그가 무정부주의적 공산주의를 수용한 1920년대의 글에서부터 분명하게 나타난다. 이 이전에 그는 중국의 강유위, 양계초의 변법자강 운동의 영향을 받아 사회진화론과 개혁론을 가지고 교육 계몽운동을 했다.80)

그는 중국의 변법사상과는 달리 강한 민족주의적 경향을 갖고 있었으며 외래 사상의 무비판적 수용을 경계했다. 그는 1910년 중국으로 망명할 계획을 세운 애국계몽단체 신민회의 의견에 따라 이주한 이후, 중국에서 독립운동을 하면서 무정부주의를 접하고, 대종교 정신에 따라 민족주의 사관을 형성해갔다. 그러나 그가 지닌 사상의 기조가 민족해방이 급선무였던 당시의 현실을 반영하여 민족주의적 성격을 띠고 있긴 하지만, 후기에 나타나는 무정부주의적 이상은 전기의 우주적 주체성 개념과 함께 민족의 범위를 넘어서는 보편적 의의를 갖는다고 할 수 있다.81)

---

77) 이현희, 「단재 신채호사학의 정신적 배경」, 『국학연구』 제4집, 국학연구소, 1998, 36-37쪽.
78) 「선언문」『전집』 별집, 47-48쪽.
79) 이현희, 39쪽.
80) 이규성, 285쪽.

신채호에게 역사는 '신성'한 것이다. 그의 역작 『조선상고사(朝鮮上古史)』(1924)는 이러한 관점에서 썼다. 그의 관점에는 대종교의 민족 사관과 그가 다윈의 물경론(物競論, 적자생존론)이라고 불렀던 사회진화론, 마르크스주의와 무정부주의가 작용하고 있다. 그러나 그의 관점이 역사를 신성시하는 의도를 갖고 있다고 하더라도, 그가 보는 역사는 객관적 역사가 삶의 의미를 전적으로 결정한다는 역사주의는 아니다. 역사는 전제 시대로부터 공화 시대, 승평(昇平) 시대로부터 대동(大同) 시대로 나아간다. 그의 진화적 관점은 기계적 법칙에 의거한 것이 아니다. 역사는 민족-자아의 희생적 투쟁을 통해 이루어지며, 독립과 자유를 향한 강인한 의지를 통해 이루어진다.

후기의 신채호는 첨예한 자기의식과 역사적 실천을 연결시키고, 민족적인 무정부주의적 공산주의 이념을 자유주의와 마르크스주의에 대립하여 분명하게 명시했다. 하지만 그의 정치적 이념에 변화가 있다고 하더라도 인격의 독립적 자주성과 사회변혁에 대한 관심은 일관된 것이었다.[82]

신채호의 속박 없는 자유의 주체성은 무정부주의 시기 이전부터 그의 강렬한 개성과 함께 추구되던 것이었다. 그러한 자유정신은 개체의 절대적 존엄성의 기초가 되고, 이 존엄성은 민중의 자각적 도덕이 된다. 이 자유의 도덕이 신채호의 무정부주의 혁명 정신의 주체적 기초이다. 그의 혁명론은 무정부주의의 한 특징인 민중 직접혁명론이다.

신채호가 비난했던 이승만 등과 같은 인물은 조직을 정부 조직화하여 수장이 되려는 야심을 보인다. 신채호는 1912년 2월에 이승만・정한경 등이 미국 대통령 윌슨에게 조선의 '위임통지'(mandatory) 청원서를 제출하는 일이 있다는 사실을 들어 이승만의 국무총리 선출을 강력히 반대하였다. 신

81) 최광식, 『단재 신채호의 天鼓』, 시대의창, 2004, 173-178쪽.
82) 이규성, 288쪽.

채호의 '완전독립' '절대독립'의 주장에 비추어 볼 때에는 이승만 등의 위임통치론은 아무리 그것이 임시적인 전술이나 방편이라 할지라도 절대로 받아들일 수 없는 매국적인 것이었다.[83]

이러한 정치 운동 때문에 상해임정은 무정부주의, 민족주의, 마르크스-레닌주의 등으로 분열된다. 무정부주의는 급진 민족주의 진영과 협력하여 독립운동을 하게 된다. 러시아 볼셔비즘의 중앙 집중주의 노선을 따르는 이르쿠츠크파가 서일(徐一)의 대한독립군(무정부주의와 민족주의가 결합된 만주 독립군)을 흡수하고자 무력 공격을 감행한, 이른바 자유시 사변후에 민족적 무정부주의와 볼셔비키와의 분리는 더 심화된다.[84]

평등한 자유의 이념을 무정부주의자들만큼 강조한 사람들도 없었다. 그들에게 마르크스주의는 일종의 변증법적 타협이며, 생의 자발성을 무시한 자본주의의 변종인 것이다. 사실 마르크스-레닌주의는 국가의 파괴를 논할 때에는 민중의 자발성을 옹호하기도 했지만, 혁명의 지도는 소수 자각적 대표들이 이끌어야 한다는 관점을 갖고 있었다. 혁명 후 민중이 수동성에 빠져 있을 때에는 중앙집권적 조직이 더욱 필요한 것이었다. 그러나 크로포트킨에 의하면 무정부주의는 민중의 생의 본능에서 나온 것이다. 1928년 재중국조선무정부주의 연맹에서 발간한 『탈환』은 이 관점을 분명히 하고 있다. 민중의 저항은 "무명(無名)한 인사들의 자유발의(自由發意)에 의한 자유행동의 소산이었던 것이다. 대인물은 도리어 그것을 파괴하였다.

강만길은 신채호가 3.1운동을 겪고 난 후 독립운동의 주체세력으로서의 민중을 발견하고 영웅주의적 역사인식에서 국민주의적 역사인식으로, 다

83) 신용하, 「申采浩의 無政府主義 獨立思想」, 『신채호』, 고려대학교출판부, 1990, 83쪽.
84) 이정식, 『韓國民族主義의 政治學The Politics of Korea Nationalism』, 편집부 옮김, 한밭출판사, 1982, 206-220쪽.

시 민중주의적 역사인식으로 바뀌어 갔다고 보았다.[85] 그러나 신채호는 전투적 민족주의자의 시기부터 '자유'를 매우 중시하였고 '전제'와 '독재'를 비판하여 왔다. 그리고 일관되게 그의 역사인식의 중심에는 민족해방과 민족독립이 놓여있다. 따라서 신채호의 무정부주의는 서구의 무정부주의와는 달리 일차적으로 민족해방과 민족독립을 목적으로 한 것이었다.[86]

신채호가 크로포트킨에 심취한 이유의 핵심은 크로프트킨의 사회학이 사회조직의 일반원리를 상호부조・상호지지에서 찾아내고, 사회진화의 원동력을 '경쟁'이 아니라 '상호부조'라고 증명하면서, 강권주의와 제국주의를 철저하게 이론적으로 비판하는 부분에 있었다.[87]

신채호는 공산주의의 '프롤레타리아 독재론'을 '공산전제'라고 비판하였다. 신채호의 생각에는 공산주의의 '프롤레타리아 독재론'은 또 하나의 새로운 전제로 보였고 또 하나의 새로운 강권주의의 사상으로 판단되었던 것으로 보인다.

신채호는 공산주의의 모스크바 추종을 '사대적인' 것으로 비판하는 것이다. 신채호는 전 생애를 통하여 사상적으로나 실천적으로나 '주체성'이 매우 강하였다. 이러한 그의 생각으로는 한국의 공산주의가 국제 공산주의 운동에 추종한다는 이름하에 모스크바의 지시에 따라 움직이는 것이 민족적 주체성을 잃은 새로운 '대소련 사대주의'로 보였다.[88]

신채호는 그의 글 「낭객의 신년만필」에서 '카우츠키의 마르크스와 레닌의 마르크스가 다르고 중국이나 일본의 마르크스가 다 다른데, 조선은 석가, 공자가 들어오면 조선의 석가, 조선의 공자가 되지 않고 석가의 조선,

---

85) 강만길, 「申采浩의 英雄・國民・民衆主義」, 『신채호』, 고려대학교출판부, 1990, 76-77쪽.
86) 신용하, 1990, 79쪽.
87) 위의 글, 99쪽.
88) 위의 글, 103쪽.

공자의 조선이 되며, 무슨 주의가 들어와도 조선의 주의가 되지 않고 주의의 조선이 되어, 도덕과 주의를 위한 조선은 있고 조선을 위한 도덕과 주의는 없다.'[89]고 통렬하게 비판한다.

신채호가 무정부주의자로 전화하기 시작한 직접적 계기를 이룬 것이 의열단의 요청에 의거한 〈조선혁명선언〉의 집필이었다. 의열단의 의백 김원봉은 1922년 12월 북경에서 신채호에게 의열단의 독립운동의 이념과 방법을 천명하는 〈조선혁명선언〉을 집필해 줄 것을 요청하였다.[90]

신채호는 "강도(强盜) 일본이 우리의 국호를 없이하며, 우리의 정권을 빼앗으며, 우리의 생존적 필요조건을 다 박탈하였다." 로 시작하는 그의 「조선혁명선언」에서 수탈당하는 조선의 참혹상을 열거하고 "일본 강도정치(强盜政治) 곧 이족통치(異族統治)가 우리 조선민족 생존의 적임을 선언하는 동시에 우리는 혁명수단으로 우리 생존의 적인 강도 일본을 살벌(殺伐)함이 곧 우리의 정당한 수단임을" 선언한다.[91]

"조선민족의 생존을 유지하자면 강도 일본을 구축(驅逐)할지며, 강도 일본을 구축하자면 오직 혁명으로써 할 뿐이니" "금일 혁명으로 말하면 민중이 곧 민중 자기를 위하여 하는 혁명인 고로 '민중혁명'이라 '직접혁명'이라 칭함이며", "민중 직접의 혁명인 고로... 오직 민중을 위하여 일정 불평・부자연・불합리한 민중향상의 장애부터 먼저 타파함이 곧 '민중의 각오케'하는 유일방법이니, 다시 말하자면 곧 선각한 민중이 민중의 전체를 위하여 혁명적 선구가 됨이 민중 각오의 제일로(第一路)니라."[92]라고 선언한다.

'폭력-암살・파괴・폭동-의 목적물을 조선총독 및 각 관공사, 일본천황

---

89) 안병직 편, 1981, 『申采浩』 한국근대사상가선집2, 한길사, 176쪽.
90) 신용하, 105쪽.
91) 「조선혁명선언」, 『단재신채호 전집』, 하권, 365-367쪽.
92) 「조선혁명선언」, 『단재신채호 전집』, 하권, 371-372쪽.

및 각 관공사, 정탐노(偵探奴)・매국적(賣國賊), 적의 일절 시설물을 열거하고 이외에 1. 고유적 조선을 발견(發見)하기 위하여 이족통치를 파괴하고, 2. 자유적 조선민중을 발견(發見)하기 위하여 특권계급을 타파하고, 3.민중 생활을 발전하기 위하여 경제약탈제도를 파괴하고, 4. 민중 전체의 행복을 증진하기 위하여 사회적 불평균을 파괴하고, 5. 민중문화를 제창하기 위하여 노예적 문화사상을 파괴하여 '고유적 조선의'・'자유적 조선민중의'・'민중적 경제의'・'민중적 사회의'・'민중적 문화의' 조선을 건설하고 우리 생활에 불합리한 일절 제도를 개조하여 인류로써 인류를 압박치 못하며 사회로써 사회를 박삭(剝削)치 못하는 이상적 조선을 건설해야 함을 선언한다.' (1923년 1월)[93]

여기에서 신채호는 민중직접혁명의 궁극적인 목적을 일제의 강도정치로부터의 민족독립운동에 두었다. 즉 암살・파괴・폭동의 폭력에 의한 무정부주의 혁명 방법의 목적은 무정부주의 계급혁명이 아니라 일제를 구축하기 위한 민족독립혁명임을 주장하고 민중직접혁명의 암살・파괴・폭동의 대상이 일본제국주의와 그 시실물임을 분명히 밝히고, 보순된 요소에 대한 파괴를 통해서 그가 이룩하려고 한 것은 민중의 이상적인 조선을 건설하는 것이었다. 이러한 신채호의 민중직접혁명은 1920년대 이후 민족독립운동의 새로운 방법과 단계를 제시해 주었다고 하겠다.[94]

의열단은 「조선혁명선언」을, 일제의 요인 암살 및 적기관 파괴용 폭탄과 함께 휴대하며 정신적으로 무장하였고 자신들이 활동하는 국내를 비롯하여 중국・일본 등지에 뿌렸다. 따라서 「조선혁명선언」은 국내외 동포들에게 민족의식과 독립 사상을 더욱 고취시키는 계기가 되었고, 이로 인해 일

93) 「조선혁명선언」, 『단재신채호 전집』, 하권, 373-376쪽.
94) 이현희, 43-44쪽.

제 당국은 크게 당황하지 않을 수 없었다.[95]

이현희는 이 선언이 갖는 의미를 "이 선언은 민족의 독립을 최고 목표로 한 의열단뿐만 아니라 국내외 동포들에게 보다 확고한 민족의식을 불어 넣어 주었다. 이 선언은 1920년대 들어 민족독립운동의 새로운 방략을 반영한 독립운동선언이라고 할 수 있겠다. 즉 이 선언은 일제에 대한 폭력투쟁의 민족적 정당성을 극명하게 표현함으로 민족독립운동의 새로운 단계를 모색케 하였다. 이때 선언에 포함된 사상적 기반은 일제라고 하는 이족통치의 파괴를 위한 민족주체사상이었으며, 폭력투쟁은 항일투쟁의 수단으로써 무정부주의적 작탄응징의 채용을 선언한 것이었다. 따라서 이 「조선혁명선언」은 민족주의 사상에 무정부주의를 포용・접목한 혁명적 민족주의의 민족독립혁명선언이라고 평가할 수 있다."[96] 고 분석했다.

신채호는 1920년대 중반 국내외 독립운동의 여건의 변화에 능동적이고 적극적으로 대응하는 한편 기존의 민족주의 사상의 이론적 모순과 한계를 극복하기 위하여 무정부주의 사상을 수용하여 갔다.[97]

그러나 그가 바로 무정부주의자로 전환한 것은 아니었다. 그는 1923년경부터 한국 독립운동자 성재 이시영(省齋 李始榮)・우근 유자명(友槿 柳子明), 정화암(鄭華巖) 중국의 무정부주의자 이석증(李石曾) 등으로부터 무정부주의를 습득하였다. 이후 그는 1926년 재중국조선무정부주의연맹에 가입하였고[98], 1927년에는 중국 천진에서 중국・한국・일본・대만・인도・안남 등 6개국 무정부주의자들이 모여 '무정부주의동방연맹'을 조직하자 조선대표로 참가하여 적극적으로 활동하였다.

---

95) 위의 글, 45쪽.
96) 위의 글, 47쪽.
97) 위의 글, 37쪽.
98) 『동아일보』 1962년 4월 8일자, 제3회 공판기사(『전집』하, 432쪽.)

신채호는 1928년 4월 대만인 동지 임병문(林炳文) 등과 함께 무정부주의 동방연맹 북경회의를 개최하는데 있어 주도적으로 참여하였다. 그는 이 회의에서 선언문을 작성하고, 연맹의 선전기관으로 잡지나 신문을 만들 것과 일제 관공서를 폭파하기 위한 폭탄 제조소의 설치를 결의하였다. 그리고 잡지 발행의 자금을 마련하기 위해 임병문과 외국화폐를 위조하다가 1928년 5월 기륭수상서원(基隆水上署員)에게 체포되어[99] 투옥, 10년형을 선고받아 복역하던 중 1936년 2월 21일 옥중에서 순국하였다.

신채호의 무정부주의적 세계관에 의하면 1920년대는 자본주의 강도 · 제국이 세계 무산대중을 극렬하게 착취하고 있다고 보고 식민지 민중은 불생존의 생존을 하고 있음을 냉철하게 지적 비판하였다.[100]

신채호는 1929년 4월 제 3회 공판에서 그가 무정부주의자가 된 동기는 당시의 제국주의 제도의 불균형을 타파하고 약소민족의 미래를 위하여 전환을 단행한 것이라고 명백히 밝히고 있다.[101]

진덕규는 '단재 신채호에게 무정부주의의 의미는 민족본의의 민중주의적 속성을 바탕으로 하는 독립운동의 의미, 미래에 추구되어야할 민속국가의 형태에 가치적 설정으로서의 의미, 그리고 프롤레타리아 독재란 자본주의가 정당화하는 부르주아 지배계급을 벗어나서 전체 민중 중심의 정치구조로의 지향을 가치화한 것'이라고 말한다.[102]

---

99) 『조선일보』 1928년 12월 28일자.

100) 이현희, 38-39쪽.

101) 위의 글, 110쪽.

102) 진덕규, 「丹齋 申采浩의 民衆 · 民族主義 認識」, 강만길편, 『신채호』, 고려대학교출판부, 1990, 49쪽.

4. 우당 이회영(友堂 李會榮, 1867-1932)

이회영은 노예도덕의 길을 거부하는 의지를 일상의 삶 속에서 인격의 통일성(고결성)으로 실현한다. 그는 백사 이항복(白沙 李恒福)의 후손으로 조선의 명문세족이었다. 구한말 개화파의 맹장이기도 했던 이회영은 망국의 경험을 통해 남존여비와 노비 제도와 같은 봉건도덕의 불의와 민족해방을 향한 열망을 가슴에 아로새기게 된다. 그는 자신이 귀속했던 계급을 넘어 민중의 세계로 나아간다. 또한 그는 대종교의 창시자인(1908) 홍암 나철(弘巖 羅喆)의 결사조직과 연락하여 을사오적 저격(1906)을 시도했으며, 신채호, 김구, 이동휘, 이동녕 등과 비밀조직 신민회(新民會, 1907)를 창설했다.[103)]

1910년 신민회는 해외로 나가 독립운동을 하기로 결의한다. 이회영은 학문과 교육에 힘쓰며, 무력항쟁을 할 수 있는 기지를 만들기 위해 가문의 재산을 정리하여 자금(당시 화폐로 600만 환, 현재가로 600억 원이 넘는다고 한다)을 마련한 후, 가문(6형제와 가솔 40여명) 전체를 데리고 만주로 떠났다.[104)] 그는 주경야독(晝耕夜讀)의 정신을 살려 경학사(耕學社)를 만들고, 조국의 탈환을 위한 신흥(新興) 무관학교를 세운다.[105)] 공동의 우애와 공동 소유의 정신에 따른 이상 농촌의 건설은 그 후 그를 무정부주의로 가게 하는 경험적 계기로 자리 잡게 된다.

그는 1919년 북경으로 이주하여 중국에서의 독립운동과 상해임정 수립에 참여한다.[106)] 부드럽고 한없이 베푸는 그의 성품은 시대의 조류에 자극받아 그로 하여금 일상의 생활양식을 비롯해 인류의 정치제도를 성찰하게

---

103) 李丁奎,『友堂 李會榮 略傳』, 을유문화사, 1985, 30, 39쪽.
104) 이덕일,『아나키스트가 된 조선 명문가, 이회영과 젊은 그들』, 역사의아침, 2009, 73-74쪽.
105) 한상도,「金元鳳의 生涯와 抗日歷程」, 백제문화, 109-179쪽.
106) 이규성, 316-317쪽.

하고, 이상적 건국방략을 모색하게 한다. 그의 자유 평등의 사회를 지향하는 사상적 방향은 정해졌다. 그러나 그는 그러한 사회 실현을 위한 구체적인 방안을 두고 번민한다. 이회영은 구미의 여러 실재 현대 정치 형태를 연구 검토한다. 그는 신채호를 만나 다음과 같은 내용을 토론했다. "여러 선진국의 현 정치제도를 그대로 답습, 모방하여 가지고는 자유 · 평등의 사회 즉 정치, 경제, 사회, 문화 등 인간 생활 전반에 걸쳐서 자유롭고 평등한 사회가 실현될 수 없지 않겠는가?" "그들의 정치를 모방한다면 부자유와 불평등에 의해 불만, 불평, 억압이 생겨나는 저주스러운 현대사회의 결함을, 새로이 독립할 우리나라에서도 반복하게 되지 않겠는가?"[107]

이회영의 이러한 회의는 한 계기를 통해 확신으로 굳어지게 된다. 1920년 조소앙(趙素昂)이 서유럽으로부터 러시아를 들렀다가 북경으로 들어왔다. 이 소식을 접한 이회영은 즉시 그를 찾아가 혁명의 경과와 득실을 듣고 다음과 같이 말한다. "그 냉혹 무자비한 독재 정치가 만인에게 빈부 차이가 없는 균등한 생활을 보장한다는 이상을 성취할 수 있을지는 모르나, 그처럼 자유가 없는 인간 생활이 가능할까? 그리고 인간 생활의 발전을 기대할 수 있을까? 그들이 말하는 평등 생활이 하루에 세 끼 밥을 균등히 주는 감옥생활과 무엇이 다른가?" "그러한 독재권을 장악하고 인민을 지배하는 정치는 더 심한 폭력정치이니 그러한 사회에 평등이 있을 수 없으며, 마치 새 왕조가 세워지면 전날의 천민이 귀족이 되듯이 신흥 지배계급이 나타날 수 있지 않겠는가?"[108] 이때 이회영은 러시아 혁명의 반혁명성을 절망적으로 확인한 듯 보인다.

무정부주의 독립운동은 만주의 대종교 민족주의 독립운동과 연합하여

---

107) 李丁奎, 76쪽.
108) 위의 책, 69-70쪽.

활동했는데, 대종교인 김좌진(金佐鎭)의 친척 동생인 김종진(金宗鎭)이 1926년에 이회영을 찾아왔다. 김종진은 1920년 늦가을에 이회영을 흠모하여 한동안 머물다 간 청년으로 이회영의 소개로 이시영, 신규식의 도움을 받아 운남 군관학교를 1924년에 들어갔다. 우수한 성적으로 군관학교를 졸업하고 돌아가는 길에 이회영을 찾아온 김종진은 단칸 움막에서 남매와 궁핍하게 살고 있는 이회영의 손을 잡고 눈물을 흘린다[109]. 이때 이회영은 김종진과의 담론에서 자신의 정치 이상과 건국방략을 말하게 된다. 그는 계약론적인 부르주아 민주제와 레닌의 프롤레타리아 독재론과는 달리 자발성과 자유연대에 의거한 평등한 자유의 조직론을 논한다.

자유, 평등의 사회 원리와 민족 자결 원칙에 의해 독립된 한 민족의 내부 구조에도 자유 평등의 원칙은 그대로 적용되어야 할 것이다. 권력의 집중을 피하고 분권적인 지방자치제를 확립하면서 지방자치 단체의 연합으로서 중앙 정치기구를 구성하며, 경제건설에 있어서는 재산의 사회성에 비추어 일체의 재산은 사회화를 원칙으로 하고 경제의 운영관리는 사회적 기획 아래에서 되도록, 즉 사회적 자유, 평등의 원리에 모순이 없도록 민주적인 관리 운영의 합리화를 꾀하여야 한다. 그리고 교육은 물론 사회전체의 부담으로 실시하여야 할 것이다. 무정부주의는 사회 개혁의 원리이자 생활의 원리인 까닭에 그 기본인 자유, 평등의 원리와 자유 합의의 이론을 살리면서 그 사회의 현실에 맞도록 합리화시켜야 할 것이다. 지금 내가 말한 모든 구상은 내 개인적인 생각이기는 하지만, 한국 무정부자들도 약간 생각이 다르더라도 크게는 다 찬동할 것이다. 그리고 무정부주의는 공산주의와 달라 반드시 획일성을 요구하지 않으므로, 그 민족의 습속과 전통 및 문화적 · 경제적 실정에 맞추면서 그 기본 원리를 살려 나가면 되지 않겠는가?[110]

---

109) 위의 책, 84-85쪽.

이회영이 일상생활에서 정치적 권력 장악과 같은 욕구를 버리고 평등의 덕을 실행한 것은 당시에도 잘 알려져 있었다.

무정부주의가 비록 권력 장악이라는 급격한 성공을 기약하기는 어렵지만, 봉건적 지배의지나 공리주의적 동원 체제를 버리고 미래적 이상을 현재에서의 일상 문화를 통해 발현해 나가는 과정으로 본 것은 중요한 의의를 갖는다. 획일적 통제를 거부하는 이회영은 바로 이 정신에 따라 미래 사회에 대한 방략을 구상한다. 미래의 조선은 정치 민주화와 경제 민주화를 국가와 경제의 사회화를 통해 실현하는 사회이다. 나아가 이회영은 국제관계를 새로이 조직하는 세계이상으로 무정부주의를 제시한다.

무정부주의는 궁극의 목적이 대동(大同)의 세계요, 세계가 한 집안인 하나의 세계다. 이 하나의 세계라는 말은 전 세계가 하나의 생활권으로 변한다는 것이니, 곧 각 민족 및 공동생활 관계를 가진 지역적으로 독립된 사회군(社會群; 國家群)들이 지구상에 있는데, 이들의 이해관계 등의 공통 관계를 계획하고 조정하는 세계적인 기구가 형성됨으로써 이들 사회군들이 자유 연합적인 세계 연합으로 일원화된다는 것이다. 이러한 세계연합이 이루어지면 각 민족적 단위의 독립된 사회나 지역적인 공동 생활권의 독립된 단위사회가 완전 독립된 주권을 지니면서, 자체 내부의 사건과 문제는 자주적으로 해결할 것이고, 다른 사회와의 관계나 또는 공통적인 관계는 개별적으로 또는 연합적인 세계 기구에서 토의 · 결정하여 처리할 것이다.[111]

세계 연합인 대동은 각 국가가 사회화되어 그 억압성을 갖지 않게 된 사회군(社會群)들의 연합이다. 이회영에 의하면 이는 전 지구가 하나의 생활권으로 개방된 연합체이다. 각 국가들은 미합중국의 '주'와 유사하다. 대동은

110) 위의 책, 92-93쪽.
111) 위의 책, 93쪽.

무정부주의 사회와 마찬가지로 자유 연합에 의한 결합체이다. 대동은 그 말의 뜻에 따라 광대한 동일성과 특이한 차이성이 조화를 이룬 세계이며, 평등과 개성의 자유가 실현된 세계이다.

이회영의 무정부주의와 대동의 이상은 생존경쟁을 비과학적 사실로 여겨 반대하는 무정부주의자들의 전통을 반영한다. 그도 반다윈주의적 인성론을 바탕으로 인류이상을 제시한다. 그는 이기적 유전자론의 선구인 적자생존을 반대하고, 이타적 유전자론의 선구가 되는 크로포트킨의 상호부조적 생물학을 맹자적 성선론과 일치하는 것으로 이해한다.112)

인간은 원시 시대부터 상호부조 · 상호협동 노작(勞作)하는 본능, 즉 사회적 본능이 뿌리 깊이 박혀 있어서 때로는 이기적 투쟁도 하지만 그보다는 양보와 협동으로 상호간에 더 큰 이익을 보아왔다. 그래서 고립해서는 생의 유지가 불가능하다는 것을 알고 충돌과 투쟁을 피하고 타협 · 이해 · 관용으로써 자기 생존을 유지 · 보존하여 왔다. 그리고 그것이 본능화되어 있기 때문에 때때로 나타나는 인간 상호간의 증오 · 불신 · 투쟁은 과도적인 것이며 결코 영속될 수 있는 것이 아니다.113)

1931년 이회영은 쇠퇴해가는 무정부주의 독립 운동을 다시 활성화하기 위해 남화한인청년연맹(南華韓人青年聯盟)이라는 무정부단체의 결성에 참여한다.

1. 우리들의 모든 조직은 자유연합의 원리에 기초함.
2. 일체의 정치적 행동과 노동조합 지상운동을 부인함.
3. 사유재산 제도를 부인함.

---

112) 이규성, 323-324쪽.
113) 李丁奎, 94-95쪽.

4. 위(僞) 도덕적 종교와 가족제도를 부인함

5. 우리들은 절대 자유 평등의 이상적 새로운 사회를 건설함.114)

연맹은 이러한 강령에 이어, 일제의 탄압과 영미의 자본주의 체제, 러시아 프롤레타리아 독재, 권력 지향적 야심가들을 비난했다. 그리고 그들은 육탄으로 투쟁하여 실현할 보편적 자유와 평등의 시대를 조선과 인류의 미래로 선언한다.115)

이 선언문의 노선은 『탈환』의 사상과 거의 같다. 이 사상은 모든 형태의 국가권력의 범죄성과 특히 다수를 대표 · 재현(representation)한다는 재현주의적 악덕, 정치적 권력의지를 숨긴 종교적 도덕의 기만성, 재산 소유에 따른 노예화의 비극과 가족주의 등 인간을 억압하는 거의 모든 주요 사항들에 대한 비판을 망라한다. 이러한 이데올로기적 권력 비판은 자유주의의 야만성과 사회주의 체제의 범죄성을 경험한 오늘의 인류에게도 여전히 주목받는 주제이다. 그것은 21세기 철학의 주요 논제로 되고 있다.116)

1932년 11월 66세의 이회영은 무장 독립운동을 하기 위해 다시 만주로 가려고 대련(大連)행 기선에 오른다. 이것이 그의 마지막 결단이 되었다. 이회영은 뒤를 따라온 밀정과 왜경에 체포되어 고문사한 것으로 알려져 있다. 그러나 그의 젊은 동지들은 노년의 그가 스스로 사지를 선택했음을 알고 있었다. 극구 말리는 동지들에게 이회영은 다음과 같이 말했다.

인간으로 세상에 태어나서 누구나 자기가 바라는 목적이 있다. 이 목적을 달성한다면 그보다 더한 것은 없을 것이다. 그리고 그 목적을 달성하지 못하였다고 하더라도 그 목적의 달성을 위하여 노력하다가 그 자리에서 죽

114) 박환, 『한인 아나키즘 운동사』, 선인, 2005, 121쪽.
115) 이규성, 326 쪽
116) 앞의 책, 328쪽

는다면 이 또한 행복인 것이다. 이것을 남의 눈으로 보아서는 불행하다 할 수도 있겠지만 죽을 곳을 찾은 것을 예부터 행복으로 여겨왔다. 같은 운동 선상의 동지로서 장래가 만 리 같은 귀중한 청년자제들은 죽는 것을 제집에 돌아가는 듯이 여겨 두려움 없이 몇 번이고 사선을 넘고 사지에 뛰어드는데, 내 나이 60이 넘어 70이 멀지 않았다. 그런데 이대로 앉아 죽기를 기다린다면 청년 동지들에게 공연한 부담을 주는 방해물이 될 뿐이니 이것은 내가 가장 부끄러워하는 바요, 동지들에게 면목이 없는 일이다.[117)]

이회영은 스스로 죽음을 예감하고 사지를 선택한다. 그에게는 만주에서의 구체적인 목표가 있었다. 그러나 그의 실존적 선택은 의지와 행동은 동일한 것이라는 사실을 암시한다.

이회영의 자유의 정신은 동학의 저항정신과 대종교의 독립 정신에 이어 한국 현대철학에서 줄기차게 나타나는 자유의 이념을 하나의 인격에 집약하고 있었다고 할 수 있을 것이다. 그의 생애는 우리로 하여금 진정한 이성이란 무엇인가를 다시 음미하게 하고, 우리가 그러한 이성에 따라 생각하고 살 수 있는가를 이 시대의 물음으로 간직하게 한다.

그러나 무정부주의의 일반적 문제점이 하나 있다. 무정부주의적 인생관은 권력 장악이 필요한 경우 정치적 실천으로부터 물러난다. 그리고 다시 반권위주의적 실천으로 나아간다. 무정부주의자는 부르주아적 권력이든 프롤레타리아적 권력이든 모든 정치적 권력을 거부하고, 다시 투쟁의 길로 나아가야 하는 부담을 갖는다. 부단한 투쟁과 피폐한 소외의 길에서 방황하게 되는 것이 무정부주의자의 현실적 운명이다.

그러나 무정부주의는 민주주의라는 명분을 가진 기존 정치체제와 그 이데올로기에 대한 비판을 통해 평등한 자유의 이념을 보여줄 수 있었다. 또

---

117) 李丁奎, 109-110 쪽

한 무정부주의는 개인들의 자발성과 자주성이 갖는 절대적 의의를 존중함으로써 개체의 유일성(singularity)을 강조할 수 있었다. 개체적 삶의 특이성을 강조하는 입장에서 볼 때 그것을 억압하는 국가나 사회는 사이비 보편성에 불과한 것이다. 무정부주의는 개인들의 자발적 유대를 진정한 사회적 관계로 보기 때문이다. 신채호와 이회영은 민족해방을 중심 과제로 삼지만, 그들의 민족해방 원리는 개체의 자주성과 자유 연대를 기초로 한다.[118)]

무정부주의가 비록 권력 장악과는 거리가 멀지만, 자유로운 사회관계의 이상을 끊임없이 제기한다는 점, 봉건적 지배의지나 공리주의적 동원 체제를 버리고 미래적 이상을 현재에서의 일상 문화를 통해 발현해나가는 과정으로 본 것은 중요한 의의를 갖는다. 획일적 통제를 거부하는 이회영은 바로 이 정신에 따라 미래 사회에 대한 방략을 구상한다. 미래의 조선은 정치 민주화와 경제 민주화를 국가와 경제의 사회화를 통해 실현하는 사회이다. 이회영은 "처참하고 고독한 생활"을 이어갔다.

이규성은 20세기 초 왕양명주의는 사회적 공익을 주장하는 이론이나 자유연합과 사랑과 협동을 강조하는 이론과의 친화성을 보유하고 있다는 섬을 지적한다. 그는 신채호, 이회영 등이 귀의하게 되는 무정부주의는 크로포트킨과 톨스토이 등의 영향으로 동양에 유포되었지만, 생명의 자발성과 우애의 연대성을 강조하는 것은 동양 전통 사상과도 친화성을 갖는다고 본다. 더욱이 왕양명주의가 정제두(鄭齊斗)의 실심실학적 정신을 발전시키면서도 그의 우경화 노선을 벗어나 점차 평등과 독립 자주의 길로 나가게 되면서, 인민주권론이나 무정부주의와의 간격은 좁혀지게 된다는 것이다. 또한 왕양명은 개체의 양성적(陽性的) 활발성[活潑潑]을 강조하는 가운데 타인의 고통을 동류(同類)의 고통으로 보는 대동(大同)의 이상을 제시했다. 이러

118) 이규성, 330-332쪽.

한 사상은 명말(明末) 사조가 보여주듯 반국가주의적 급진주의와 공동체 운동으로 발전될 수 있는 잠재력을 갖는다는 것이다. 이러한 맥락에서 무정부주의가 동양인에게 친근하게 받아들여지는 사상적 원인을 이해하는 데에 도움을 줄 수 있을 뿐만 아니라 무정부주의적 저항성이 아시아 사상과 결합하여 더욱 폭넓은 세계상을 전망하게 해줄 수도 있다고 지적한다.[119] 그러나 여기에서 신채호와 이회영이 그들의 삶을 통해 극명하게 보여주었던 생명의 자발성과 우애의 연대성, 타인의 고통을 동류의 고통으로 보는 대동의 이상은 대종교의 홍익인간 사상의 바탕에 깊게 뿌리내리고 있었음을 지적하고 싶다.

Ⅲ. 나가는 말

구한말로부터 1940년까지 시대적인 상황 속에서 당대의 지식인들은 어떻게 자기 자신을 이해하고 어떻게 세계를 인식하여 자기와 세계를 변형할 것인가에 대한 물음을 가질 수밖에 없었다. 자기와 세계의 변형이라는 실천적 지평 안에서 이러한 물음에 대한 해답을 끈임 없이 묻고 찾고 살아냈

119) 이규성, 348-349쪽. 방영준은 「아나키즘의 正義論에 관한 연구」에서 아나키즘의 지향가치의 핵은 무엇이며 정의 실천을 위한 방안들을 무엇인지를 고찰하고 있다. 여기에서 아나키즘의 여러 유형들을 소개하면서 근대 아나키즘의 시조로 불리우는 영국의 고드윈, 독일의 스티르너, 프랑스의 프르동, 러시아의 바쿠닌과 크로포트킨 등의 이론의 쟁점들을 소개하고 있다. 이 논문에서 아나키즘이 '자연에서 내재적 삶의 원리를 도출하고 이를 전체사회에 적용시키려는' '자연주의적 윤리관'이 도가사상과 유사성을 갖는다고 보고 있다. 방영준, 「아나키즘의 正義論에 관한 연구」, 『우당 이회영선생 추모 학술발표회』, 우당이회영선생기념사업회 (사단법인) 국민문화연구소, 1990, 1-58쪽

던, 한국 대종교 전통의 몇 분을 조명해 보았다.

대종교는 식민지 하의 자유가 박탈당한 상황에서 이 현실을 강건한 정신적 힘과 물리적 힘으로 극복하고자 했다. 이 염원을 그들은 종교적 신념에 담아냈다. 널리 인간을 이롭게 하여 서로 돕고 상생(相生)하는 평화로운 복지사회를 이 땅에 이룩하려는 홍익정신은 대종교인들의 일부가 무정부주의적 공산주의나 사회주의로 나아가게 되는 이유로도 작용했음을 간과할 수 없다. 대종교의 투쟁은 생사를 거는 투쟁이었다. 그들의 초미의 관심사는, 안으로는 생사를 초월하는 자유를 바탕으로 독립 자주의 주체성을 선취하는 자아실현이었으며, 밖으로는 민족해방의 실천이었다.

서일은 인간과 우주가 본질적 측면에서는 몸과 마음이 모두 우주의 일부로서 서로 연속되어 있으며, 서로 융통하는 개방적 관계에 있다는 것을 강조할 수 있었다. 한얼의 무형, 무위, 무언의 무(無)와 인간계의 유형, 유위, 유언의 유(有)를 통일하는 사람이 철인이다. 철인은 마음 본체에서는 하나의 무이며, 그 작용에서는 유와 관계하여 실천적으로 움직인다. 그의 인도(人道)는 동정합일(動靜合一)의 길이다.

서일은 자신의 자아론을 현실적 차원의 자아론에서 형이상학적 차원으로 높여간다. 현실의 자아는 위대한 영혼인 한얼대도에 귀의(歸依)해야 한다. 이 귀의 과정에서 현실적 자아가 가질 수 있는 폐단이 극복된다.

서일은 진중에서도 수도실을 따로 마련하여 항상 원도(願禱)와 수행, 그리고 교리 연구를 통한 종교적 집중을 게을리 하지 않았다고 한다. 심지어는 전투의 와중에서도 대종교 깨달음의 상징인 단주(檀株)를 늘 목에 걸고 있었다. 이처럼 나라가 위기에 빠지고 도는 떨어진 세상에서 서일은 안으로는 도를 구하고 밖으로는 교육운동과 독립운동에 투신했다.

김동환은 '나철과 서일의 죽음은 구도자가 얻을 수 있는 수행적 삶의 극치이며 그들은 육체적 죽음을 통하여 정신적 각성과 역사적 동력이라는 무한한 힘을 얻어냄으로써, 사후에도 수행적 저항의 힘을 극대화시키는데 기여했다'고 평가했다.

민족사를 바로 세우는데 일생을 바친 박은식이 추구한 양지에 근본하는 대동의 세계는 자연과 인간, 인간과 인간, 생물체와 인간의 대립이 화해로 전환된 평화의 세계이다. 박은식은 인간의 주체적 자주성과 능동성, 부단한 생동성과 감응성, 평등성과 우주적 연대성을 인간의 본질로 보았다. 그에게 양지의 부단한 생동성은 민족의 독립 자주와 새로운 조직화 및 천지의 진화에 대응하는 역동적 원리가 된다. 이러한 그의 대동사상은 대종교의 홍익인간(弘益人間) 재세이화(在世理化)로 귀착하게 된다.

우주와 연속된 자아에 대한 관심과 사회를 변형하려는 의지를 발전시킨 신채호는 배달민족 사관과 정치의식을 우주의 생성을 통관하는 진아(眞我) 혹은 대아(大我)에 그 기초를 둔다. 그의 민족적 정치의식은 시대의 반영일 뿐만 아니라, 노예 의식을 벗어버린 주체성의 발로이다. 신채호의 속박 없는 자유의 주체성은 무정부주의 시기 이전부터 그의 강렬한 개성과 함께 추구되던 것이었다. 그러한 자유정신은 개체의 절대적 존엄성의 기초가 되고, 이 존엄성은 민중의 자각적 도덕이 된다. 이 자유의 도덕이 신채호의 무정부주의 혁명 정신의 주체적 기초이다. 그의 혁명론은 무정부주의의 한 특징인 민중 직접혁명론이다.

신채호가 여순 감옥에서 건강이 악화되자 보호할 사람이 있으면 출감시키겠다는 당국의 통보를 받은 서울의 친지들이 일가벌인 친일부호를 물색했다. 그러나 신채호는 친일파에게 몸을 맡길 수 없다고 거절하고 1936년 2월 바람 부는 여순의 차디찬 감옥에서 세상을 떠난다.

이회영은 부드럽고 한없이 베푸는 것을 좋아했다. 이러한 그의 성품은 시대의 조류에 자극받아 그로 하여금 일상의 생활양식을 비롯해 인류의 정치제도를 성찰하게 하고, 이상적 건국방략을 모색하게 한다. 그의 자유 평등의 사회를 지향하는 사상적 방향은 정해졌으나 그러한 사회 실현을 위한 구체적인 방안을 두고 번민한다. 이회영은 신채호를 만나 '여러 선진국의 현 정치제도를 그대로 답습, 모방한다면 인간 생활 전반에 걸쳐서 자유롭고 평등한 사회가 실현될 수 없다는 것과 새로이 독립할 나라에서 현대사회의 결함을 반복하게 해서는 안 된다.'는 의견을 나눈다.

조금은 더 나은 세상을 후손들에게 남겨주기 위해 번민하던 그는 개인들의 자발적 유대를 진정한 사회적 관계로 보고, 개인들의 자발성과 자주성이 갖는 절대적 의의를 존중함으로써 개체의 유일성(singularity)을 강조하는 무정부주의를 택한다. 이회영은 무정부주의 운동이 곧 독립운동이라고 밝힌다. 신채호와 이회영은 민족해방을 중심 과제로 삼지만, 그들의 민족해방 원리는 개체의 자주성과 자유 연대를 기초로 한다.

이회영은 새로운 활로를 위해 상해에서 만주로 향한다. 이회영은 스스로 죽음을 예감하고 사지를 선택한 것처럼 보여 진다. 일제의 점령지인 만주행은 사지나 다름없어 주변의 젊은 동지들의 만류를 뒤로하고 떠난 이회영은 일경에 체포되어 고문사한다. 12일 동안의 혹독한 고문에 온 몸이 피투성이가 되어서도 젊은 동지들을 보호하기 위해 한마디도 발설하지 않았다.

그의 생애는 대종교의 독립 정신에 줄기차게 나타나는 자유의 정신과 저항정신이 하나의 인격에 집약되어 나타난 것처럼 보인다. '인간의 본성이란 세상으로부터의 분리가 주는 세계상실의 고통을 통해 성장한다는 것을 암시해주고 있다. 정신은 분리와 상실로부터 우주적 본원으로 향상(向上)하고, 다시 세계로 돌아와 전체적 생명을 위한 문명의 창조로 나아간다는 분열과 회귀의 구조를 갖는다. 여기에 자기희생을 감내하는 대종교인들의 고통이 있었다. 상실의 체험을 넘어 현실로 회귀하는 과정은 행동을 요구하며, 그 행동이 자기희생을 필요로 할 때는 죽음을 통해 대도(大道)를 보존해야 한다.'[120]

나철과 서일의 죽음, 이회영과 신채호의 죽음이 그러했다. 그들의 죽음은 죽음의 형태는 달라도 스스로 죽음의 자리를 선택했다는 측면에서는 같다. 이들의 죽음은 우리로 하여금 진정한 이성이란 무엇인가를 다시 음미하게 하고, 우리가 그러한 이성에 따라 생각하고 살 수 있는가를 이 시대의 물음으로 간직하게 한다.

끝으로 무정부주의의 일반적 문제점으로 거론되는 것은 무정부주의적 인생관은 권력 장악이 필요한 경우 정치적 실천으로부터 물러나고, 다시 반권위주의적 실천으로 나아간다는 것이다. 무정부주의자는 부르주아적 권력이든 프롤레타리아적 권력이든 모든 정치적 권력을 거부하고, 다시 투쟁의 길로 나아가야 하는 부담을 갖는다. 그러나 필자는 무정부주의가 비록 권력 장악과는 거리가 멀지만, 자유로운 사회관계의 이상을 끊임없이 제기한다는 점에서 신선한 생명력을 이어오고 있다고 생각한다.

글을 마치면서 자신의 목숨을 바쳐 독립운동과 새로운 평화의 세계를 이루고자 했던 홍암 나철, 김교헌, 백포 서일 장군의 묘소가 이국땅 만주 화룡현에 모셔져 있다는 사실을 상기하였다. 그들의 삶과 심오한 사상이 깊이 존중받고, 오늘날 우리 한국사회에 계승되고 몸과 마음에 체현될 수 있기를 염원한다. 이회영, 박은식, 신채호뿐만 아니라 이 논문에서는 다루지 않았지만 단애 윤세복의 생애와 사상은 오늘날에도 계승되어야 할 소중한 정신적 자산이다. 1942년 11월 조선어학회 사건으로 대종교간부 전원이 검거되는 임오교변이 일어난다. 만주 목단강 감옥에서 체포된 종교 지도자

120) 이규성. 위의 글. 262-263쪽.

21명 중 혹독한 고문취조로 10명이 순교했다. 무기징역을 받았던 윤세복은 1945년 8월 12일 출옥한다. 그가 감옥을 나오면서 죽은 동지들을 잊지 않았다는 것은, 병들고 지친 몸으로 출옥한지 얼마 되지 않는 8월 25일에 영안현 신안촌의 교우집을 방문하고, 그곳에서 신일 시교당을 부활시켰던 각고의 노력에서 엿볼 수 있다. 그는 1946년 2월 36년 만에 고국에 돌아와 국학보급, 연찬활동 등 동분서주하면서도 늘 온화한 성품으로 주변 사람들을 챙기고 보살폈다. 언제나 소박한 옷과 간단한 음식을 먹고 방석 없이 살았던 윤세복의 삶에서 그가 죽은 동지들의 뜻을 가슴에 품고 살았음을 생각할 수 있다.

어려운 식민지 상황에 자신의 생을 바쳐 독립과 새로운 홍익인간사회를 이루고자 했던 이들의 삶은 오늘날 어지러운 세상에 더욱 절실하게 요구된다. 그분들이 추구하셨던 홍익인간 이화세계가 이 땅에 이루어지기를 바란다.

| 참고문헌 |

국내논저

강만길. 1990.「申采浩의 英雄・國民・民衆主義」.『신채호』. 고려대학교출판부.

김동환. 1988.「무오독립선언의 역사적 의의」.『국학연구』2.

______. 1998.「박은식 민족사학의 정신적 배경」.『국학연구』4. 국학연구소.

______. 2013.「대종교 성지(聖地) 청파호 연구-종교지라학적 관점을 중심으로-」.『국학연구』17. 국학연구소.

______. 2001.「대종교 항일운동의 정신적 배경」.『국학연구』6. 국학연구소.

김대호. 2004.「1910~1920년대 조선총독부의 朝鮮神宮 건립과 운영」.『한국사론』. 국사편찬위원회.

김승태. 1987.「日本神道의 침투와 1910・1920年代의 神社問題」.『한국사론』16. 국사편찬위원회.

단재 신채호. 김종성 옮김. 2014.『조선상고사』. 역사의 아침.

대종교종경종사편구위원회. 1971.『大倧教重光六十年史』. 대종교총본사.

박성수. 2003.『나철』. 북캠프.

백낙준. 1953.『韓國教育과 民族精神』. 文教社.

이현희. 1990.『光復鬪爭의 선구자』. 동방도서.

이규성. 2012.『한국현대철학사론』. 이화여자대학교출판부.

이현희. 1998.「단재신채호사학의 정신적 배경」.『국학연구』 4. 국학연구소.

박명진. 2003.「대종교독립운동사」.『국학연구』8.

박영섭. 1976.「대종교의 독립운동에 관한 연구」.『史叢』 21・22합집.

박은식. 1975.「日人束縛各教會」.『한국통사』(朴殷植全書, 下卷). 단국대동양학연구소.

박은식. 1992.『대동고대사론』(프린트 영인본).『한국학보』67.

박은식・이종란 옮김. 2010.『왕양명실기』. 한길사.

박　환. 2005.『식민지시대 한인 아나키즘 운동사』. 선인.

방영준. 1990.「아나키즘의 正義論에 관한 연구」.『우당 이회영선생 추모 학술발표회』. 우당이회영선생기념사업회 (사단법인) 국민문화연구소.
신용하. 1990.「申采浩의 無政府主義 獨立思想」.『신채호』, 고려대학교출판부.
신용하. 1980.「신채호의 독사신론의 비교분석-1908년경 시민적 근대민족주의사학의 성립」.『단재 신채호선생 탄진100주년 기념론집』.
신용하. 1986.『박은식의 사회사상연구』. 서울대학교출판부.
______. 1987.「周時經의愛國啓蒙思想」.『韓國近代社會思想史研究』,일지사.
______. 1990.「申采浩의 無政府主義 獨立思想」.『신채호』. 고려대학교출판부.
신운용. 2012.「서일의 민족운동과 대종교」.『국학연구』16.
신채호. 1972.「조선혁명선언」.『단재신채호 전집』(下). 태극출판사.
안병직 편. 1981.『申采浩』, 한국근대사상가선집2. 한길사.
이정식.『韓國民族主義의 政治學The Politics of Korea Nationalism』. 한밭출판사.
이정규. 1985.『友堂 李會榮 略傳』. 을유문화사.
이덕일. 2009.『아나키스트가 된 조선 명문가, 이회영과 젊은 그들』. 역사의 아침.
정인보. 1983.「朝鮮史研究(上)」.『薝園鄭寅普全集』. 연세대학교출판부.
정인보. 2004.『양명학 연론』. 정원식 해설. 계명대학교출판부.
정인보. 2005.『陽明學演論』, 홍원식 · 이상호 (옮김), 한국국학진흥원.
정영훈. 2000.「한말 신체호사학의 정치적 성격」.『국학연구』5, 국학연구소.
정길영. 2012.「백포 서일의 대일항쟁 전략과 그 결과 -대한군정서의 설립과 墾島會戰을 중심으로-」.『국학연구』16.
최광식. 2004.『단재 신채호의 天鼓』. 시대의창.
최홍규. 1979.『단재 신채호』. 태극출판사.
정길영. 2012.「백포 서일의 대일항쟁 전략과 그 결과 -대한군정서의 설립과 墾島會戰을 중심으로-」.『국학연구』16.
한상도. 1999.「金元鳳의 生涯와 抗日歷程」.『國史館論叢』第18輯. 국사편찬위원회
한영우. 1994.「1910년대 신채호의 민족주의 사학」.『한국민족주의역사학』, 일조각.

사찰령(1911년)의 제정 과정과 그 영향에 관한 연구

카미벳부 마사노부(上別府正信) | 서울여자대학교

Ⅰ. 서 론

원광대학교 종교문제연구소에서 〈메이지시기 일본의 종교정책과 식민지조선의 종교정책 비교〉라는 주제로 발표 의뢰를 받고 본 논문은 2011년 서울대학교에 제출한 『근현대 한일 종교정책과 불교교단의 변천에 관한 비교연구』의 연구를 바탕으로 근대에 있어 종교정책이 어떠한 과정을 거쳐 시행되어 왔는지, 그리고 그 결과가 현대에 어떤 영향을 주고 있는가에 주목해 재구성한 것이다.

근대에 들어와 종교는 국가의 통치를 위해 신앙 대상으로서의 역할과는 다른 차원에서 그 중요도를 더하게 되었다. "근대국가(Nation State)"로서 발걸음 뗀 일본과 거기에 짜 넣어진 조선은 당시의 각각의 종교적 상황으로부터 다른 종교정책을 취하게 된다. 그러나 "외지"였던 조선에 대한 강력한 종교통제정책은 후에 "내지"인 일본에도 적용된다. 하지만 그 강력한 종교

통제정책은 2차 세계대전 후 일본에서는 연합국군최고사령관총사령부(GHQ/SCAP; GHQ/Supreme Commander for the Allied Powers,이하 GHQ 혹은 GHQ/SCAP)의 주도하(이니셔티브)에 완전히 해체된다. 반면, 해방 후의 한국에서는 그 법률의 성격은 그대로 남게 되어 현재에 이르기까지 적지 않은 영향을 미치고 있다.

본 논문은 근대 종교정책 흐름에서, 종교를 법의 통제하에 둘 수 있는 종교정책의 근간이 된 「사찰령(寺刹令)」(1911년)의 제정 과정을 중심으로 개관하고 동시에 그 영향에 대해 밝힌다.

II. 근대에 있어서 한일 종교상황

1. 일본에 있어서 종교상황: 명치시대(明治時代) 전후

일본의 근대 종교정책은 불안정한 정치 기반 위에서 시작된 명치정부(明治政府)가 천황을 중심으로 제정일치의 정치체제를 만들었기 때문에 「신불분리령(神佛分離令)」에 의해 지금까지 실질적으로는 국교의 위치에 있던 불교세력을 배제하고 신도(神道)를 국교의 위치에 두려고 시도한 것으로부터 시작된다. 그러나 종교적 기반이나 제도를 갖고 있지 않았던 신도를 중심으로 한 국민의 교화운동인 대교선교운동(大教宣教運動)은 곧바로 정체상태에 빠지면서 신도세력 뿐만 아니라 불교세력도 통합하여 신불합동으로 선교운동이 개시되었다. 그러나 자유롭게 포교할 수 없는 부자유함 때문에 시마지 모쿠라이(島地黙雷) 등불교교단에 소속한 유력한 인물들은 신교자유

(信教自由)와 정교분리(政教分離)를 주창하고 차례로 선교운동으로부터 이탈해가게 된다[1].

당초에 시마지 모쿠라이(島地黙雷)는 신도에 "도(道)는 있어도 교(教)는 없다(道有テ而教ナシ)."는 관점에서 신(神)・유(儒)・불(佛) 삼교정립(三教鼎立)에 의한 국민교화를 지향하였다. 하지만 신도에 체계적인 가르침이 없어 국교로서는 부적절하기 때문에 국교의 지위에 적합한 종교가 불교라고 생각하고 국교화하려는 노력을 기울인다. 그러나 이것이 불가능하다는 것을 깨닫자 그는 방향을 전환하여 신(神)・유(儒)・불(佛) 삼교정립(三教鼎立)를 시도한다. 하지만, 이마저도 신도가 주도하는 형국이 되어서 불교가 중심이 되기 어렵다는 사실을 알게 된 뒤에 그는 국가가 종교에 간섭해서는 안 된다는, 정교분리에 의한 종교의 자유를 추구하게 된다. 그 와중에도 조대신(照大神)은 천황의 종묘(祖先)이기 때문에 어느 종인지 불문하고 존숭해야만 한다고 주장함으로써 신도를 국교화하려는 정부와 신도측과 타협점을 찾는 것으로 정교분리가 형식상으로 달성되게 된다.

이러한 움직임 속에서 「신사비종교론(神社非宗教論)」이 출현하게 된다. 이것이 「국가신도(國家神道)」라고 불리는 천황을 정점으로 한 종교에 의한 통치 정책을 만드는 소지가 된다.

서구사회로부터 기독교의 공인을 요구받고 있던 일본 정부는 마침내 신교자유(信教自由)와 정교분리(政教分離)의 도입을 표명해 국내외로부터의 요구에 응하게 되었다. 그리고 「대일본제국헌법(大日本帝國憲法)」을 명치(明治) 22년(1889년) 2월 11일에 발포하고 다음해인 명치(明治) 23년(1890년) 11월

---

1) 文化庁編 1983, 『明治以降 宗教制度百年史』.73-74쪽. ; 井上恵行 1969, 『宗教法人法の基礎的研究』. 東京: 第一書房. 12-18쪽. ; 新田均1997, 『近代政教関係の基礎的研究』. 東京: 大明堂.7-66쪽. 参照.

29일에 시행해 근대국가로서의 형식을 갖추었다.

「대일본제국헌법」의 제28조에는 "일본신민(日本臣民)은 안녕질서(安寧秩序)를 방해하지 않고 또한 신민으로서의 의무를 위배하지 않는 한 신교(信教)의 자유를 갖는다."고 규정되어 있어 제한적이지만 신교(信教)의 자유는 인정되었다. 그러나 실제로 신사는 종교에 해당하지 않는다고 하여 국가의 제사로서 완전히 국가가 관리하고, 한편으로는 「치안유지법」 등에 의해 강압을 받는 종교단체도 나타나는 등 신교(信教)의 자유(自由)나 정교분리(政教分離)가 완전히 달성되었다고는 말할 수 없는 상황이었다. 또 이제까지 불교, 신도 등은 각종 개별 법령에 의해 관리되어 법령체계가 복잡하고 정합성이 있다고는 말하기 어려웠기 때문에, 통일된 종교법을 요구하는 운동이 일어나고 종교단체에 관한 통합적인 법률제정이 진행되게 되었다. 그러나 각 교단의 이해관계가 대립하는 등 여러 가지 이유 때문에 종교단체를 일원적으로 관리하는 「종교단체법」이 성립하기까지는 의회에 최초의 종교 법안이 제출되고 나서 40년의 세월이 걸리게 되었다. 「종교단체법」은 종교단체의 보호, 육성이라는 측면과 종교단체에 대한 통제감독의 강화라는 측면을 동시에 갖고 있었다. 또, 신도 각 종파, 불교 각 종파, 기독교 그 외의 교단과 이것에 포괄되는 사원, 교회를 종교단체로 하고, 이제까지 유사종교를 종교결사로서 법의 대상으로 삼았지만, 신사는 종교가 아니기 때문에 「종교단체법」의 대상은 아니었다. 이 때문에 국가신도를 정화하기 위한 수단이 되었다.

2. 조선에 있어서 종교상황: 조선의 개국

고려를 무너뜨리고 조선을 건국한 이성계는 유교세력을 기반으로 국가를 운영하기 위해 기본적으로 불교억압·배척정책을 취했다. 이것은 고려시대에 막대한 영향력을 가진 불교세력을 통제함으로써 그들의 권력을 빼앗고 국가재정의 안정화도 도모하는 실용적인 정책이기도 했다. 그리고 조선왕조의 불교억압·배척정책은 강제적 종파 통합, 승과제도의 폐지, 승니의 한성(漢城) 입성금지, 승니의 환속령(還俗令) 등으로 구체화되었다. 그 결과 승려의 신분이 하인 등과 함께 팔천민(八賤民)으로까지 전락할 만큼 조선시대의 불교는 가혹한 상황에 이르렀다. 이처럼 조선시대에는 시대마다 다소간의 차이는 있겠지만 불교억압·배척정책이 일관되게 추진되었다. 이와 같이 숭유억불(崇儒抑佛) 정책이 취해졌기 때문에 조선의 불교 전통은 크게 훼손되었다.

다른 한편으로 조선의 불교는 남성과 사대부 중심의 유교적 질서 외부에 있던 여성과 민중이라는 사회적 약자의 기복적인 수요를 수용하여 그 명맥을 유지하게 되었다. 이렇게 하여 조선불교는 정치와 매우 강하게 결합되어 있던 기존의 호국불교적 성격과는 달리 민중과 결합한 불교로서 산림불교·은둔불교·교선겸수(教禪兼修)·가내(내당·내방)불교라는 성격을 갖게 된 것이다.

조선불교의 이러한 상황은 근대국가로서 첫 걸음을 뗀 일본이라는 외부의 간섭을 계기로 변화를 맞이하게 된다. 명치(明治) 8년(1875년)에 수로측량을 마치고 음료수 보급을 구실로 강화도에 접근한 일본의 군함 운요호가 함포공격을 받은 것을 발단으로 하여 이른바 "운요호사건"이 발생했다. 일본은 즉시 쿠로다 키요타카(黒田清隆)를 전권대사로, 이노우에 카오루(井上馨)

를 부대사로 하여 군함 수 척과 함께 조선으로 보내 다음해인 明治 9년(1876년)에 「조일수호조약」(강화도조약)을 체결시켰다. 이로 인해 일본은 조선에 치외법권과 함께 부산 외에도 2개 항구의 개항, 일본상품의 무관세, 화폐유통권, 거류민의 치외법권 등을 조인하게 하였다. 이러한 일련의 사건이 무력을 배경으로 한 "포함외교(砲艦外交)"라 불리는 것이었다. 이것은 미국의 페리제독이 이끄는 "쿠로후네"(黑船) 4척이 도쿄만에 출현하여 일본의 개항을 요구하며 위협하고 불평등조약을 체결시켰던, 당시의 약육강식 논리가 적용되던 국제사회의 상황을 일본이 조선에 대해 그대로 실행한 것이었다.

어쩔 수 없이 불평등조약을 체결하게 된 조선은 일본의 정치적・경제적・군사적 영향을 받게 되었다. 한편으로는, 일본과의 교류를 통해 근대적 서양문물과 접촉하고 일본의 정신문화 등이 유입되기 시작하였다. 다시 말해서, 일본을 통해 기독교(프로테스탄트)와의 접촉이 이루어지기도 하고[2], 일본의 불교 각파의 조선 포교 등이 시작되게 되었다. 1877년 부산, 1880년에 원산, 1883년에 인천이 개항되자 조선국내에 많은 일본인이 경제활동 등을 위해 건너오기 시작했다. 이와 함께 일본의 불교 각파도 조선에서의 종교활동을 활발하게 전개해 나가게 되었다.

구미열강이 식민지 침투에 기독교 선교사를 앞세워 근대문명의 힘과 서양적 가치관을 식민지에 침투시킨 것처럼 일본도 종교의 중요성을 이해하고 있었다. 일본 국내에서는 구미열강의 정신적 지주인 기독교를 본받아, 신도(神道, 여기에서는 신사)에 그 역할을 담당하게 하는 정책을 취하면서 조선에서는 특히 불교를 통해 정신적・문화적 침투를 꾀해 나가는 정책을 취

2) 1876년 조일수호조약 이후, 조선왕조가 일본에 파견한 개화파 지식인의 일부 중에는 기독교 선교사와 접촉한 이들이 나타났다. 申昌浩 2002a, 『韓国的民族主義の成立と宗教: 東学・親日仏教・改新教(プロテスタント)の分析を通じて』. 京都: 国際日本文化センター. 118쪽.

했다. 일본이 조선에서 불교에 그러한 역할을 담당시킨 이유는, 신도에서는 교리・조직이라는 점에서도 실력부족인 면이 있었고 신흥종교・기독교로는 위험한 면이 있다는 점과 한일 공통의 정신적 기반으로서 오래도록 불교가 있어왔다는 점을 생각할 수 있다.[3)]

III. 식민지 조선에 있어서 일본 불교의 유입

1. 진언종대곡파(眞宗大谷派)의 개교(開教)

일본이 조선에게 불교를 통해 정신적・문화적 침투를 추진할 때, 불교 가운데서도 특히 첨병으로 선택된 것은 진종대곡파(東)본원사(眞宗大谷派(東)本願寺)였다.

막부말기에 진종대곡파(東)본원사(眞宗大谷派(東)本願寺)와는 달리 존왕양이(尊皇攘夷)를 지향하는 근왕파(勤王派)보다는 덕천막부(德川幕府)측을 지원하고 있었기 때문에 명치신정부(明治新政府)가 탄생 후에 진종대곡파(眞宗大谷派)는 어려운 입장에 빠졌다. 그래서 진종대곡파는 새롭게 권좌에 앉게 된 신정부에 대해 공순(恭順)함과 충성을 보일 필요가 있어서 홋카이도의 개척, 중국, 조선에의 해외 포교를 재빨리 전개해, 식산흥업, 국위 선양 노선을 적극적으로 추진하며 갔던 것이다.[4)]

명치(明治) 10년(1877년) 8월에 신정부로부터 조선개교를 명받은 진종대

3) 韓晳曦,『日本の朝鮮支配と宗教政策』. 東京: 未来社, 1988, 13-15쪽.

4) 韓晳曦 1988, 14쪽.

곡파는 명치 10년(1877년) 9월에 오쿠무라 엔싱(奥村圓心)과 히라노 에수이(平野惠粹)를 부산으로 파견하였다. 그리고 10월에는 관사의 일부를 영구 임대받아 포교를 개시하고 이듬해 12월에는 확장 수선하여 본원사 부산별원(本願寺 釜山別院)이라 칭하고 오쿠무라 엔신(奥村圓心)이 제1대 윤번(輪番;주지)에 취임하였다.[5] 또한, 포교에 있어서도 면밀하게 준비하는 체제를 취하였다.

이유로 오쿠무라 엔신은 명치(明治) 12년(1879년) 부산에 조선어학사를 설립하고, 교토본산에서 온 유학생에게는 조선어와 불교학을 학습시켜 이후 전개될 포교확대를 준비하였다.[6] 또한, 후에는 거류민 자제를 위한 소학교 교육, 중등교육 수준의 보습교육과 유치원 등의 교육사업 등도 실시하였다. 청일전쟁(갑오전쟁) 후에는 일본어를 학습하겠다는 조선인이 증가하였기 때문에 일본어학교로 설립하였다[7]. 이 밖에도 명치(明治) 10년(1877년)에는 부산에 빈민구제, 행로병자 구호・구제를 목적으로 한 부산교사를 설립하여 사회사업에도 발을 내딛었다.[8]

조선에서 진종대곡파(眞宗大谷派)가 개교를 시작한 1877년부터 1906년까지 13개의 별원(別院)・포교소(布教所)・출장소(出張所)가 개설되었으며, 제3차 한일협약(丁未七条約)이 체결된 1907년에는 7개, 1908년에는 11개, 1908년에는 10개, 한일병합이 체결된 1910년에는 순식간에 13개의 별원・포교소가 개설되었다. 이러한 진종대곡파의 적극적인 포교에 의해 1877년부터

5) 大谷派本願寺朝鮮開教監督部 1927, 『朝鮮開教五十年誌』.京城:大谷派本願寺朝鮮開教監督部. 22-24쪽.; 韓晳曦 1988, 14쪽.

6) 大谷派本願寺朝鮮開教監督部 1927, pp.25, 152; 韓晳曦 1988, 27쪽.

7) 大谷派本願寺朝鮮開教監督部 1927, 148-152쪽. 참조. 보습교육에는 女學科・英語科・朝鮮語科가 설치되었다. 단, 직접 교육사업을 운영하던 시기는 짧았으며, 소학교는 정부로 이관, 또한 기타 교육사업도 본산의 재정난으로 인해 중지되기도 하였다. 일어학교도 재정난으로 인해 마산영사관에 양도되었다.

8) 大谷派本願寺朝鮮開教監督部 1927, 161-170쪽.

1920년까지 조선 내에 진종대곡파의 별원, 포교소, 출장소는 조선 전체에 걸쳐 65곳에 이를 만큼 확산되었다.[9] 일본정부와 협조하면서 조선에서의 포교를 개시한 진종대곡파는 일본정부와 보폭을 맞추어 김옥균 등과 같은 개화파를 지원하는 등 정치적으로도 조선에 큰 영향을 미쳤다.

명치(明治) 15년(1882년), 개화파들도 크게 관련된 임오군란을 계기로 일본이 일본인의 안전 확보와 치안유지라는 이유로 한반도에 군대를 보내자 종주국이었던 청국도 한반도에 군대를 파견하였다. 조선에서 청국의 영향력을 없애고 싶었던 일본과 청의 대립이 결정적 원인이 되어 명치(明治) 27년(1894년)에 청일전쟁이 발발했다. 명치(明治) 28년(1895년)에 일본이 청국을 이기고 시모노세키조약을 체결하였다. 이 조약으로 일본은 청국에 조선이 자주독립국임을 인정하게 하였다. 명치(明治) 30년(1897년)에 청국의 책봉체재에서 벗어났음을 나타내는 의미에서 국호를 대한제국이라 하였다. 그 후, 일본의 한반도 간섭은 더욱 강화되어 명치(明治) 37년(1904년) 「제1차 한일협약」에서 조선의 재정과 외교 고문에 일본이 추천하는 사람을 두도록 하는 조항을 정하고, 명치(明治) 38년(1905년)에 「제2차 한일협약」(을미보호조약)에서 한국은 외교권을 일본에 빼앗기며 일본의 보호국이 되었다. 이듬해에는 일본은 통감부를 설치하여 한국을 보호국화하였다. 명치(明治) 40년(1907년) 「제3차 한일협약」(정미칠조약)에서 외교에서 내치에 이르기까지 모든 면에서 일본의 간섭을 받게 되어 대한제국은 실질적으로 일본의 식민지로 전락하였다.

조선을 식민지로 만들려는 일본의 계획이 착착 진행되는 가운데 명치(明治) 39년(1906년) 11월에는 통감부에 의해 통감부령 제45호 「종교의 선포에 관한 규칙」이 발포되었다. 「종교의 선포에 관한 규칙」는 8조에서 구성된

9) 韓晳曦 1988, 51쪽.

규칙이며 그 규칙 가운데 특히 제4조는 조선 사원의 관리를 원하는 일본 불교단체에 대해 그 수속절차를 명확히 하고 있다는 점에서 중요했다. 이를 통해 한국 진종대곡파의 관리를 신청하는 곳이 다수 드러나게 되었다.[10]

2. 일련종(日蓮宗)과 「승려 도성출입금지」 해제

조선에서의 개교를 처음 실행한 것은 명치(明治) 10년(1877년)에 신정부로부터 조선 개교를 명받은 진종대곡파였다. 그러나, 타 종파 등도 뒤를 이어 조선 개교에 나섰다. 일련종(日蓮宗)은 명치(明治) 14년(1881년)에 와타나베 니치웅(渡辺日運)이 부산으로 건너와 일종회당(日宗會堂; 입정산묘각사(立正山妙覺寺))을 설립하고 조선포교를 시작하였다. 이듬해인 1882년에는 원산(元山)에

---

10) 『朝鮮開教五十年誌』에서는 통감부의 인가를 받은 北金山郡 直指寺・平北博川郡 深源寺・江原鐵原郡 四神庵・京畿果川郡 戀主庵의 4개 사원과 平南安州郡 大佛寺・平南安州郡 法興寺・平北寧邊郡 普賢寺・忠北永同郡 寧國寺・全北高山郡 花岩寺・慶南陝川郡 海印寺・東小門外 華溪寺・慶南普州郡 大源寺・全北龍潭郡 天皇寺・江原淮陽郡 長安寺・全北全州郡 鶴井寺・東小門外 奉國寺・慶南東華郡 梵魚寺・全南求禮郡 華嚴寺・慶南東郡 雙磎寺 등의 15개 사원을 합한 19개 사원이 眞宗大谷派의 관리를 희망하고 있었다고 기재되어 있다. (大谷派本願寺朝鮮開教監督部 1927 『朝鮮開教五十年誌』 195-196쪽.) 이처럼 사원관리를 일본의 불교단체로 옮기려는 조선 사원의 움직임에는, 1907년에 한국 군대가 해산되자 각지에서 활발하게 일어나던 의병운동의 영향도 있었다. 근대적 무장을 갖춘 일본군에 비해 열세에 있던 의병이 산 속 사원을 항일군운동의 근거지로 삼았기 때문에 산중 사원이 전쟁터가 되는 경우가 늘어갔다. 또한 의병의 이름을 빌어 불당을 부수고 물자를 약탈하는 이들도 나타났기 때문에 승려도 사원을 버리지 않을 수 없게 되어 주인 없는 사원도 발생했다. 더욱이, 사찰과 승려로부터 빌린 빚증서를 훼손하거나 사찰의 토지까지 훔치는 이들이 나타나면서 사원은 황폐화되었다. 타카하시 토오루(高橋亨)는 『李朝佛教』에서 이러한 사원의 황폐화 상황을 "임진란 당시 일본군의 황략(荒掠)과 맞먹을 조선사찰의 2대 재액(災厄)"이라 표현하고 있다. 이러한 상황 하에서 상당수의 조선 사찰이 일본 불교 종파의 말사(末寺)로 예속화함으로써 전화에서 벗어나보려 했던 측면도 있었다. 高橋亨, 『李朝仏教』, 東京: 国書刊行会, 1973, 912- 913쪽.; 申昌浩, 「再生宗教としての朝鮮仏教と親日」 『日本研究』.第25集 京都: 国際日本文化センター, 2002b, 79쪽.

정묘사(頂妙寺), 그 후에도 서울(漢城)에 호국사(護國寺)·경왕사(經王寺), 인천(仁川)에 묘각사(妙覺寺), 이 밖에도 진남포(鎭南浦)에 최승사(最勝寺), 군산(群山)에 안국사(安國寺), 함흥(咸興)에 일연사(日蓮寺) 등과 같은 일련종 사찰을 설립하는 등 활발한 활동을 펼쳤다.[11)]

이러한 가운데 청일전쟁에서 승리하여 조선포교 확대를 꾀하고자 1895년 3월 3일에 관장대리로서 일본 불교 일련종 본불사 주지(日蓮宗本佛寺住職)였던 사노 젠레이(佐野前勵)가 호리 니치온(堀日温), 시부야 붕에이(渋谷文英)를 거느리고 조선으로 건너왔다. 부산에 도착한 후 인천을 거쳐 서울에 입성한 후 일본공사관의 후원을 받아 포교활동을 시작했다. 이러한 과정 속에서 일본공사관의 알선으로 3월 19일에 사노 젠레이(佐野前勵)는 『법화경』, 안국론, 종조약전, 향로 등을 궁내부에 출두하여 헌상하고, 당시 섭정을 하고 있던 궁내부 대신 이재시(대원군의 아들)와 면담하였나. 후에 조선 국왕이 보낸 답례사절은 별조화로와 채석(彩席), 호피 등을 가지고 일련종의 고바야시(小林)관장에게 선물하였다. 같은 해 4월 22일부터는 총리, 내무, 외무, 도지, 학무, 궁내 등 여러 대신을 차례로 역방(歷訪)하였다. 이렇게 하여 1895년 4월 22일에 내각총리대신 김홍집에게 「승려 도성출입금지」 해금을 요청하는 글을 올렸다. 이 건의서의 내용은 조선 승려들의 도성출입금지의 부당성을 지적하였을 뿐 아니라, 이 출입금지에 대한 해금을 요청하는 것이었다. 김홍집 내각은 다음날인 4월 23일에 이 건의서를 수용함으로써 「승려 도성출입금지」를 완화시켰다.[12)]이렇게 해서 1503년에 연산군이 승려들의 서울 4대문 안 도성 출입을 금했던 「승려 도성출입금지」, 1623년에

11) 韓晳曦, 1988, 54쪽.; 申昌浩 2002, 79쪽.; 김경집, 1998, 『韓國近代佛教史』. 서울: 경서원. 126-127쪽.

12) 高橋亨 1973, 890-892쪽.; 韓晳曦 1988, 54-55쪽.; 申昌浩 2002a, 76쪽.

다시금 승려도성출입이 엄격히 금지된 이래 270년이 지나 드디어 조선의 승려가 도성을 출입할 수 있게 된 것이다. 이것은 도성 내에서의 종교활동의 자유를 얻은 것과 같은 의미로 불교법회 등을 자유롭게 열 수 있게 되었음을 의미하는 것이었다.

당시의 조선불교는 조선왕조의 폐불숭유(廢佛崇儒) 정책으로 거의 빈사 상태에 있었다. 게다가 개국 후 일본인 승려는 도성을 출입하며 자유롭게 포교활동을 할 수 있는데도 조선 승려의 도성 출입이 금지되어 있던 점은 부조리한 부분이었다. 이러한 의미에서도 일본 승려에 의해 실행된 「승려도성출입금지」의 해금은 조선불교사에 있어서도 획기적인 사건이라 말할 수 있는 것이었다.

『이조불교(李朝佛教)』에 따르면, 사노 젠레이(佐野前勵)는 조선불교는 생기를 잃었고 승려 역시 속한 종파의 교의와 종지(宗旨)에 대한 신조를 잃은 상태이기 때문에 일본 불교의 종지(宗旨)로 개종함으로써 조선교계를 일련종으로 통일하는 것은 그리 어려운 일이 아니라고 생각하고 있었다. 이를 위해 조선 승려에게 각별한 은혜를 제공함으로써 조선 승려를 일련종으로 유인하는 계기로 삼고자 이 「승려 도성출입금지」의 해금을 요청한 것이라고 기재되어 있다.13) 그 한편, 「승려 도성출입금지」는 당시 사회적인 분위기로 보아서 곧 해제될 상황이었다는 지적도 있다.14)

---

13) 高橋亨 1973, 899쪽.; 韓晳曦 1988, 55쪽.

14) 김순석, 「근대불교 종단의 성립과정」. 대한불교조계종 교육원 불학연구소 편, 『불교 근대화의 전개와 성격』, 서울: 조계종출판사, 2006, 52쪽. 또 韓晳曦는 사노의 공적을 다음과 같이 평가하였다. "사노의 고관 및 대원군에 대한 주도면밀한 물밀작업과 함께, 친일파 김홍집 내각이었다는 것과 내무대신에 박영효는 기술한 바와 같이 이동인을 신임하여 스스로도 本願寺의 불제자를 청원했던 적이 있을 정도의 인물이었으며, 외무대신 김윤식도 유학자이면서 불교에 대한 이해가 깊었다. 게다가 해금의 뜻은 이미 전년 각의에 상정되어 결정 직전이었으며, 대원군의 간섭으로 성립되지 못했던 과정도 있었기 때문에, 기회는 이미 성숙되어 있었던 것이다. 그러나, 이 기회를 잡아 민첩하게 물밀작업을 추진하여 공사관을 배경으로 단행을 추진한 사노의 공적

어떤 이유에서건 「승려 도성출입금지」의 해금을 이루어낸 점은 조선불교계에 있어서도 갑자기 찾아온 큰 행운이었다는 점에는 틀림이 없으며, 입성 해금에 대한 조선불교 승려들의 기쁨이 대단한 것이었음을 짐작하는 것은 어려운 일이 아니다. 4월 29일 용주사 승석 상순(僧釋 尚順)은 사노에게 다음과 같은 사례글을 보내왔다.

당시의 조선 승려도 이 「승려 도성출입금지」을 대체로 환영했다.

3. 원흥사(元興寺) 창건 · 원종종무원(圓宗宗務院) 설립과 광무(光武) 6년의 사찰령(寺刹令)

1895년에 「도성출입금지령」이 해금되었지만 보수반동내각에 의해 1898년(광무 2년)에 다시금 금지령이 내려졌다. 그러나, 이 시기 개화운동은 대중운동으로 발전되고 있었기에 수천에서 수만에 이르는 민중이 참가하는 가두대집회와 만민공동회가 뒤를 이어 개최되었으며, 구(舊)관습의 폐지와 자유를 부르짖는 시민의 시위가 연이어 일어났으므로 이 금지령은 유명무실화되어 있었다.

이러한 상황에서 이듬해인 1899년(光武 3년)에는 국가가 전국 사찰을 통제하는 정책으로 전환이 이루어졌다. 이는 전국 교단을 통일하려는 움직임으로서, 동대문 밖에 조선불교의 총종무소(總宗務所)를 둔 원흥사를 창건하

은 역시 컸다고 해야 한다"(1988, 57-58쪽). 이와는 반대로 김경집은 "解禁은 日本僧侶의 전격적인 활동이 아니라도 해결될 수 있었던 현안문제였다"라고 지적하였다. "爲政者들은 서학의 전교 활동을 견제할 수 있는 방안으로 지금까지 억압하였던 佛教를 다소 緩和하여 西學에 대한 牽制政策으로 삼고자 하였다"는 점, 그런 분위기가 잡역면제 등에서도 드러난다는 점을 근거로 들어 해금은 언젠가는 이루어질 일이었다고 말한다(1998, 113-124쪽).

고 이를 대법산(大法山)으로 삼았다. 총무원장인 도섭리(都攝理)와 경성 부근의 사찰감독 각 1명을 두고, 13도(道)에는 각 도내 사찰의 사무를 총괄하는 중법산(中法山)인 수사(首寺)를 두었다. 이것은 조선 이전의 제도, 혹은 일본의 본산말사제도(本山末寺制度)와 비슷한 제도였다. 또한 1902년(光武 6년) 4월에는 궁내부(宮內府) 소속 관리서에 전국 산림성보사찰에 관한 모든 사무를 담당케하기로 하였다.[15)]

그리고 1902년 7월에는 36조로 이루어진 「사찰령」이 발포되었다.[16)] 이것은 1899년에 원흥사를 창건시켜 사찰을 통제하려던 흐름을 이어 이를 법문화함으로써 불교를 완전히 국가의 관리 아래 두려는 목적에서 나온 것이었다.[17)] 즉 승과(僧科) 및 양종(兩宗)이 폐지된 이래로 일체 통제받지 않고 방임되던 국내 사찰 및 승려를 다시 그 이전으로 상태로 되돌려 국가 행정의 관리 아래 통제하려 했던 것이다.

4. 조동종(曹洞宗)과 원종종무원(圓宗宗務院)
— 조동종(曹洞宗)의 조선불교 「병합(倂合)」 계획

진종대곡파와 일련종에 이어 청일전쟁 승리 후인 1895년(明治 28년) 8월 진종본파(西)본원사의 나카야마 유이젠(中山唯然)이 익산에서 개교하였고, 1897년에는 정토종의 미스미다 시몬(三隅田持門)도 부산에서 개교하였다. 이듬해에는 대승정 노가미 카이운(野上海運)이 경성에 개교원을 설립, 니시

15) 高橋亨 1973, 866-867쪽.
16) 우정상 1976, 金煐泰 공저. 『韓國佛敎史—附錄・年表』. 서울: 進修堂, 166-172쪽.
17) 高橋亨 1973, 867쪽.

혼간지(西本願寺)도 1903년에는 엄상엔(嚴常円)이 13도(道)를 행각(行脚)하며 전도활동을 펼쳤으며, 1905년에 개교총감부의 일부를 용산으로 이전하였다. 같은 해에는 진언종(眞言宗)의 금무순도(金武順道)가 경성에 광운사를 설립하였으며, 1907년에는 조동종의 학전기운(鶴田機雲)이 대전(大田)에 대전사(大田寺)를 설립하였다. 임제종(臨濟宗)은 가장 늦게 경성에 포교소를 설치하였다.[18)]

일본의 불교 각 종파는 기본적으로는 재조선일본인에 대한 포교를 기본 취지로 삼고 있었으나, 일본 종파의 조선인 불교승까지도 배출하는 등 조선인에 대한 포교에도 힘을 기울여 조선사찰 승려와의 교류도 왕성하게 이루어졌다.

당시 한국에서의 종교 활동은 1906년의 「종교 선교에 관한 규칙」에 의해 통감부로부터 포교활동을 허가받지 않으면 안 되었다. 또한, 1907년 7월에 통감부는 종교 활동 그 자체를 통제하기 위해 「보안법」을 제정하여 공포하고 시행하였다. 이 법안은 한국인에게만 그 효력이 발생하는 법안이었다. 통감부는 교단을 일반사회결사로서 취급하고 있었기 때문에 이 보안법은 종교단체에도 그대로 적용되었다. 따라서 식민지 지배과정에서 일본이 원하는 질서안정과 그 방향성을 위해 일반결사와 같은 종교 활동은 엄격히 제한・금지되었고, 치안유지라는 명목 하에 종교 활동은 경찰의 손 아래서 관리되었다. 이처럼 종교 활동이 보장되기는 하였으나 일본 국내에서와 마찬가지로 정부의 엄중한 관리통제 하에서 이루어지지 않을 수 없는 상황이었다.[19)]

1910년 8월 한일병합이 이루어지자 장차 존립기반을 확보하기 위해 원

---

18) 韓晳曦, 1988, 59쪽.
19) 申昌浩, 2002, 81쪽.

종종무원(圓宗宗務院) 대종정인 이회광은 연합할 만한 일본의 불교 종파 및 그 방법과 조건 등에 대해 원종종무원에서 각종 협의를 실시하였다. 이회광은 원종(圓宗)의 고문이었던 다케다 한지(武田範之)의 의견을 채용함으로써 조동종과 연합하기로 결정하고, 1910년 9월에 이회광은 원종종무원을 대표하는 종정의 자격으로 72개 사찰의 위임장을 들고 일본에 건너가 조동종 관장인 이시카와 소도우(石川素童)와 교섭하였다. 그러나, 이시카와 소도우(石川素童)는 "귀 불교는 아직 우리 동종과 연합할 만한 정도에 이르지 못하였다. 지금 만약 무리해서 연합한다면 사회의 비난을 피할 길 없다. 그렇기에, 일정 기한 동안 조선불교가 조동종의 부속종이 된다고 하면 즉시 이를 허락하는 것이 좋다."고 하며, 연합이 아닌 부속종으로서 조선불교를 취급하려 하였다. 이회광은 연합에 대한 위임은 받았으나 부속에 대한 위임이 아니었다 하여 거절했기에 조동종 주무성은 이에 동의함으로써 10월 6일에 연합조약 7조를 체결하였다. 그러나, 그 내용은 명백하게 조동종으로 원종(圓宗)이 종속화되는 것이자 조동종이 원종을 병합하는 것에 지나지 않았다.[20)]

그러나 종무원서기로부터 7조 전문이 통도사에 누설되어 임제를 법통으로 하는 조선선종을 포함한 전불교를 일본 조동종에 파는 것으로 인식되면서, 한용운・박한영 등이 큰 반대 운동을 일으켰다. 그들은 전라(全羅)・경상량도사찰(慶尚兩道寺刹)를 단결시켜 1911년 1월 15일에 임제종을 표방했다. 임시관장으로 한용운을 선택, 원종에 대해 격렬한 반대 운동을 전개했다. 이것이 이른바 임제종운동이다. 이렇게 한국 불교는 북쪽의 원종과 남쪽의 임제종 사이에 대립 구조가 나타나게 되었다.[21)]

---

20) 高橋亨, 1973,922-923쪽.
21) 김순석, 2006, 58-59쪽.

일본 조동종은 와코우 코쿠에이(若生國榮)을 총독부에 파견하여 원종종무원 설립인가 신청서를 제출했다. 그러나 총독부는 허가도 각하도 하지 않은 채 이를 계속 보류하였다. 이러한 보류의 배경에는 다양한 이유가 잠복해 있었다. ① 일본 조동종만에 의한 연합을 허가할 경우, 타종파 특히 유력한 진종(眞宗)・정토종(淨土宗) 등의 반발, 일본국내에서의 비판을 피할 수 없게 될 것을 우려했다. ② 통일교단으로 조직되어 통치하기 쉬운 조선불교를 분열 복잡화시키고 싶지 않았다. ③ 의병 등의 저항운동이 일어나고 있던 상황에서 청년중견승려들의 반대가 격화하여 민족적 저항운동과 연결 전환되는 것도 우려하고 있었다. ④ 조동종과 원종의 연합을 강력히 추진하였으며 정치적으로도 발언력이 강한 다케다 한지(武田範之)가 병으로 인해 귀국중인 관계로 활동 불가능한 상태였다. 이러한 까닭으로 총독부는 이 신청을 지켜만 보고 있었던 것이라고 생각된다.[22)]

다케다 한지는 병상에서도 『원종육체론(圓宗六諦論)』을 집필하여, 조동종과 원종의 연합이 주는 이점을 주장하면서 송병준(宋秉畯)와 조동종 수뇌들에게도 널리 이 책을 배포하여 조선 승려에게 연합을 향한 기운을 촉진시켜 갈 것을 부탁하였다. 그러나, 조선사원이 일본의 각 종파로 분할되는 것도, 어느 한 종파에 독점당하는 것도 원치 않던 조선총독부는 1911년(명치 44년) 6월 3일에 제7호 「사찰령」을 발령하고 9월 1일에 시행함으로써 조선 사원을 모두 조선총독부가 직접 통제하고 지배하는 정책을 취했다. 이로 인해 원종, 원종과 조동종 간의 연합(지배)도, 한용운・박한영 등의 임제종 종명을 세우려는 움직임도 잠잠해져, 일본불교와의 본말사 관계도 모두 해제되었다. 이렇게 조선총독부는 조선불교계에서 자발적으로 성립된 원종과 임제종 양쪽 모두 부인하고, 「사찰령」체제에 의해 새로운 종명을 부여하여

22) 高橋亨, 1973, 925쪽.; 韓皙曦 1988, 65쪽.

"조선불교선교양종"이라 명명했다. 이것은 조선불교계가 스스로 운영하는 자주적 조직체인 종단을 만들지 못하도록 한 것이었다.[23] 이 같은 배경에서 삼십본산(三十本山) 련합제규(連合制規)를 제정하고, 경성 각황교당(覺皇教堂)에 삼십본산련합사무소(三十本山連合事務所)를 설치하여 연합위원장을 삼십본산(三十本山) 주지 중에서 선거로 선출하였으며, 연합포교소 각황교당에 포교사를 주재토록 하여 설교강연을 하게 하였다. 또 동소문내에 일본불교 학림제(學林制)를 참고로 한 조선불교 중앙학림(中央學林)을 설립하여 그 졸업생에게 포교사의 자격을 부여하도록 하였다. 이와 같이 조선국내에서 일본불교 각 종파의 포교활동에 큰 제한이 가해지자 일본불교 각 종파의 조선포교에 대한 열정도 빠르게 식어가게 되었다.[24]

Ⅳ. 조선총독부제령 제7호「사찰령」(1911년) — 조선불교계 수용과 대응

한반도에 대한 일본의 간섭은 더욱 강화되어 1904년「제1차 한일협약」, 1905년의「제2차 한일협약」(을이보호조약(乙巳保護條約)), 1907년「제3차 한일협약」(정미칠조약(丁未七條約))이 체결되면서 대한제국은 실질적으로 일본의 식민지로 전락하였다. 이러한 상황하에서 한국에서의 모든 정책은 일본이 통감부, 나아가 통감부를 개조한 조선총독부가 담당해 가게 되었다. 그리

---

23) 김광식,「식민지(1910~1945)시대의 불교와 국가권력」.『大覺思想』13, 서울: 大覺思想研究院, 2010, 15쪽.

24) 高橋亨, 1973, 925-930쪽; 韓晳曦, 1988, 66쪽.

고 종교정책 면에서는 「종교 선포에 관한 규칙」에 의해 통감부의 관리통제를 강화하고, 1907년 7월에는 「보안법」을 제정하여 일본의 통치에 순응하지 않는 한국인의 종교활동을 치안유지라는 명목 하에 경찰이 통제하게 되었다. 이 사이에도 조선 사원은 일본의 불교종파에 의해 말사(末寺)로 편입되어 갔다. 그리고, 1920년 8월에 한일병합이 이루어지자 원종종무원(圓宗宗務院)은 일본 불교와의 연합의 길을 모색하다 조동종과의 연합을 요청하게 되었다. 그러나 조동종은 원종종무원에 대해 이름뿐인 연합, 실질적으로는 예속화를 강요하는 조건을 제시하고 이를 체결하였다. 조동종과 원종종무원이 맺은 연합조약이 드러나자 한국 내에서 이에 반대하는 운동이 일어나고, 또한 일본의 타 종파와의 관계까지도 우려한 조선총독부는 1911년 6월 3일에 제령 제7호 「사찰령」을 발령하였다. 이어 같은 해 7월 8일에 조선총독부령 제84호 「사찰령 실시규칙(實施規則)」을 발령하고 「사찰령」, 「사찰령」 실시규칙 양 법령을 9월 1일부터 시행함으로써 일본의 모든 불교종파가 조선불교교단에 간섭하는 것을 실질적으로 불가능하게 하였으며 조선총독부가 조선불교를 일원적으로 관리하는 정책을 취했다.

「사찰령」은 7조로 이루어져 있는데, 사찰의 병합・이전・폐지・명칭변경 및 사찰 소속의 일체의 재산처분은 총독의 허가를 필요로 하며(제1조), 지방장관의 허가 없이 전법・포교・법요집행・승려 거주 이외의 목적으로 사찰을 사용하는 일이 금지되며(제2조), 사찰은 본말사를 구분하여 각 본사는 사법(寺法)을 제정하여 총독의 허가를 받도록 하였으며(제3조), 사찰에 주지를 두어 사찰 소속의 일체의 재산 관리, 사무(寺務), 법요집행 책임자로서의 역할을 부여하며 사찰을 대표한다고 규정하였다(제4조).[25)]

「사찰령 실시규칙」은 전국 사찰에 삼십본산(1924년, 화엄사가 더해져 三十

25) 朝鮮總督府學務局社會教育課 1939, 109-116쪽.; 韓晳曦 1988, 77-81쪽.

一本山)을 규정하여 전국 1,300여 개의 사찰을 삼십본산과 본말사 관계를 취하도록 30개로 구분하고, 총독은 삼십본산 주지를 직접 조종하여 7,000명의 비구승을 가진 조선불교를 완전하게 통제하기에 이르렀다.[26] 이것은 종단을 삼십본산을 중심으로 한 삼십구분(三十区分)으로 나누어 통합종단의 기능을 수행하지 못하도록 한 것이었다.

「사찰령」 및 「사찰령 실시규칙」은 각각 다음과 같다.

「寺刹令」

寺刹令을 明治四十四年 法律第三十號 第一條와及 第二條에 依하야 勅裁를 得하고 玆에 公布하노라

明治四十四年六月三日 朝鮮總督 伯爵 寺內 正毅

制令 第七號 寺刹令

第一條 寺刹을 併合, 移轉하거나 또는 廢止코자 하는 때는 朝鮮總督의 許可를 受함이 可함. 그 基地나 또는 名稱을 變更코자 하는 때도 亦同함.

第二條 寺刹의 基地 및 伽藍은 地方長官의 허가를 受함이 아니면 傳法, 布教, 法要執行 및 僧尼止住의 目的 이외에 使用커나 또는 使用케 함을 得치 못함.

第三條 寺刹의 本末關係, 僧規, 法式, 其他의 必要한 寺法을 각 本寺에서 制定하여 朝鮮總督의 許可를 受함이 可함.

第四條 寺刹에는 住持를 置함을 要함. 住持는 其寺刹에 屬하는 一切의 財産

26) 朝鮮總督府學務局社會教育課 1939, 109-116쪽; 韓晳曦 1988, 77-81쪽.

을 管理하여 寺務와 法要執行의 責에 任하여 寺刹을 代表함.

第五條 寺刹에 屬하는 土地, 森林, 建物, 佛像, 石物, 古文書, 古書畵, 其他의 貴重品은 朝鮮總督의 許可를 受치 아니하면 處分함을 得지 못함.

第六條 前條의 規定에 違反한 자는 二年 이하의 懲役이나 또는 五百圓 以下의 罰金에 處함.

第七條 本令에 規定하는 것 外에 寺刹에 관하여 必要한 事項은 朝鮮總督이 定함.

附 則

本領을 施行하는 期日은 朝鮮總督이 定함.

〈朝鮮總督府官報〉 제227호 明治 44년 3월 6일자

朝鮮總督府令 第八十三號

寺刹令은 明治 四十四年 九月一日부터 施行함

明治四十四年七月八日 朝鮮總督 伯爵 寺內 正毅

朝鮮總督府令 第八四號

寺刹令施行規則은 左와 같이 定함

明治四十四年七月八日 朝鮮總督 伯爵 寺內 正毅

「寺刹令施行規則」

第一條 住持를 定할 方法, 住持의 交替節次 및 그 任期중 死亡커나 其他의 事

故로 인하여 缺員을 生한 경우에 寺務取扱方法은 寺法 중에 此를 規定함.

第二條 左에 揭한 寺刹의 住持의 就職에 대하여는 朝鮮總督에게 申請하여 認可를 受함이 可함.

前項 이외의 寺의 住持의 就職에 대하여는 地方長官에게 申請하여 許可를 受함이 可함.

第三條 前條 認可의 申請에는 住持가 될 者의 身分 年齡 및 修行履歷書를 添附함이 可함.

第四條 住持의 任期는 三年으로 함. 但 任期가 滿了한 후 再任함도 妨치 아니함.

第五條 住持가 犯罪 其他 不正한 行爲가 有한 時나 職務를 怠한 時는 其 就職의 認可를 取消함을 得함.

第六條 前條에 의하여 認可를 取消한 바가 된 者는 寺法에 定한 바에 의하여 一切寺務를 引繼하고 一週間 以內에 其 寺刹을 退去함이 可함.

第七條 住持는 寺刹이 속한 土地, 森林, 建物, 佛像, 石物, 古文書, 古書畵, 梵鐘, 經卷, 佛器, 佛具 其他 貴重品의 目錄書를 作하여 住持就職한 후에 五月 以內에 此를 朝鮮總督에게 差出함이 可함.

前項의 財産에 增減移動이 有한 時는 五日 以內에 此를 朝鮮總督府에 申告

함이 可함.

第八條 第七條의 申告를 아니한 者는 五O圓 이하의 罰金이나 또는 拘留에 處함. 第六條의 規定에 違反한 者도 亦同함.

附 則

本領은 寺刹令 施行하는 날로부터 施行함. 각 本寺에서는 本領을 施行한 五月 이내에 寺法의 認可를 申請함이 可함. 本領을 施行할 際에 住持없는 寺刹은 慣例를 從하여 本令을 施行한 후 三月 以內에 此를 定하고 其認可를 申請함이 可함.[27]

京畿道	廣州郡	奉恩寺
同	水原郡	龍珠寺
同	揚州部	奉先寺
同	江華郡	傳燈寺
忠淸北道	報恩郡	法住寺
同 南道	公州郡	麻谷寺
全羅北道	[全州郡]	威鳳寺
同	錦山郡	寶石寺
全羅南道	海南郡	大興寺
同	長城郡	白羊寺
同	順天郡	松廣寺
同	同	仙巖寺
慶尚北道	[大邱府]	桐華寺
同	永川郡	銀海寺
同	義城郡	孤雲寺
同	聞慶郡	金龍寺
同	[長鬐郡]	祇林寺
慶尚南道	陝川郡	海印寺

27) 朝鮮總督府學務局社會教育課,『朝鮮に於ける宗教及享祀要覽』, 京城: 朝鮮總督府, 1939, 109-116쪽; 韓晳曦, 1988,77-81쪽; 우정상 · 김영태, 175-177쪽.

同	梁山郡	通度寺
同	[釜山府]	梵魚寺
黃海道	信川郡	貝葉寺
同	黃州郡	成佛寺
平安南道	平壤府	永明寺
同	[順安郡]	法興寺
平安北道	寧邊郡	普賢寺
江原道	[杆城郡]	乾鳳寺
同	高城郡	楡岾寺
同	平昌郡	月精寺
成鏡南道	安邊郡	釋王寺
同	[咸興郡]	歸州寺

또한, 「사찰령」 제3조를 이행하기 위해 1912년 초에 삼십본산 주지회의를 소집하여 사법(寺法)의 균일화에 대해 논의하였다. 여기에서는 총독부 학무국 종교과 주임 와타나베 아키라(渡辺彰)가 일본 승정(僧政)을 참고하여 이를 식민지통치에 적합하게 만든 초안을 기초로 7월에 해인사 주지 이회광의 최초 사법이 승인되었으며, 다른 사찰 역시 이를 좇았다. 따라서 각 본산의 사법은 각각 별개의 형식을 띠고 있으나 조문과 내용 모두 거의 동일한 것이 되었다. 전문 13장 100조로 이루어져 있으며, 제1장 총칙, 제2장 사격(寺格), 제3장 주지, 제4장 직사, 제5장 회계, 제6장 재산, 제7장 법식, 제8장 승규(僧規), 제9장 포교, 제10장 포상, 제11장 징계, 제12장 섭중(攝衆), 제13장 잡칙으로 구성되어 있다. 총칙에서는 법맥이 서산대사 또는 부휴대사에서 시작되며 선교 양종을 겸용하여 불법(佛法)의 본취지의 실현을 기한다고 규정하고 있다. 주지는 본산에 승적을 두는 자 및 수반사(首班寺) 주지에 의한 것이라고 규정되어 있다. 법식은 사방배(四方拜), 기원절(紀元節), 천장절(天長節), 신상제(新嘗祭)를 축리법식일(祝釐法式日), 원시제(元始祭)와 춘계·추

계황령제(春季·秋季皇靈祭), 신무(神武)·효명(孝明)(후에 明治)천황제, 신관제를 보은법식일(報恩法式日)이라 하고, 부처의 열반·탄생·성도일을 보본법식일(報本法式日), 역대 조사(祖師)의의 기일을 존조법식일(尊祖法式日), 총제·해제회식을 안거법식일(安居法式日)로 정했다. 또한 「천황폐하 성수만세 존비」를 본존 앞에 봉안하고 매일 축찬(祝讚)하도록 상정되었다.[28]

이와 같이 「사찰령」을 시행하고 조선 사원의 직접 통치에 나선 조선총독부는 주지 등 유력자에 대해 일본 시찰과 천황폐화 배알, 총독에 의한 신년 및 국경일연회 초대 등과 같은 우대정책을 취했다. 조선시대의 불교탄압으로 사원·교단 조직의 파괴, 천민 수준까지 전락하여 박해멸시받던 승려의 사회적 지위 등 약 500년이나 불우한 시대를 거쳐 온 조선 불교계 대부분은 포교활동의 자유, 사회적 지위의 상승을 가져다 준 조선총독부의 일련의 정책을 매우 호의적으로 받아들였다. 이처럼 조선총독부의 종교정책은 조선불교를 총독을 정점으로 하는 중앙집권적인 통제하에 두면서도 그 한편에서는 불교의 지위를 향상시켜 우대토록 하는 "당근과 채찍 정책"으로 조선불교를 회유한 것이었다.[29]

「사찰령」으로 대표되는 일련의 종교정책에 의해 조선에 근대적인 종교체제가 정비되고 조선시대에 잃어버린 조직과 사회적 지위 등을 회복하여 조선불교가 조선 국내에서의 일대종교로서 "재생"된 점은 틀림없는 역사적 사실이다. 그러나 많은 승려들이 사회적 신분의 안정, 사찰재산의 보호 등에 만족을 표하는 한편에서는 「사찰령」에 반대하며 교단의 혁신을 도모하는 움직임도 눈에 띄게 되었다. 여기에는 조선불교의 전통을 수호하려는 경허대사(鏡虛大師)·신혜월(申慧月)·송만공(宋滿空), 조선인의 전통의식, 문

28) 韓晳曦, 1988, 68쪽; 우정상·김영태, 177-189쪽.
29) 韓晳曦, 1988, 68쪽; 申昌浩, 2002, 82쪽.

화전통을 지키고자 한 불교학자 권상로(權相老)·김영수(金映遂)·이능화(李能和), 보다 적극적으로 사찰내부 혁신과 「사찰령」 폐지, 식민지 정치에 대한 저항운동을 이끈 한룡운(韓龍雲)·박한영(朴漢永)·백룡성(白龍城) 등의 주목할 만한 움직임도 있었다.[30)]

적극적인 저항활동을 벌인 인물 가운데 1919년의 3·1독립선언의 서명인이 된 한용운이 가장 주목할 만하다. 한용운은 본산(本山)제도와는 선을 긋는 독자노선을 선택했다. 한용운은 원종과 조동종의 합병 움직임에 반대해 일어난 1911년의 임제종운동이 「사찰령」에 의해 좌절되자 그 운동의 거점을 조선불교선종포교단으로 전환해 불교개혁운동을 추진해갔다. 그러나 「사찰령」을 시작으로 하는 일본의 불교정책에 강력하게 저항해 나가는 한용운의 운동도 1919년 3·1운동 이후까지 기다려야했다.[31)]

이와 같이 「사찰령」에 대한 저항의 흐름은 처음에는 아주 미약한 것으로 나타났다. 그것은 당초 「사찰령」에 대한 조선불교계의 태도가 우호적이었다는 것, 즉 불교근대화의 기대감이 조선불교계에 주류가 되어 있었음을 보여주는 예증이라고 이해할 수 있다[32)].

「사찰령」을 중심으로 한 조선총독부의 일련의 불교정책에 대해 조선불교계에서 여러 가지 불교개혁, 불교계통일운동이 제시되어왔다. 조선총독부는 이와 같은 여러 가지 움직임을 받아들여 주지전정의 억제를 일보 후퇴하지 않을 수 없다. 조선불교계의 불교통일운동은 「사찰령」 체제하에서 조선불교계가 주체적으로 해왔지만, 그 때에는 조선총독부의 불교정책에 반하는 것으로 인정할 수는 없었다. 그러나 조선불교계의 불교통일은 조선총

30) 韓晳曦, 1988, 69-70쪽.
31) 김광식, 『민족불교의 이상과 현실』, 안성: 도피안사, 2007, 371쪽.
32) 위의 책, 371쪽.

독부의 방침 전환에 의해 달성하게 되었다.

조선총독부는 일본이 군국주의화·파시즘화해 나가는 시대에 맞추어 1935년 초부터 내선일체(內鮮一體)를 통해 황국신민화를 도모하는 정책으로 심전개발운동(心田開發運動)을 시작했다. 조선총독부는 심전개발운동을 실행하는 과정에서 불교계를 그 운동정책의 중심에 넣으려고 획책하여 불교계에 유기적인 기관의 창설을 요구했다. 이것을 받아들여 1935년 7월 28일에는 31본산(本山)주지회의를 갖고, 불교계의 대표기관인 조선불교선교양종 종무원을 설립하고, 심전개발기념사업으로 각황사의 재건을 실행하는 것 등이 결의되었다.

1941년 4월 23일에 조선총독부령125호로 「사찰령시행규칙」을 개정해 「조선불교조계종 총본사태고사법(總本寺太古寺法)」이 허가되어, 조선불교선교양종에서 종명을 개칭하여 조선의 사찰 및 승려를 통합하는 조선불교조계종이 발족되고, 여기에 조선불교조계종총본산제도가 성립되었다. 즉 태고사는 기존의 31본산(本山)와는 다른 본산(本寺)가 되어, 그 사격(寺格)은 하나의 본산(本寺)가 아닌 조선불교계전체를 통할하는 기능과 사격(寺格)을 부여한 총본사통일종단의 중앙기관이 된 것이다. 이것은 조선불교계에 있어 1920년대부터의 통일운동이라는 숙제가 성취된 역사적·불교사적 의의를 갖는 것이었다.[33] 그러나 이 새로운 제도에 의해 성립된 단체, 제도도 일본의 시대 추세를 반영한 황민화정책에 의한 황도불교(皇道佛教)에 이용된 측면이 있다.[34]

---

33) 김광식, 『새불교운동의 전개: 성찰로 본 20세기 우리 불교』, 안성: 도피안사, 2007, 55-63쪽.

34) 그러나 이 새로운 제도에 의해 성립된 단체, 제도도 일본의 시대 추세를 반영한 황민화정책에 의한 皇道佛教에 이용된 측면이 있다. 중일전쟁과 태평양전쟁으로 일본이 전시체제가 강화되어 군국주의적인 색채가 강해지자 불교계도 군용기 헌납, 전시실천요목과 전승기도 축원문 낭독, 임전대책협의회 가담, 조선임전보국단 가입, 사찰의 금속류 헌납, 국방헌금, 일본어 보급운동, 시국 순회강연회, 정병 권유 및 협조, 근로보국대 결성, 창씨개명 협조 등 이 시기에 대응

이와 같이 「사찰령」 체제 하에서 조선불교계는 번롱(翻弄)당하면서도 불교의 근대화를 요구해 여러 가지 불교개혁운동을 실시하고, 이것이 불교의 통일운동으로 이어져 우여곡절을 겪으면서도 조선불교조계종을 성립시켰다. 그러나 이 과정에서 생긴 조선불교계 내부의 대립, 즉 조선총독부에 의해 기득권을 부여받고 있던 보수파인 본산(本山) 주지와 개혁을 재촉하는 개혁파의 대립은 "친일"승과 "항일"승의 대립으로 인식되어 1945년 일제로부터 해방된 후에도 계속되어 갔다.

또한, 일본 내지의 상황과 마찬가지로 불교・신도・기독교 이외의 종교는 "유사종교"라 하여 공인 종교로 인정받지 못하고 종교유사단체의 결사로서 1907년의 보안법, 1910년의 경무총감부령 「집회 단속에 관한 건」에 의해 엄중하게 단속되었다. 유교는 종교가 아닌 학사로 취급되어 사찰령과 같은 6월 15일의 부령 제73호 「경학원 규정」등에 의해 유교관련 시설은 총독의 관리 통제 하에 놓이게 되었다.[35]

게다가 1915년 8월에는 「포교규칙(布教規則)」(조선총독부령 제83호)가 발포, 같은 해 10월부터 시행되었다.[36] 제1조에는 "종교라 부르는 것은 신도(神道), 불도(佛道) 및 기독교(基督教)를 말한다."라고 되어 있다. 이 「포교규칙」은 국내에서 당시 기독교를 대상으로 한 단속의 법령이 존재하지 않은 가운데 명치(明治) 이후 처음으로 "기독교"가 명기된 본법령(本法令)이었다.[37] 또 종

하는 협력을 행했던 것이다. 김광식, 2002, 36-37쪽.

35) 韓晳曦, 1988, 71쪽. 참조. 유교의 최고학부인 성균관은 폐하고 경학원으로 하여 경학연구 중심기관이 되었다. 향교・서원・서당은 「각 도의 장관에 대한 훈시」에 의해 총독의 관리통제 하에 놓이게 되었다.

36) 朝鮮總督府學務局社會教育課, 1939, 128-132쪽.

37) 平山洋, 「朝鮮総督府の宗教政策」. 源了円・玉懸博之 共編 『国家と宗教: 日本思想史論集』. 京都: 思文閣出版, 1992, 494-495쪽.; 川瀬貴也, 「植民地朝鮮における日本仏教と宗教政策: 浄土真宗を中心に」. 『國學院大学日本文化研究所紀要』. 89 東京: 國學院大學日本文化研究所. 2002, 51-85쪽.

교라는 것은 신도(神道)·불교(佛教)·기독교(基督教)라고 규정하지만, 그 외의 유사 종교, 종교 유사 단체라고 불리던 단체도 본령의 적용을 받도록 했다(제15조). 그리고 이 법령은 일본인 외의 외국인(구미歐美)로부터의 기독교 선교단 등)과 조선인에게도 적용되었다(제6, 13조). 또 그때까지 적용되어 왔던 「종교의 선포에 관한 규칙」에서는 행정측에 관리자의 인가권이 존재했지만 그 관리자의 해임권은 존재하지 않았는데, 본령에서는 각 교단 조선주재의 포교관리자를 선정해 그 해임권을 장악했다(제3, 4, 5, 6, 7조). 그리고 1919년에는 유사 종교를 규제하기 위한 「종교국통첩(宗教局通牒)」 등 많은 법령이 발표되었다. 이러한 「사찰령」이나 「포교규칙」, 그 외의 관련 법령에 의해 모든 종교를 제도화하고 그 우두머리의 임면을 승인 또는 허가하는 방법으로 조선총독부는 종교 단체의 인사권을 장악하고 효율적인 관리를 시행하려고 한 것이었다

모든 종교의 일괄 통제라는 「포교규칙」의 특징은 그 이전의 내지 법령에도 또 식민지법령에도 없었다. 즉 「포교규칙」은 내용적으로는 내지에서 제정된 모든 종교관계법규에 모순되지 않으면서 세세하게 규정하는 대신 재량권을 감독에게 준 것이었다. 이와 같이 이 당시 종교정책의 목적은 조선불교를 무력화하는 한편, 일본의 공인 종교에 편의를 도모해 서서히 "황민화"를 달성하는데 있었다. 즉 내지의 공인 종교를 조금씩 침투시켜 조선을 내지와 동일하게 하려고 하는 "내지연장주의(内地延長主義)"적인 정책을 실행하였다.[38]

그러나 「포교규칙」에 의한 통제에 관계없이 1919년, 종교인을 중심으로 3·1운동이 일어났다. 그래서 총독부는 그 때까지의 "무단정치"의 방침을 "문화정치"로 변화시켰다. 이에 맞춰 종교정책도 변경되고 1919년, 종무국

38) 平山洋, 1992, 495-497쪽.

에 종교과를 설립해 종교행정에 관한 사무를 담당하게 하였다. 그러나 "문화정치"라고 해도 총독부는 「정치에 관한 범죄 처벌의 건」(제령 제7호)등을 정해 독립운동에 관계한 다수의 종교인을 차례로 검거하는 등 더욱더 엄격하게 통제하였다.[39] 또 1920년에는 「포교규칙」을 개정하고 종교단체에 관한 관리통제를 강화하였다. 당국은 "허가주의"에서 "신고주의"로 변경하고 마치 규제가 완화된 것처럼 선전했지만, 실제로는 「대일본제국헌법」제28조 "신교(信教)의 자유(自由)"와 같이 "안녕질서를 방해할 우려가 있다"고 간주될 때는 언제라도 제한할 수 있는 조항(제12조)을 추가하는 등 관리 통제가 강화된 것이었다. 여기서 흥미로운 점은, 내지에는 이와 같이 추가된 조문과 같은 내용을 갖는 종교 관련 법령이 없다는 사실이다. 이것은 총독부의 종교정책이 그때까지의 "내지연장주의(内地延長主義)"에서 벗어나 독자의 방향으로 나아가기 시작했다는 것을 의미한다.[40] 거듭 말하자면 조선에서 시행된 「포교규칙」의 개정이 1920년이었던 것에 비해 내지 종교 단체 통할의 일원화가 행해진 「종교단체법」의 제정이 1939년이었던 것은 조선에서의 종교정책이 후에 내지의 정책에 영향을 미쳤다고도 볼 수 있는 것이다. 실제로 개정된 「포교규칙」과 「종교단체법」에는 많은 유사점이 있는데, 특히 ① 종파신도・불교・기독교・유사종교(종교결사)의 일괄 통제를 목적으로 하는 점, ② 관장・포교통리자(「종교단체법」), 포교관리자(포교규칙)의 취임에 대해서는 주무대신・총독의 인가제를 취하고 경우에 따라서는 그 해임도 가능하였다는 점, ③ 종교 활동이 안녕질서를 방해할 경우에는 활동이나 건물의 사용을 금지할 수 있었다는 점, ④ 종교단체 내부의 상황에 대해서 보고・의무를 지게 했다는 점 등은 「포교규칙」과 「종교단체법」에서

39) 平山洋, 1992, 498쪽.
40) 平山洋, 1992, 500-501쪽.

만 볼 수 있는 유사점이었다.[41] 따라서 「정치에 관한 범죄 처벌의 건」(1919)에 의해 독립 운동가들을 강압하는 한편, 종교를 보호한다는 명목으로 「포교규칙」의 개정(1920년)에 의해 질서유지를 강력하게 추진한 것과 같은 방법이, 「치안유지법」(1925년)에서 좌익운동이나 유사종교를 탄압하는 한편, 「종교단체법」(1939년)에 의해 관리통제를 도모한 내지의 정책에 영향을 미치거나 혹은 조선에서의 종교정책이 내지의 정책의 원형이 되었다고 생각할 수 있는 것이다.

이와 같이 일본에 전시체제가 강화되자 황민화정책이 취한 식민지통치정책이 채용되었다. 그러나 동시에, 이것은 식민지 조선이 내지에 선행하고 엄격하게 관리통제를 받고 있었다는 것을 의미하는 것이다. 이와 같이 식민지 한국에 있어서 종교정책은 근대화・황민화라는 이름하에 실제로는 내지 이상의 관리 통제를 받고 있었다고 하는 사실, 그리고 효율 좋은 통치방법의 장대한 실험장이 되었다고 하는 사실을 지적해두어야 할 것이다.

V. 1945년 이후 일본 종교정책

1. 1945년 이후 일본 종교정책

일본에서는 1945년 8월 15일에 무조건 항복한 후 연합국군최고사령관총사령부(GHQ/SCAP; GHQ/Supreme Commander for the Allied Powers)에 의한 점령통치가 시작되었다. 1945년 10월 4일에는 지령(SCAPIN-93) 「정치적,

41) 平山洋, 1992, 506쪽.

사회적 및 종교적 자유에 대한 제한제거의 건」(연합국군최고사령부발 일본제국정부에 관한 각서), 이른바 「신도지령(神道指令)」으로 국가제사로서의 신사(국가신도)가 금지되고, 1945년 12월 28일에는 「종교법인령(宗教法人令)」(칙령 제719호)가 GHQ로부터 발령되어 「종교단체법」이 폐지되었으며 새로운 종교 관련법이 실시되었다. 또 1946년 11월 3일에 「일본국헌법」(1947년 5월 3일 시행), 1951년 4월 3일에 「종교법인법」이 제정되고, 이 시점에서 전쟁 전부터의 종교 관련법 및 GHQ 점령정책하에 의한 지령 등 주요한 종교에 관한 법령이 거의 현행법으로 이행되었다.

이 종교에 관한 법률은 이제까지 보아온 것처럼 GHQ의 점령통치의 기본원칙이 되는, 신교(信教)의 자유(自由), 정교분리(政教分離), 종교계(宗教界)로부터의 초국가주의(超國家主義)·군국주의적사상(軍國主義的思想)의 제거라는 3대 원칙을 답습한 것이었다.

2. 1945년 이후 한국 종교정책

해방 후 한국의 종교정책은 미군정(태평양육군총사령부 GHQ/AFPAC;GHQ/U.S. Army Forces, Pacific)에 의해 신교자유(信教自由), 정교분리(政教分離)의 촉진(促進), 일본식민통치(日本植民統治)의 상징인 신사의 해체로부터 시작되었다. 불교계에서는 자유로운 종교 활동을 지향하고, 식민지시기의 불교통제의 상징적인 법령인 「사찰령」 등을 폐지, 새로운 종교법인 「사찰재산림시보호법(寺刹財産臨時保護法)」의 제정을 목표로 했다. 그러나 미군정은 「사찰령」의 폐지, 「사찰재산림시보호법(寺刹財産臨時保護法)」의 제정을 거부하고, 식민지시기의 「사찰령」 등의 구법령을 그대로 존속시킨다는 정책을 실시했다. 1948년에 대한민국이 성립하여 새 헌법도 시행되었으나, 신앙의 자유와 정교분리의 원칙이 헌법상에 명확히 규정된 것에 관계없이 「사찰령」은 폐지되지 않고 미군정의 종교정책이 그대로 존속되었다.

한국에서는 국가설립 당초부터 친기독교, 기독교 우선정책이 실시되어 기독교도가 급격히 증가했다. 그 사이 불교는 「사찰령」에 의한 통제 관리를 더해 불교정화운동의 격화에 의한 혼란 속으로 빠져들었다. 5·16군사쿠데타로 정권을 장악한 박정희는 5·16혁명과업의 일환으로 「불교재산관리법」을 제정하고 「사찰령」을 폐지했다. 그러나 그 법률의 성격은 「사찰령」과 별반 차이가 없을 정도로 통제관리가 엄격한 것이었다. 그러나 이 법률 하에서 불교정화운동은 일단 종결을 하고 비구승 중심의 대한불교 조계종(大韓佛教曹溪宗)이나 대처승(帶妻僧)중심의 한국불교 태고종(韓國佛教太古宗)이 탄생했다. 또 크게 성장하고 있던 기독교는 군사독재정권에 대한 민주화운동을 주도해나가는 등 사회시민단체로서 크게 성장했지만, 통제의 대상이 되고 권력층과의 대립이 깊어져 친기독교적인 정책은 실시할 수 없게 되었다. 1987년에는 불교 전체를 관리한 「불교재산관리법」을 대신해 불교사찰만을 관리하는 「전통사찰보존법」이 제정되었다. 그러나 법률상 주요한 사찰은 그 법령의 작용을 받는 전통사찰인 경우가 많아서 불교에 대한 통제관리는 실질적으로 변함이 없었다. 2009년에는 「전통사찰보존법」을 일부 개정하여 「전통사찰의 보존 및 지원에 관한 법률」이 제정되었다. 조금은 완만해졌지만 여전히 통제 관리는 계속되고 있다. 한국은 현재 각 종교마다 적용되는 법률이 다른 상황이다. 이에 종교단체를 일원적으로 관리하는 「종교법인법」의 제정을 요구하는 움직임도 나타나고 있다.

VI. 결 론

일본은 1945년 이후 GHQ의 강력한 이니셔티브에 따라 신교자유(信教自由), 정교분리(政教分離), 종교계로부터 초국가주의(超國家主義)와 군국주의적 사상(思想)의 제거라는 원칙에 의거해 종교정책이 실시되었다. 이 삼대원칙(三大原則)은 「일본국헌법」, 그리고 「종교법인법」으로 이어졌다.

그러나 신교자유(信教自由), 정교분리(政教分離)의 원칙을 철저하게 보호했기 때문에 "신(神)들의 러시아워"라 불리는 종교법인의 난립을 초래했고, 또 이것을 악용하고 신교자유(信教自由)를 표면상의 수단으로 삼아 경제적 이익 등을 최대화하기 위해 종파이탈의 움직임이 잇달았다. 이 법률이 신교자유를 중시했기 때문에, 입법・행정・사법도 신교자유(信教自由), 정교분리(政教分離)의 원칙을 위해 종파 내에서의 신앙에 관한 문제에 대해서는 관여하지 않는 경향이 나타나고, 사법부도 그것을 피해 법규에 따르는 형식의 재판만을 행하는 경향이 나타났다.

그것은 신교자유, 정교분리의 관점에서 보면 최대한으로 그것을 존중하고 매우 유효하게 기능하는 것을 의미할 수 있다. 그러나 재판에서는 대다수의 경우 종파이탈을 인정하는 판결이 나오게 되었다. 전후의 「국유경내지처분(國有境內地處分)」에 의해 토지처분이 실시되는 등 寺社의 토지등록이 각 사사(寺社)에서 실시할 수 있게 되고 본산(本山)의 경제적인 권한도 축소되는 등 본산(本山)의 지위는 상대적으로 저하하지 않을 수 없었다. 그리하여 종파인 본산(本山)의 권력이 저하되고, 본산(本山)과 말사(末寺)의 포괄관계가 강화되는 등 일본의 불교단체가 사회를 통합하는 기능이 약화되는 결과가 빚어졌다. 또 이러한 정책으로 인해 교의적인 문제보다도 경제적인 문

제에 의한 종파이탈, 옴진리교(オウム真理教)의 일련의 사건, 탈세, 영감상법(靈感商法) 등 종교단체가 여러 가지 사건을 일으키는 등 부작용이 나타나고 종교의 신뢰는 땅에 떨어지게 되었다. 이것이 모든 원인이라고는 말할 수 없지만, 현재로서는 일본최대의 종교세력인 불교도 '장의불교(葬儀佛教)'라고 야유받을 정도이고, 일본인구의 70%는 특정종교를 가지고 있지 않을 정도로 종교는 일본사회를 통합하는 힘을 잃어버렸다. 또 옴진리교사건을 계기로 평성(平成) 7년(1995년)에 「종교법인법」은 시행 이래 실질적인 커다란 제도개정이 실시되었다. 이 개정은 종교 단체에 대한 규제 강화가 아닌가, 신교(信教)의 자유나 정교분리에 위반되는 것은 아닌가 하는 논의를 불러 일으켰다. 이러한 논의가 일어나는 것 자체가, 일본에 신교의 자유와 정교분리의 정신이 정착하고 있다는 사실을 보여주고 있다고 할 수 있다.

한편 한국은 신앙의 자유와 정교분리를 표방하고 있지만, 일원적인 종교관련법이 정비되지 않고 일본식민지 시기의 법률이 오랜 시간 그대로 내려오면서 그 후의 법률도 구법(舊法)의 성격을 이어받아 공권력의 통제를 강하게 받아들이게 되었다. 거기에 불교정화운동이라는 종교운동이 계속되었다. 이 과정에서 신앙의 자유와 정교분리를 요구하기보다 공권력의 지배를 얻어 통합 교단으로서 인정을 받으려고 스스로 공권력에 예속화되는 결과를 낳았다. 그러나 일본과 같이 정교분리가 관철되지 않는 것은 다행으로, 공권력의 통제 하에 종파이탈(포괄관계의 폐지)이 억제되었다. 이것은 교단본산(本山)와 말사(末寺)사이의 관계에 있어 본산(本山)의 힘이 유지되고, 종파로부터의 이탈이 쉽다고 말할 수 없는 상황이 발생하게 된 것이다. 그리고 본산의 힘이 지금까지 그대로 유지되고 있는 것은, 종교단체가 사회를 통합하는 힘을 유지하고 있는 요인 중 하나이다.

이상과 같이 메이지 시대 즉, 근대 이후의 종교정책은 신교자유를 표방하면서도 종교를 어떻게 정치 아래에 두어 관리・통제하는가에 집중되었다. 식민지였던 "외지"에 있어서는 그 경향은 더 강하게 나타나 "내지"인 일본의 실험장으로서의 역할을 하게 되었다. 1945년 이후 일본에서는 GHQ 주도로 신교자유가 확립되었지만 한국에서는 신교자유보다 국가의 안정을 중시하였기 때문에 식민지 시대의 관리・통제가 강한 구법의 틀을 유지하고 있었다. 실제로 법률 운용에 있어서는 큰 문제가 되지 않지만 모든 종교가 법 앞에 평등해야 한다는 명제는 아직 남아 있다. 이를 개선하는 방향으로 가는 것이 미래 한국의 종교정책 있어서 중요한 이슈가 될 것이다.

| 참고문헌 |

국내논저

김경집. 1998.『韓國近代佛教史』. 서울: 경서원.

______. 2007.『민족불교의 이상과 현실』. 안성: 도피안사.

______. 2007.『새불교운동의 전개: 성찰로 본 20세기 우리 불교』, 안성: 도피안사.

______. 2010.「식민지(1910~1945)시대의 불교와 국가권력」.『大覺思想』13. 서울: 大覺思想研究院.

김순석. 2006.「근대불교 종단의 성립과정」. 대한불교조계종 교육원 불학연구소 편.『불교 근대화의 전개와 성격』. 서울: 조계종출판사.

외국논저

大谷派本願寺朝鮮開教監督部. 1927.『朝鮮開教五十年誌』. 京城:大谷派本願寺朝鮮開教監督部.

文化庁編. 1983.『明治以降 宗教制度百年史』.

新田均. 1997.『近代政教関係の基礎的研究』. 東京: 大明堂.

申昌浩. 2002a.『韓国的民族主義の成立と宗教: 東学・親日仏教・改新教(プロテスタント)の分析を通じて』. 京都: 国際日本文化センター.

井上恵行. 1969.『宗教法人法の基礎的研究』. 東京: 第一書房.

川瀬貴也. 2002.「植民地朝鮮における日本仏教と宗教政策: 浄土真宗を中心に」.『國學院大学日本文化研究所紀要』. 89 東京: 國學院大學日本文化研究所.

平山洋. 1992.「朝鮮総督府の宗教政策」. 源了円・玉懸博之 共編.『国家と宗教: 日本思想史論集』. 京都: 思文閣出版.

朝鮮總督府學務局社會教育課. 1939.『朝鮮に於ける宗教及享祀要覧』. 京城: 朝鮮總督府.

1920년대 유림계의 '내지시찰'

성주현 | 연세대학교

Ⅰ. 머리말

일제는 강점 이후 식민지조선을 통치하면서 친일세력 양성에 부단히 노력하였다. 강점 직후에는 이른바 '무단통치'로 억압과 통제로 일관하였지만 1919년 3월 1일1부터 전국적으로 전개된 3・1운동을 통해 민족적 저항을 맞게 되었다. 이에 일제는 문화통치를 친일세력을 양성하는데 보다 많은 투자를 하였다. 그 중의 하나가 '내지시찰'[1]이다. 내지시찰은 일본의 근대성을 과시하고 조선이 식민지가 될 수밖에 없다는 합리성을 체현시키며, 나아가 식민지 조선의 전근대적 모습을 스스로 각성케 하여 일제의 식민지배의 조력자를 만들려는 목적으로 시행되었다. 뿐만 아니라 일제가 추진한 내지시찰은 식민지 조선인에게 제국주의 국가인 일본을 시찰케 하여 내지

1) '내지시찰'은 식민지시기 식민지 모국 일본을 시찰하는 것으로, 이른바 '일본시찰'이라고 한다. 내지시찰은 조선총독부가 친일세력을 양성하기 위해 시찰단을 조직하거나 후원하여 파견하였기 때문에 일반적인 '일본시찰'과는 성격이 다르다고 본다. 따라서 본고에서는 내시시찰의 성격을 보다 분명히 드러내기 위해서 당시에 섰던 '내지시찰', '내지시찰단'이라고 표기하기로 한다. 그러나 일부 언론에서는 '일본시찰'이라고 표현하기도 하였다.

즉 일본의 개화된 발전상을 보고 후진적 조선과 비교시켜 조선인에게 '일제의 강대성'과 '조선독립의 불능'을 인식시키려는 정치 선전 측면의 동화정책이었다.[2]

내지시찰은 일제 강점 이전부터 있었지만 보다 정책적인 차원에서 추진된 것은 3・1운동 이후 즉 1920년대 이후이다. 1920년대 이후 내지시찰은 관공서 및 공공기관 직원, 청년층, 종교계 인물, 학원 등 다양한 계층에서 이루어졌다.[3] 종교계의 경우 불교계[4]와 유림계[5]가 가장 적극적으로 내지

---

2) 姜東鎭, 『日帝의 韓國侵略政策史』, 한길사, 1980, 49면. 이와 관련하여 『매일신보』는 "일본시찰은 各其自己의 事務思想을 隨하여 先進의 文明을 吸取코저 함이며 이는 視察者에만 국한하는 것이 아니라 全民族에 막대한 영향이 있기 때문에 실시한다. (중략) 一人의 見聞으로 十人의 知識을 助하며, 十人의 見聞으로 百人의 知識을 助하며, 百人의 見聞으로 千人萬人을 助'할 수 있기 때문이다."고 밝히고 있다.(『매일신보』 1914년 3월 15일자)

3) 내지시찰과 관련된 연구는 최근에 관심을 갖고 꾸준히 진행되고 있다. 대표적인 연구성과는 조성운, 「『매일신보』를 통해 본 1910년대 일본시찰단」, 『일제의 식민지 지배정책과 매일신보 -1910년대-』, 수요역사연구회, 2005; 조성운, 「1910년대 日帝의 同化政策과 日本視察團 -1913년 日本視察團을 中心으로-」, 『사학연구』 80, 한국사학회, 2005; 박찬승, 「식민지시기 조선인의 일본시찰-1920년대 이후 이른바 '내지시찰단'을 중심으로-」, 『지방사와 지방문화』 9-1, 역사문화학회, 2006; 조성운, 「1920년대 초 日本視察團의 파견과 성격(1920~1922)」, 『한일관계사연구』 25, 한일관계사학회, 2006; 조성운, 「1920년대 일제의 동화정책과 일본시찰단」, 『한국독립운동사연구』 28, 독립기념관 한국독립운동사연구소, 2007; 조성운, 『식민지 근대관광과 일본시찰』, 경인문화사, 2011 등이 있다. 이밖에 내지시찰단기를 통해 텍스트 읽기를 통한 연구로는 하세봉, 「타자를 보는 젠더의 시선-1930년을 전후한 조선인 여교사의 일본시찰기를 중심으로」, 『역사와 경계』 69, 부산경남사학회, 2008; 임경석, 「일본 시찰 보고서의 겉과 속 -「일본시찰일기」읽기-」, 『사림』 41, 수선사학회, 2012; 김윤희, 「1920년대 일본 시찰단원의 가사 〈동유감흥록(東遊感興錄)〉의 문학적 특질」, 『우리말글』 54, 우리말글학회, 2012; 김윤희, 「1920年代 歌辭 『東遊感興錄』 內 朝鮮人 '身世 打令'의 特質과 그 意味」, 『어문연구』 154, 한국어문교육연구회, 2012; 한길로, 「전시체제기 조선 유림의 일본 체험과 시회 풍경: 『朝鮮儒林聖地巡拜記』를 중심으로」, 『국제어문』 62, 국제어문학회, 2014; 박찬모, 「'전시(展示)'의 문화정치와 '내지' 체험: 1920년대 '내지 시찰감상문'을 중심으로」, 『한국문학이론과 비평』 43, 한국문학이론과 비평학회, 2009; 전재진, 「『東遊感想歌』와 식민지 지식인의 渡日 문화 접촉」, 『해항도시문화교섭학』, 한국해양대학교 국제해양문제연구소, 2013; 유정선, 「1920년대 인쇄본 기행가사, 전통의 지속과 변용 - 을 중심으로-」, 『고전문학연구』 41, 한국고전문학회, 2012 등이 있다.

4) 불교의 내지시찰 연구는 이경순, 「1917년 불교계의 일본시찰 연구」, 『한국민족운동사연구』 25, 한국민족운동사학회, 2000; 조성운, 「일제하 불교시찰단의 파견과 그 성격」, 『한국선학』 18, 한

시찰에 참여하였다.

종교계의 내지시찰은 강점 직후부터 추진되었다. 1910년대는 규모는 크지 않았지만 1911년에는 기독교,[6] 1914년에는 유림계,[7] 그리고 1917년에는 불교계[8]에서 각각 추진된 바 있다.[9] 1914년 유림계의 내지시찰은 경학원과 밀접한 관계를 가지고 있다. 조선총독부는 1911년 6월 15일 유교의 진흥이라는 명분으로 성균관을 폐지하고 경학원을 설치하여 유림계를 장악하였다. 그리고 이를 활용하여 친일적인 인사를 직원으로 채용하는 한편 동화정책을 펴는데 적극 이용하고자 하였다. 이러한 방침에 따라 조선총독부는 1914년 오사카(大阪)에서 열리는 大正博覽會(대정박람회)를 계기로 하여 경학원 강사를 중심으로 내지시찰단을 구성 파견하였다. 내지시찰단은 총독부에서 각도에 임명한 경학원 강사 13명[10]과 경학원 사성 이인직(司成 李人稙), 직원 朴稚祥(박치상)・鄭喆永(정철영), 그리고 일본인 통역 타카하시(高橋) 교유(敎諭) 등 17명으로 구성되었다.[11] 이들 시찰단은 일왕후의 죽음으로 총독부에서 취소하려 하였지만 경학원 강사들의 강력한 의지와 시찰 연

국선학회, 2007 등이 있다.

5) 유림계의 내지시찰과 관련된 연구로는 한길로, 「전시체제기 조선유림의 일본 체험과 시회 풍경」, 『국제어문』 62, 국제어문학회, 2014이 있으며, 1910년대 유림계의 내지시찰은 성주현, 「일제의 동화정책과 종교계의 동향」, 『식민지 조선과 매일신보』에서 간략하게 다룬 바 있다.

6) 『매일신보』, 1911년 9월 9일 및 9월 15일자.

7) 『매일신보』, 1914년 4월 5일자 및 4월 15일자.

8) 『매일신보』, 1914년 6월 10일자.

9) 1910년대 종교계의 내지시찰에 대해서는 졸고, 「일제의 동화정책과 종교계의 동향」, 『식민지 조선과 『매일신보』-1910년대』, 신서원, 2003, 192-198쪽을 참조.

10) 1914년 일본시찰단 파견 당시의 경학원 13도 강사는 다음과 같다.
경성부 呂圭亨(1912. 2. 29 임명), 경기도 黃敦秀(1912. 2. 29), 충청북도 韓昌愚(1912. 10. 30), 충청남도 成樂賢(1912. 3. 4), 전라북도 鄭鳳鉉(1913. 12. 26), 경상북도 朴昇東(1912. 3. 4), 경상남도 孫庚鉉(1912. 9. 4), 강원도 鄭鳳時(1912. 3. 4), 황해도 吳憲泳(1912. 3. 4), 평안남도 金光鉉(1013. 3. 31), 평안북도 梁鳳濟(1912. 10. 30), 함경남도 朴長鴻(1913. 1. 16), 함경북도 李鴻在(1913. 2. 4)

11) 『매일신보』, 1914년 4월 5일자.

구라는 명분으로 4월 16일부터 5월 5일까지 진행되었다.

1910년대 유림계의 내지시찰은 '경학원 강사'라는 유림계 중진인물이었지만 1920년대는 지역 유림계에서 활동하는 인물을 대상으로 추진하였다. 내지시찰 회수 또한 20여 회에 달할 정도로 크게 확대되었다. 유림계를 내지시찰의 대상으로 확대한 것은 식민지 조선에 미치는 유림의 영향력과 사회적 인식을 파악한 일제가 이들을 통해 지역사회를 새롭게 재편하고, 또 유림의 영향력을 활용하여 식민지배에 대한 저항의식을 차단하려는 의도로 풀이된다.

1920년대 유림계의 내지시찰은 두 가지 유형으로 구분해볼 수 있다. 하나는 조선총독부의 적극적인 권장에 참여한 일반적 내지시찰이고, 다른 하나는 공자 탄신일과 관련된 종교적 성격을 내포한 내지시찰이다. 이러한 의미에서 유림계가 차지하는 내지시찰은 당시 사회적으로 적지 않은 영향을 미쳤다. 이에 본고에서는 1920년대 적극적으로 전개된 유림계의 내지시찰을 살펴보고자 한다. 구체적으로는 유림계에서 참여한 내지시찰의 일정과 시찰지역을 살펴보고 이어 내지시찰에 참가한 인물의 성향과 당시 시찰에 참여한 유림들이 남겨놓은 기록을 통해 어떻게 인식을 하였는지를 분석해보고자 한다.

II. 내지시찰의 일정과 시찰지역

3・1운동 이후 일제의 식민지 지배정책이 무단통치에서 문화통치로 전환되면서 '내지시찰(內地視察)'에 대한 중요성은 더욱 부각되었다. 이에 따라

사이토 총독은 "새로운 친일인물을 양성하여 귀족, 양반, 부호, 실업가, 교육가, 종교가 등이 각 계급 및 사정에 따라 각종의 친일단체를 조직케 하여 이에 상당한 편의와 원조를 주고 충분히 활동케 할 것"을 지시한 바 있었다. 내지시찰은 강점 직후인 1910년대에도 실행되었지만 당시에는 귀족, 도(道) 및 군(郡)의 참사, 중추원 찬의, 군수, 면장, 신사(紳士) 등이 주류를 이루었으나 이는 지배층을 중심으로 한 시찰단이었다. 그렇지만 1920년대에는 보다 일상생활에서 크게 영향을 미칠 수 있는 교원, 군서기, 도평의원, 경찰 등의 직업군 또는 유교 등의 종교가 등이 주류를 이루고 있다.

1920년대 종교계의 내지시찰은 유림계가 핵심을 이루고 있다. 1922년 3월 11일부터 동경(東京)에서 개최하는 평화기념박람회(平和紀念博覽會)를 계기로 총독부에서 내지시찰을 적극 권장하자 유림계의 대표단체인 유도진흥회는 이를 적극적으로 홍보하였다. 기관지 『유도(儒道)』는 「평화기념박람회 개최」와 「평화기념박람회 조선협찬회 설립」이라는 지면을 통해 관심을 갖도록 유도하였다. 뿐만 아니라 부록으로 「내지소개」라는 핫코너를 특별히 편성하였다.[12] 「내지소개」의 주요 내용을 정리하면 〈표 1〉과 같다.

〈표 1〉 「내지소개」의 내용

지역	표 제	내 용
일반 현황	內地 發達의 개황	토지 인구, 지방행정, 군사, 교육, 위생, 재정경제, 산업, 사회사업, 교통, 통신 등
關東	關東평야의 중앙에 개전한 동양 제일 대도시의 東京	지세, 연혁, 궁성, 관아, 시구, 교통, 은행, 회사, 도시계획, 사회시설, 유람지 등
	百貨呑吐의 橫濱港	
	千餘年 前에 이주한 高麗村	
	天工人工의 美를 鍾한 日光 世界의 公園 日本美術의 精粹	

12) 「부록 내지소개」, 『유도』 6, 유도진흥회, 1922.3, 77-99쪽.

關西	鎭國名山 富士山	
	金鯱城下의 大都市 名古屋	
	日本 海岸의 要港 敦賀	
	烟水蒼茫한 琵琶湖	
	山紫水明한 京都	지세, 연혁, 기술, 어소 · 이궁, 명승고적, 물산 등
	一幅丹靑의 奈良	
	伊勢大廟	
	商工業의 大阪	상공업, 지세연혁, 인구, 면적, 시구, 명승구적, 사회시설 등
	關西唯一의 神戶	
	白沙靑松의 須磨明石	
中國	海國의 權威를 示하는 吳軍港	
	日本의 大都市 岡山 廣島	
	小蓬萊의 嚴島	
	內地 連結의 關門된 下關	
	出雲大社	
九州	九州北端의 工業地	
	別府溫泉과 耶馬溪	
	古來唯一의 貿易港이 된 長崎	

「내지소개」를 부록으로 게재한 이유는 "내외국인(內外國人)의 관람차(觀覽次)로 상경(上京)하는 자-낙역부절(者-絡繹不絶)하되 우리 조선(朝鮮)에서도 다수(多數)히 관광(觀光)할 듯한 즉, 이제 예비지식(豫備知識)으로 내지(內地) 사정(事情)을 통(通)하여 두는 것도 무용지업(無用之業)이 아니기로 차(此) 대요(大要)를 소개(紹介)하여 참고(參考)로 공(供)코자"라고 밝히고 있듯이, 일본에 대한 호기심을 유도하는 한편 통계수치를 활용하여 일본의 발전상을 잘 드러내고 있다. 이와 같은 내지소개는 내지시찰기를 작성하는데 도움을 주었을 뿐만 아니라 내지시찰에서 느낀 소감과 크게 차이가 없다는 점이다. 내지소개는 단순히 일본을 소개하는 지면이 아니라 일제가 추진하는 내지시찰에 보다 적극적으로 동참하는 한편 참가를 권유하는 차원에서 특별히 게재

한 것으로 풀이된다.

1920년대 유림계의 내지시찰은 1920년 10월 31일부터 11월 10일까지 경북도청과 유도진흥회 경북지회[13]가 주최한 '내지시찰단'을 시작으로 22회 정도 확인된다.[14] 이를 정리하면 〈표 2〉와 같다.

〈표 2〉 1920년대 유림계의 내지시찰 현황

회수	시찰단명	주최	시찰단원	일정	시찰지	비고
1	경북유림 내지시찰 (제1회)	경북도청/ 유도진흥회	단장 도참여관 申錫麟 등 유생 25명	1920. 10.31.-11.16 (17일)	東京, 京都, 奈良/ 동양대학, 왕세자 저택, 총독저택, 삼일포병공창, 박 문관, 명치신궁, 고려촌	매일 1920.10.28 1920.11.20
2	경북유림 일본시찰 (제2회)	유도진흥회	단장 白南洙 등 9명	1921. 3.23-4.13 (20일)	九州 冲繩 八縣聯 合共進會 시찰	조선 1921.3.25. 매일 1921.3.5
3	개성유림 내지문화시찰단 (제1회)	문묘 후원 군청	단장 山崎三郎, 간사 朴海洙, 주진 등 18명	1921.4.18. 출발 3주간	九州冲繩八縣聯合 共進會, 3府八縣	매일 1921.4.22. 1922.5.13
4	충북유림 내지시찰단	충북도청	유림15명 참가	1921. 9.25.-10.17 (22일)	八幡 官島 廣島 京都 東京 日光 山田 奈良 大阪 神戸 등지 시찰	동아 1921.9.19 조선 1921.9.18
5	전남유림 내지시찰단	전남도청/ 유도창명회	단장 도참여관 石鎭衡 외 유생 25명	1921. 10.15-11.4 (22일)	下關에서 日光 까지 각지 시찰	동아 1921.10.12 매일 1921.9.20. 1921.10.12

13) 1920년대 유림계는 지역별로 다양한 단체들이 만들어졌다. 중앙의 대동사문회, 유도연합회뿐만 아니라 광역지역에서도 유림단체들이 결성되었다. 강원도의 유도천명회, 경북지역의 유도진흥회, 경남의 유도협성회, 호남의 유도창명회, 호서지역의 명륜회, 관서지역의 대동유림회 등이 있으며, 하위 지역단위로는 평창의 유도유신회, 홍성의 유도부식회, 정주의 유림동덕회, 강릉의 관동명덕회 등이 있다. 이에 대해서는 졸고, 「1920년대 유림계의 동향과 활동」, 『식민지시기 종교와 민족운동』, 선인, 2013, 207-275쪽 참조.

14) 유림계의 내지시찰은 당시 신문에 게재된 것을 확인한 것만 20회이다. 실제적으로 훨씬 더 많았을 것으로 추정된다.

6	황해유림 내지시찰단	황해도	단장 도참여관 兪鎭明 외 유생 21명	1921. 5.10-6.4		동아 1921.5.14
7	경북유림 내지시찰 (제2회)	경상북도	단장 도참여관 尹甲炳, 유림 등 27명	1921. 10.20.-11.20 (30일)		동아 1921.10.20 매일 1921.10.23
8	경북유림 내지시찰 (제3회)	유도진흥회 경북지회	각군 청년유림 28명 참가	1922.5월 중순	東京 평화박람회 참관	매일 1922.5.17
9	강원유림 내지시찰단	강원도청/ 유도천명회	천명회원 28명 참가, 金在翼 등	1922.4.10. 경성 출발	東京 평화박람회 참관	매일 1922.4.13
10	평북유림 내지시찰단	평북도청	의주향교 직원 裵明善 등 9명	1922.4월중 (2주간)	東京 평화박람회 참관	매일 1922.2.23
11	전남유림 내지시찰단	전남도청/ 유도창명회	유림 30명 참가	1922.5월 중순	東京 평화박람회 참관	매일 1922.5.14
12	개성유림 내지문화 시찰단 (제2회)	문묘군청		1922. 5.9. 도착, 3주간		매일 1922.5.13
13	공자추원제 참례단	경북도청/유 도진흥회 경 북지회	각군 유생 대표 30여 명 참가, 朴箕陽 등	1922. 10.24.-11.8 (15일)	東京 공자 2400 탄신기념제 참석	동아 1922.10.22 매일 1922.10.22. 개벽 30호
14	화순내지시찰단	화순군청	유림대표 鄭秉 夔 등 3개 시 찰단 구성	1922. 5.15.-2주간	京都, 大阪, 神 戶, 川崎造船所, 岡山, 山口, 福 岡, 熊本, 鹿兒 島, 奈良 등	매일 1924.5.5
15	전남유림 내지시찰단	전남도청/ 유도창명회	각군 청년유생 30명 참가	1924. 5.15-6.1	京都 大阪 奈良 兵庫 岡山 廣島 福岡 大分 등지 시찰	조선 1924.5.20 매일 1924.6.9
16	경북유림 내지시찰 (제5회)	경북도청/ 유도진흥회 경북지회	각군 유생 대표 15명 참가, 단장 도사회과 장 유만겸	1924. 11.11.-11.27 (16일)	東京 大阪 京都 廣島 愛知 板木 琦玉 등 3부3현 시찰	매일 1924.10.31. 1924.11.12
17	고성 유림 내지시찰단	경남고성군	유림 26명 참가, 단장 군속 白石正親	1925.5.29 부산도착	福岡 佐世保 長 崎 六牟田 熊本 佐賀 鹿兒島 大 分 등 시찰	매일 1925.6.8
18	전남내지시찰단	전남 도청	유생대표 玄景	1925.6월중		매일

			昊 참석			1925.5.27
19	유림내지시찰단		高 참여관 등 29명	1925.6.22 도착		매일 1925.6.26
20	경북유림 내지시찰 (제6회)	경북도청/ 유도진흥회 경북지회	학식 있고 명망 있는 유생 25명 참가	1926. 3.4.-3.20	교육, 사업 기타 문화시설 및 모범부락 시찰	매일 1926.3.8 1926.3.23
21	진주내지시찰단	진주군청	유림 6명, 면직원 19명으로 구성	1926. 9.17.-10.11 (24일)	일본 주요 도시의 문화시설 시찰/ 宮嶋, 吳, 神戶, 大阪, 東京, 日光 등	매일 1926.9.28
22	경북유림 내지시찰 (제7회)	경북도청/ 유도진흥회 경북지회	학식 있고 명망 있는 유생 30세 이상 60세 이하 17명 참가	1927. 3.21.-11일간	福岡 동아박람회, 九州 일대 참관	매일 1927.3.25

〈표 2〉에 의하면 경북 유림 단체인 유도진흥회가 9회로 가장 적극적으로 내지시찰에 참여하였다. 경북 유도진흥회의 내지시찰은 자료에 따라 약간 차이를 보이고 있는데, 『경상북도사회사업요람』에 따르면 〈표 3〉과 같이 6회 내지시찰에 참여하였다.[15)]

〈표 3〉 경상북도사회사업요람에 나타난 경북유도진흥회의 내지시찰 현황

년도	시찰인원	시찰기간	시찰지방
1920	22명	20일	東京, 京都, 大阪, 廣島, 崎玉, 鹿兒島, 福岡, 熊本 등 3府5縣
1921	24명	25일	東京, 京都, 大阪, 廣島, 崎玉, 福岡, 熊本 등 3府4縣
1922	20명	16일	東京, 京都, 大阪, 廣島, 崎玉, 栃木, 福岡 등 3府4縣
1924	12명	17일	東京, 京都, 大阪, 栃木, 廣島, 福岡, 등 3府3縣
1925	20명	16일	東京, 京都, 大阪, 栃木, 靜岡, 廣島, 福岡, 등 3府4縣
1926	17명	10일	福岡, 大分, 熊本, 鹿兒島 등 4縣

15) 경상북도, 『경상북도사회사업요람』, 1930, 69-70쪽.

〈표 2〉와 〈표 3〉에 의하면 약간의 차이는 있지만 이를 종합해보면, 경북 유도진흥회는 1920년부터 1927년까지 해마다 내시시찰단을 파견하였다. 경북 유도진흥회가 이처럼 적극적으로 내지시찰에 참가한 배경은 유도진흥회의 가장 중요한 사업이 '시찰단 파견'[16]이었기 때문이다. 즉 경북유도진흥회는 내지시찰단 파견을 첫 번째 규정할 정도로 식민정책에 협력하였다는 점을 알 수 있다. 그밖에 전남 유도창명회가 4회, 개성유림계가 2회, 강원도의 유도천명회와 충북 유림계, 황해도 유림계, 평북 유림계가 각각 1회씩 내지시찰단을 파견하였다. 그리고 군 주관으로는 화순군과 고성군이 각각 1회씩 내지시찰단을 파견하였다. 그리고 진주군의 경우는 유생을 포함하여 면장 등과 함께 내지시찰을 한 사례도 없지 않다.[17]

시찰단 규모는 그때그때 달랐지만 적은 경우는 9명이었지만 많을 때는 30여 명에 이르렀다. 경북유도진흥회는 12명에서 24명, 전남유도창명회는 30명 내외였다. 시찰단 구성은 유림계 단체가 주체적으로 구성하지 않고 관공서와 함께 추진하였다. 경북유도진흥회는 도와 밀접하게 시찰단을 구성하였고, '사회사업'의 일환으로 추진되었다. 전남유도창명회도 마찬가지였다. 때문에 대부분의 내지시찰단은 단장이나 부단장은 도나 군에서 파견한 직원이 맡았는데, 대표적인 인물이 신석린, 이병연, 유진명, 백남수, 석진형, 민태정, 유만겸, 유시태, 서병조, 윤갑병, 송문헌 등이다. 이들의 주요 경력을 살펴보면 〈표 4〉와 같다.

16) 위의 책, 69쪽.

17) 진주군의 내지시찰은 유생과 면장으로 구성하였지만 대부분의 면장들이 지역에서 영향력을 행사하는 사례가 적지 않았는데, 이는 대부분이 전통적인 유림계에 직간접적으로 영향을 미쳤다. 면장들 중에는 적지 않은 인물이 향교의 장의로 활동하였다.

〈표 4〉 유림계 내지시찰단의 단장 및 인솔자 경력

이름	총독부 주요 경력
신석린	경남도 참여관(1919), 경북도 참여관(1911-13), 경북 토지조사위원회 위원(1914-18), 경북도 참여관(1919-21), 강원지사(1922), 중추원 참의(1924-27, 31-39), 충남지사(1928-29),
백남수	경북도 서기(1911-20), 경북 도속(1921-26)
이병연	황해도 은율군 판임관견습(1915-16), 은율군 서기(917-20), 황해도속(1921-27), 수안군속(1928), 옹진군수(1930)
유진명	황해도 장연군수(1908), 황주군수(1910-13, 19-20), 연백군수(1914-18), 황해도 토지조사위원회 임시위원(1917), 황해도 참여관(1921-24), 문관보통징계위원회 위원(1923-24)
석진형	법관양성소 조교수(1908), 법학교 교수(1910), 경성전수학교 교유(1911-12), 전남도 참여관(1921-24), 충남지사 (1925-26), 전남지사(1927-28)
민태정	칠곡군 서기(1911-12), 대구부 서기(1913-20), 대구부속(1921-25), 칠곡군속(1926-27)
유만겸	농공상부 속(1919-20), 경북도 이사관(1921-24), 경북도 사회과장(1924), 경북도 사무관(1925-27), 평북도 참여관(1928-29), 경북도 참여관(1930-31), 학무국 사무관(1932-33), 고적위원회 위원(1932-33), 명륜학원 학감사무취(1933), 평남도 참여관(1934-35), 충남도 참여관(1936-38), 충북지사(1939-40), 중추원 참의(1941-43)
유시태	의성군 판임관견습(1913-14), 갑산군 서기1915), 신흥군 서기(1916), 영흥군 서기(1917-1919), 북청군 서기(1920), 북청군속(1921-22), 달성군속(1923-24), 청도군속(1925-26), 대구부속(1928-29), 선산군수(1930-31), 성주군수(1932-33), 봉화군수(1934-36)
서병조	중추원 참의(1925-40)
윤갑병	함북관찰사(1908), 평북도 참여관(1909-21), 경북도 참여관(1922), 강원지사(1923-24), 중추원 참의(1925-39)
송문헌	벽동군 판임관서기(1915), 벽동군 서기(1916-17), 박천군 서기(1918), 용인군(1919-20), 내무국 속(1921-22), 청송군수(1923-24), 예천군수(1925-29), 경북도 이사관(1930-34), 경기도 이사관(1935-37), 강원도 참무관(1938-40)

〈표 4〉에 의하면 내지시찰단 단장과 인솔자는 일제강점 직후부터 총독부의 직원으로 입사하여 오랫동안 식민지배정책에 적극 협력한 인물로 내지시찰단의 성격을 잘 파악할 수 있다. 이들은 내지시찰 과정에서 시찰의 목적이나 적절하게 지도하기도 하였다. 결국 내지시찰이 소기의 성과를 거둘 수 있도록 관리하였다.

시찰단의 일정은 길게는 30일이었지만 대체적으로 20일 정도였고, 보름 정도에 마치는 경우도 없지 않았다. 이 기간 동안 시찰한 지역은 사례별로 살펴보면 다음과 같다.

경북유도진흥회 제1회 시찰단은 1920년 10월 28일부터 11월 10일까지 20여 일간 동경(東京), 교토(京都), 오사카(大阪), 히로시마(廣島), 기옥(崎玉), 녹아도(鹿兒島), 복강(福岡), 웅본(熊本) 등 3부(府)5현(縣)을 시찰하였다. 신석린 도참여관의 인솔로 대구를 출발, 교토와 나라(奈良)를 거쳐 31일 동경에 도착하였다. 동경역(東京驛)에는 카토(加藤) 매일신보 사장과 우치다 슈우헤이(內田周平) 동양대학 강사 등이 맞이하였다. 이어 다음날 11월 1일 오전 東洋大學에서 환영회, 오후에 카토(加藤) 매일신보 사장의 초대연에 참석하였다.[18] 11월 2일 시찰단은 일본 왕세자를 문안과 사내(寺內) 전 조선총독의 집을 찾아 고인의 영위를 위해 배례를 한 후 사이토(齋藤) 조선총독을 방문 극진한 대접을 받았다. 이 자리에서 사이토 총독은 식민지 조선에서 유교진흥에 대한 조언을 하였다. 이날 부사견헌(富士見軒)에서 가진 총독부의 만찬에서는 문학박사 이치무라(市村)가 "유교의 정신으로부터 보는 주권자는 곧 천명(天命)을 누리는 일본의 주권자로써 적당히 일치되어 동양인의 동양되게 함은 이 천명을 받은 주권자를 옹호하여 크게 국운의 발전에 공헌하지 아니하지 못할 것"라고 하여, 일본의 조선을 식민지로 지배한 것을 정당화하였다.[19]그리고 그 현장으로 사마이현(崎玉縣)에 있는 고려촌(高麗村)을 시찰하게 하였다. 이밖에도 시찰단은 동십자병원, 삼일포병공창, 박물관, 닛코(日光) 등을 시찰하고 메이지신궁(明治神宮)을 참배하였다. 이들 시찰단은 11월 16일 대구로 돌아온 후 후지카와 도시사부로(藤川利三郎) 지사가 주최

18) 『매일신보』 1920년 11월 3일 및 11월 4일자.
19) 『매일신보』 1920년 11월 8일자.

하는 환영만찬에 참석하였으며 아울러 시찰 감상을 보고하면서 내지시찰을 마무리하였다.[20]

강원도 유도천명회도 1922년 4월 10일부터 30일까지 21일간 내지시찰단을 파견한 바 있는데, 시찰한 일정과 시찰지역 및 시찰한 곳을 정리하면 〈표 5〉와 같다.

〈표 5〉 강원도 유도천명회의 내지시찰 일정 및 시찰지[21]

일자	행선지	시찰 내용
1922년 4월10일	남대문-부산	이동
4월11일	부산-下關-德山-廣島-吳	海軍燃料廠
4월12일	吳	海軍工廠, 吳海友社, 下官集會所, 鎭守府, 海軍病院, 海軍射擊場, 扶桑軍艦, 共進會
4월13일	廣島-尼島	고등사범학교(도서관, 동식광물표본실)
4월14일	京都	府廳, 度量衡檢正室, 市役所, 御所, 桃山御陵乃木大將神社, 淸水寺
4월15일	京都	京都帝國大學, 京都公園
4월16일	京都-名古屋-三島-新橋-東京	琵琶湖, 富士山(차창)
4월17일	東京	평화박람회(上野園, 平和舘, 乃木大將銅像, 西鄕隆盛銅像, 공업관, 염직관, 화학관, 건축관, 미술관, 식료관, 수산관, 농업관, 잠사관, 위생관)
4월18일	東京	東洋大學, 井上銅像, 공자묘,
4월19일	東京	靖國神社, 赤阪御邸, 明治神宮, 귀족원, 중의원, 日比谷公園, 宮城, 三越五福店淺草寺
4월20일	東京	平和博覽會(북해도관, 화태관, 만몽관, 조선관, 대만관, 영국관, 외국관)
4월21일	東京	日光
4월22일	東京	東照宮(參佛堂, 神佛閣,五重塔)
4월23일	名古屋	농사시험장, 名古屋離宮, 박물관, 中華組織合資會社
4월24일	名古屋-奈良	西區 淺草木工場, 奈良公園, 五重塔, 興福寺, 春日神社, 東大寺

20) 『매일신보』 1920년 11월 20일자

21) 김재익, 「내지시찰 개요」, 『유도』 7, 1922.5, 71-76쪽; 『유도』 8, 1922.7, 79-85쪽; 『유도』 9, 1922.10, 73-79쪽.

4월25일	奈良	生駒郡 北倭村 役場, 奈良公園
4월26일	大阪	天王寺 通天閣, 三越吳服支店, 天滿橋, 中島公園
4월27일	大阪	造幣局, 市立 大阪市民博物館, 市立 今宮職業紹介所, 大阪每日新聞社
4월28일	大阪	大阪城
4월29일	大阪-神戶-宮島	錦水館, 嚴島神社, 大元神社
4월30일	嚴島-下關-釜山	嚴島公園

〈표 5〉에 보듯이 강원도 유도천명회의 내지시찰단은 동경에서 개최하는 평화박람회 시찰이 주목적이었지만 히로시마(廣島), 구레(吳), 교토(京都), 나고야(名古屋),나라 (奈良), 오사카(大阪), 미야지마(宮島), 이쓰쿠시마(嚴島) 등지의 주요시설을 시찰하였다.

이외에도 유도진흥회 기관지 『유도』 3호에도 내지시찰의 일정과 시찰지역을 게재하고 있는데, 이를 정리 하면 〈표 6〉과 같다.

〈표 6〉 『유도』 3호에 소개된 내지시찰단의 일정과 시찰지역

일정	행선지	시찰한 곳
4월 20일	京城-釜山	
4월 21일	馬關-門司-小倉	小倉市役所-陸軍偕行社, 東洋陶器會社, 小倉製紙株式會社
4월 22일	八幡	製鐵所
4월 23일	福岡	福岡縣廳, 大學病院, 公園
4월 24일	福岡-佐賀	高品陳列所, 公會堂, 兒童博覽會
4월 25일	佐世保	軍艦 進水式, 海軍營, 飛行機場
4월 26일	佐世保	戰艦 日向
4월 27일	長崎	諏訪公園, 縣立圖書館, 商業會議所, 商品陳列所, 市役所, 三菱造船所
4월 28일	長崎-熊本	移動
4월 29일	熊本	縣立農事試驗場, 熊本城址
4월 30일	鹿兒島	苗代川 朝鮮人移住部落, 村立尋常小學校, 薩摩燒砂器工場, 檀君神社
5월 1일	鹿兒島	城山公園, 商品陳列館, 照國神社
5월 2일	鹿兒島-別府	移動

5월 3일	別府-大分	九州冲繩聯合共進會場, 市內
5월 4일	大分	休養
5월 5일	門司-下關	移動
5월 6일	下關-東京	移動
5월 7일	東京	貴族院, 衆議院, 東京市役所, 宮城, 上野公園, 淺草公園
5월 8일	東京	明治神宮, 三越吳服店
5월 9일	東京	東京毛織會社, 宮城 內 豊明殿 및 正殿, 新宿 御苑
5월 10일	東京-京都	移動
5월 11일	京都	桃山御陵, 東陵, 乃木神社, 京都 御所, 二條離宮, 本願寺
5월 12일	大阪	砲兵工廠, 大阪城, 造幣局, 私立樟陰高等女學校, 天王寺 通天閣
5월 13일	大阪	公會堂, 大阪每日新聞社, 大阪朝日新聞社, 大阪製麻會社, 寶塚溫泉, 少女歌劇 관람, 총독 東上으로 大阪驛 出迎
5월 14일	下關-釜山	移動
5월 15일	釜山	到着

〈표 6〉의 내지시찰은 규슈오키나와8현연합공진회(九州冲繩八縣聯合共進會) 개최에 맞추어 파견되었지만, 규슈 오이타 현(九州 大分縣)에서 개최된 공진회뿐만 아니라 후쿠오카(福岡), 가고시마(鹿兒島), 나가사키(長崎), 사세보(佐世保), 쿠마모토(熊本) 등 규슈 뿐만 아니라 동경, 교도, 오사카 일대까지 시찰하였다. 명분은 공진회였지만 실제로는 일본의 근대문명을 시찰하였다.

한편 유림계의 내지시찰은 종교적 행사로 인해 추진되기도 하였다. 그동안 유교에 대해서는 조선이 우월성을 가지고 있었지만 강점 이후에는 유림들이 일본에서 개최되는 석존제와 추원제에 참석하기 위해 내시시찰을 하였는데, 1921년 4월 24일 동경 유시마(湯島)에서 열린 석존제와 1922년 10월 29일 추원제이다. 석존제 시찰은 동경의 대동사문회가 초청한 형식이었는데, 경북 유도진흥회 부회장 강해와 회원 김우전・임홍재 등 3명이 참가하였다.[22] 이들은 공자묘에서 거행된 석존제를 마친 후 신주쿠(新宿) 교엔

22) 『조선일보』 1921년 4월 23일자.

(御苑)과 히비야공원(日比谷公園) 등을 관람하였고 이어 도도정(陶陶亭)에서 개최한 총독부가 개최한 만찬에 참석하였다.[23] 추원제 시찰은 공자탄신 2400년을 기념하기 위해 1922년 10월 24일부터 11월 8일까지 진행되었다. 추원제 시찰단은 10월 29일 유시마 성당(湯道 聖堂)에서 거행된 추원제를 마친 후 동경, 교토, 미야지마 등지를 시찰하고 돌아왔다.[24] 추원제 시찰단의 일정과 시찰지역은 〈표 7〉과 같다.

〈표 7〉 추원제 시찰단 일정과 시찰지역

월일	요일	시각	발착지	시찰한 곳
10월 25일	수	오후 8시30분	부산발	
26일	목	오전 7시30분 오전10시25분	下關着 하관발	
27일	금	오후10시40분	동경착	
28일	토		동경박	帝展, 上野公園
29일	일		동경박	湯島 祭典 참례
30일	월		동경박	南葵文庫 기타
31일	화		동경박	彼樂園 기타
11월 1일	수		동경박	日比谷公園, 宮城, 銀座, 淺草, 增上寺
2일	목	오전 6시30분	동경발	
동	목	오후 2시58분	대판착	
3일	금		대판박	奈良往復, 猿澤池, 春日神社, 若草山, 博物館, 東大寺
4일	토		대판박	京都往來, 東山御所,東本願寺,桃山御陵
5일	일	오후 8시49분	대판발	
6일	월	오전 6시59분	宮道着	
		오전 7시9분	宮道發	
		오전 9시23분	嚴島着	
7일	화	정오	嚴島발	嚴島神社 참배
		오전 0시13분	宮着道	

23) 「유림대표자의 東京釋尊祭 參列」, 『유도』 2, 1921. 5, 122쪽.
24) 『매일신보』 1922년 10월 22일자.

		오전 0시26분	宮道着	
		오전 8시20분	하관착	
		오전 9시30분	하관발	
8일	수	오전 9시	부산착	

〈표 5〉와 〈표 6〉·〈표 7〉에서 본 바와 같이, 시찰단이 시찰한 곳은 크게 일곱 가지 부류로 나누어 볼 수 있다. 첫째는 일본이 식민지 조선보다 근대 문명국임을 체험케 하는 곳이다. 박람회장, 공진회장, 부청, 시역소, 공회당, 동경모직회사(東京毛織會社), 삼월오복지점(三越吳服支店), 농사시험장 등이 여기에 해당한다. 둘째는 일본이 군사적으로 우월감을 드러내는 시설이다. 해군연료창, 군함 진수식, 비행기장, 해군영, 포병공창 등이다. 셋째는 일본이 문화적으로 식민지 조선보다 우월하다는 점을 인식케 하는 곳이다. 동양내학, 사범학교, 고등여학교 등의 교육기관, 오사카 매일신문사(大阪每日新聞社)·오사카 조일신문사(大阪朝日新聞社) 등의 언론기관, 우에노(上野)공원·교토공원(京都公園)·히로시마공원(嚴島公園) 등 문화시설 등이다 넷째는 일본의 문화유적지이다. 청수암(淸水寺), 동대사(東大寺), 오사카(大阪城) 등이다. 다섯째는 일본의 정신을 상징하는 곳이다. 미야기(宮城), 동조궁(東照宮), 야스쿠니신사(靖國神社), 노기신사(乃木神社), 이쓰쿠시마신사(嚴島神社),메이지신궁(明治神宮), 도산어능(桃山御陵) 등이다. 여섯째로 도래한 조선인이 정착하여 동화가 잘 된 곳이다. 고려촌(高麗村), 묘대천(苗代川) 조선인이주부락(朝鮮人移住部落), 단군신사(檀君神社) 등이다. 일곱째는 유교와 관련된 종교적 시설이다. 공자묘가 대표적이라 할 수 있다.

이와 같은 시찰은 유림계가 독자적으로 시찰할 곳을 정한 것이 아니라 총독부나 官의 적극적인 지원이나 후원이 있었기 때문에 시찰한 곳이 일본의 발전상을 통해 식민지 조선과 비교할 수 있는 곳, 도래하여 일본화된 조선인 마을, 문화적 우월성을 보여주는 시설 등이 대부분이었다.

Ⅲ. 내지시찰의 구성원과 시찰 소감

앞서 살펴보았듯이 유림계는 적어도 20회 내시시찰단을 파견하였다. 일반적으로 내지시찰에 참가자는 나름대로 선발하였지만, 관리들이나 관변인물로서 일제지배정책에 이미 협력하고 있거나 앞으로 협력할 가능성이 높은 인물들이었다. 유림계의 내지시찰은 20회를 상회하였기 때문에 적어도 4백여 명 이상은 될 것으로 추정된다. 하지만 유림으로서 내지시찰단에 참가한 인물은 유림내지실단 외에도 상당히 많을 것으로 추정된다.

내지시찰단은 유림계뿐만 아니라 다양한 계층에서도 파견하였는데, 이들 중에는 유림들이 적지 않았다. 1921년 5월 6일부터 31일까지 경북도청에서 파견한 면직원 내지시찰단에 참가한 영양군 일월면서기 조문석이 대표적인 사례라 할 수 있다. 조문석은 1914년 일월면서기를 시작으로 1923년부터 25년까지 수비면장, 1926년부터 1936년까지 일원면장으로 활동하였다. 조문석은 일월면서기로 재직할 때 내지시찰에 참가하였다. 조문석이 시찰단에 선발된 것은 "도내에서 가장 뛰어난 면직원"이었기 때문이었다.[25] 이는 조문석이 "행정능력이 기민하고 국가관이 투철하다고 인정받는 면장"이라 할 수 있다.[26]

25) 조문석, 『일본시찰일기』, 경인문화사, 2012, 49쪽 및 영인본 1쪽.
26) 임경석, 「「일본시찰일기」 해제」, 『일본시찰일기』, 경인문화사, 2012, 22쪽.

유림계 내지시찰 참가자는 적어도 4백여 명을 상회하지만 확인 가능한 참가자는 매우 제한적이다. 시찰기를 남겨두었거나, 언론에 공개된 인물 외에는 확인하기가 쉽지 않다. 본고에서는 확인 가능한 참가자만 정리하였는데, 이들이 주요 활동이나 경력은 〈표 8〉과 같다.

그렇다면 유림계 내지시찰에 참가한 인물들의 성향은 어떠하였을까. 〈표 8〉에서 보는 바와 같이 대부분이 이미 일제 지배정책에 협력을 하고 있거나 시찰 이후 협력한 인물들이다.

〈표 8〉 유림계 내지시찰 참가자의 주요 활동 및 경력

이름	지역	주요 경력	비고
박정렬	상주	풍기군서기(1910-13), 영주군 서기(1914-1919), 상주군서기(1920), 상주군속(1921-25)	경북 유림시찰단
박제륜	경산	개령군서기(1910-12), 달성군서기(1914-18), 경산군서기(1919-20), 경산군속(1921-23), 고령군속(1924), 예천군속(1925-26), 의성군수(1927-29), 예천군수(1930-31,37-40), 달성군수(1932-33), 영양군수(1934-35), 성주군수(1936)	상동
유시환	청송	임시토지조사국 기수(1911-17),곡성군서기(1918), 청송군서기(1919-20), 청송군속(1921-22), 의성군속(1923-26),예천군속(1927),선산군속(1928),영양군수(1929-30), 칠곡군수(1931-34),경산군수(1935),안동군수(1936-43)	상동
권중철	안동	경북도판임관견습(1916),안동군서기(1917-20), 안동군속(1921-22), 연일군속(1923-24), 경산군속(1925-29), 대구부속(1930-35), 청도군속(1936), 김천군속(1937)	상동
황진성	고령	순사보(1911), 순사(1915), 완도군 판임관견습(1916-17), 완도군서기(1918-19), 고령군서기(1920), 고령군속(1921-22), 경산군속(1923-24), 성주군속(1925), 김천군속(1926-29), 대구부속(1930-31),청송군속(1933-34),군위군수(1935-36),성주군수(1937-39),서보장 서훈(1920)	상동
오원동	해주	석동면장(1919-1937), 취야금융조합 조합장(1927),	황해도 내지시찰단
이관수	옹진	동아일보 옹진분국장(동아1920.5.30.)	상동

하상규	송화	진풍면장(1927-1938)	상동
손봉주	금천	구이면장(1923-1936)	상동
정태광	은율	북부면장(1920-1925)	상동
최용화	안악	안악공립보통학교 학무위원(1912)	상동
노정익	재령	주사(1908),서기(1910),군서기(1911-1917), 하류면장(1924)	상동
양범석	봉산	재산가, 서종면장(1925-26)	상동
이봉하	서흥	경성조선도서회사 대주주(1000주, 1921-37), (주)영익사 대주주(300, 1933)	상동
이규환	곡산	멱미면장(1919-22)	상동
이종진	군위	악계면장(1919-21)	유도지 시찰기/제3회경북 내지시찰
정원영	회령	운두면장(1919-29)	유도지 시찰기
황응율	부령	청암면장(1921)	유도지 시찰기
서병오	대구	대한협회 대구지회 평의원(1908), 제3회 조선미술심사위원, 대구은행 감사(1913), 공호상회 이사(1923)	경북2회내지시찰
이석정	울산	군속(1923-33), 세무서속(1934-37)	상동
이창희	달성	궁민구제(1929)	상동
주재훈	칠곡	㈜왜관금융창고 감사(1933-41)	상동
이종면	대구	대한협회 대구지회 평의원(1908)	상동
여조연	성주	대동학회에 가입(1907.3) 성주군 사립보흥학교 한문교사(1907.6), 성주공립보통학교 학무위원(1907.9), 지방금융조합 평의원(1908.2), 성주군 문묘직원(1910.11)	상동
민은식	청송	물산상회 조직(1925)	상동
김두현	군위	부훈도(1912-16), 군참사(1919-20), 소보면장(1925-29)	전남 유림내지시찰단
김하련	제주	주사(1908), 향교직원(1922), 경학원 강사(1931-33)	상동
이상린	고성	삼산면장(1926-29), 경제연구회 창립 준비위원 (1927, 동아 1927.10.16)	경북 내지시찰단 (1924)
장태흠	영일	달전면장(1919-28)	상동
이헌장	고령	고령면장(1921), 덕곡면장(1924-28), 도평의원(1924, 총독부 관보 1924.4.5)	상동
현경호	제주	개벽사확장기성회 회원(1원 기부), (주)제주목재(이사, 1938-41)	전남

			내지시찰단
김갑성	고성	고성청년단 창립기념 토론회 참가(현대의 급무는 산업이냐 교육이냐, 산업편)	고성 내지시찰단
구장서	고성	회화면장(1938-39)	상동
이진홍	고성	거류면장(1924-38, 시대1924.10.26), 은월공려수리조합 조합장(1939), 국회위원 입후보(1948)	상동
이기재	고성	삼산면장(1930-40)	상동
박용만	고성	개천면장(1923-26)	상동
윤범섭	달성	국권회복단원 윤창기의 父	경북 내지시찰 (제7회)
이종희	달성	군서기(1910-16)	상동
홍일흠	군위	악계면장(1922-29)	상동
박노일	영양	영양보통학교 훈도(1923-27)/일월보통학교 훈도(1928-31), 청기보통학교 훈도(1932-33), 경남도의원(1952)	상동
이상호	청도	종도면장(1920)	상동
이종택	김천	독지가 학교 건축 및 증측 지원	상동
이병조	영양	㈜영양양조 감사(1930-42)	상동
최승동	성주	㈜조선흥농 감사(1935-39)	상동
고석훈	문경	산양면장(1933-36),산양금융조합조합장(1928-33)	상동
이재락	울산	3.1운동 유도, 경남유림대회 발기인, 경남도 평의원 경북유림단사건으로 기소,시찰특별강연	경남유림내 지시찰
김원룡	울산	중남면장(1932), 삼남면장(1933-34)	상동
강 해	경북	유도진흥회 부회장	공자추원제 시찰
김우전	경북	유도진흥회 회원	상동
임홍재	경북	유도진흥회 회원	상동
주진	개성	개성부 촉탁(1936-39)	개성유림시 찰단
이봉수	개성	흥교면장(1919-34)	상동
이종학	개성	대성면장(1919-25)	상동
이연교	개성	경성고학생갈돕회 기부(1922.12, 60원), 호수돈여학교 후원회 이사장(1925.7), 신간회 개성지회 간사(1927.8) 및 지회장(1930), 송도학교 학부형회 창립준비위원(1928.2)	상동
전흥문		개성군속(1921-22), 노덕면장(1922), 광덕면장(1923-35)	상동
김세영	개성	동면장(1919-24)	상동
유영수	개성	임계면장(1919-21)	상동
김달현	개성	중면장(1921-25)	상동

박정진	개성	진봉면장(1921-31)	상동
장병기	개성	서면장(1919-26,33-34), 토성금융조합 조합장(1931-33)	상동
최대현	개성	청교면장(1922-26), ㈜개성양조 감사(1925-31), 제2송보 후원회(1926.6)	상동
하규항	개성	개성기자단 위원(1925.6-34), 고려청년회 이사(1925.8), 경기도청년연맹 준비위원(1926.1)	상동
김완기	개성	고려소년회 창립 및 문예부장 (1925.12, 시대1925.12.19.)	상동

제1회 경북 유도연합회의 내지시찰에 참가한 박정렬, 박제륜, 유시환, 권중철, 황진성 등은 군서기를 비롯하여 군속, 군수 등으로 오랫동안 활동하였다. 특히 황진성은 1920년 서보장[27] 서훈을 받았다. 제2회 경북 유림 내지시찰에 참가한 서병오는 대한협회 대구지회 평의원, 대구은행 감사, 공호상회 중역으로 활동한 바 있으며, 시찰 후에는 조선미술심사위원회 위원으로 활동하였다.[28] 이석정은 시찰 전에는 임시토지조사국 기수, 군 서기 등으로 시찰 후에는 울산군 속과 울산세무서 속으로 활동하였다. 이종면은 대한협회 대구지회 평의원, 여조연은 대동학회에 가입하였으며 보흥학교 한문교사, 성주공립보통학교 학무위원, 지방금융조합 평의원, 문묘직원 등으로 활동하였다. 주재훈은 시찰 후 왜관금융창고 감사, 민은식은 물산상회를 조직하는 등 주로 경제적인 단체에서 활동하였다. 김두현은 시찰 전은 부훈도와 군참사 시찰 후에는 소보면장으로 활동하였다. 제7회 경북 유림시찰단에 참가한 이종희는 군서기, 홍일흠과 이상호・고석훈은 면장, 박노일은 훈도 등으로 활동하였고, 이병조는 영양양조주식회사 감사, 최승동

27) 일본의 훈장 가운데 하나로, 국가 또는 공공에 대해 공로가 있고 공무 등에 장기간 재직하여 성적을 올렸던 자를 수여 대상으로 하였다.(『친일반민족행위진상규명 보고서 3-1』, 친일반민족행위진상규명위원회, 2009, 423쪽)

28) 『조선총독부관보』 1923년 4월 6일자; 1924년 5월 1일자; 『동아일보』 1923년 4월 6일자. 서병오는 바둑의 고수로도 알려졌다.(『중외일보』 1926년 12월 5일자)

은 조선홍농주식회사 감사로 시찰 후 활동하였다. 이종택은 학교를 건축에 6백 원과 증축에 120원을 지원하는 독지가였다.[29]

황해도 유림 내지시찰에 참가한 오원동, 이관수, 하상규, 손봉주, 정태광, 이규환, 양범석, 노정익 등은 면장이었거나 시찰 이후 면장으로 활동하였다. 당시 면장은 주로 그 지역의 유지들이었는데, 이들은 대부분 유림층이었음을 알 수 있다. 옹진 출신 이관수는 동아일보 옹진분국장,[30] 안악 출신의 최용화는 안악공립보통학교 학무위원[31]으로 활동한 경력을 가지고 있었다. 봉산 출신의 노정익과 서흥 출신의 이봉하는 상당한 재력가로 알려졌다. 노정익은 1921년 10월 29일 독립단원 4명으로부터 군자금 내지 않으면 죽이겠다고 위협하자 지금은 돈이 없으므로 옆집에서 빌려서 주겠다고 한 후 밖으로 나와 주재소로 달려가 신고를 하였다.[32] 그렇지만 1922년 가을에는 소작인 40여 명의 소작료 380여 석을 면제하거나[33] 재령강 개수 공사에 참여하였던 노동자 170명이 공사 중지로 경제적 어려움을 겪자 피 1두씩 배급하는 등 구제활동에도 적극적이었다.[34] 서흥 출신 이봉하는 (주)한성도서[35]와 (주)영익사[36]의 대주주로 투자한 바 있다.[37]

---

29) 『중외일보』 1929년 3월 13일자.
30) 『동아일보』 1920년 5월 30일자.
31) 『조선총독부관보』 1912년 2월 29일자.
32) 『동아일보』 1921년 11월 4일자. 독립단원이 양범석에게 군자금을 요구하게 된 것은 1921년 8월 한 청년이 와서 군자금 1만원을 요구하자 증서를 써주었기 때문이다.
33) 『동아일보』 1922년 11월 13일자. 이외에도 사리원기아구제회에도 의복 30벌을 기부한 바 있다.(『시대일보』 1926년 1월 29일자)
34) 『동아일보』 1926년 1월 27일자.
35) 한성도서주식회사는 1920년 3월 28일 설립되었으며, 도서출판 및 판매. 기타 도서 및 인쇄에 관한 일체의 사업을 하였다. 이봉하는 6000주 중 1000주를 가진 2대 주주였다.(『한국근현대회사조합자료』, 국사편찬위원회)
36) 영익사는 1932년 1월 7일 설립된 회사로, 부동산의 취득 양도 및 임대차, 금전의 대부 및 그 부대사업을 하였다. 이봉하는 300주를 가진 최대 주주였다.(『한국근현대회사조합자료』, 국사편찬위원회)
37) 『개벽』 60, 1925.6, 75쪽; 『삼천리』 3-9, 1931.9, 39쪽.

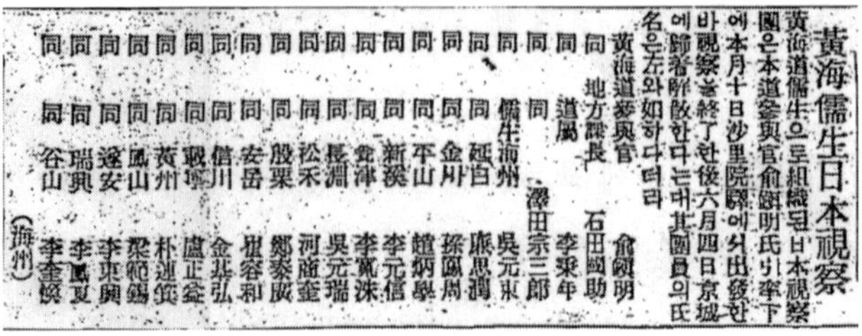

黃海儒生日本視察

黃海道儒生으로組織된日本視察團은本道參與官俞鎭明氏引率下에本月十日沙里院驛에서出發한바視察을終了한後六月四日京城에歸着解散한다는대其團員의氏名은左와如하다더라

黃海道參與官 俞鎭明
同 地方課長 石田國助
同 道屬 李秉年
同 同 澤田宗三郎
同 儒生海州 吳元東
同 同 延白 [illegible]
同 同 金川 孫[illegible]
同 同 平山 趙炳學
同 同 新溪 李元信
同 同 瓮津 李寬洙
同 同 長淵 吳元瑞
同 同 松禾 河[illegible]
同 同 殷栗 鄭泰[illegible]
同 同 安岳 崔容和
同 同 信川 金基弘
同 同 載寧 盧正[illegible]
同 同 黃州 朴運[illegible]
同 同 鳳山 梁[illegible]
同 同 遂安 李秉興
同 同 瑞興 李[illegible]
同 同 谷山 李[illegible]
(海州)

〈그림 1〉 황해도 유림 내지시찰단을 참가자

(『동아일보』1921년 5월 14일자)

전남 유림으로 내지시찰에 참가한 김하련은 제주군 지사로 활동한 바 있으며, 현경호는 시찰 후 개벽사확장기성회 회원으로 1원을 기부하였고[38] 제주목재주식회사 이사로 활동하였다. 고성 유림시찰단에 참여한 구장서, 이진홍, 이기재, 박용만 등은 면장으로 활동하였고, 김갑성은 고성청년단 창립기념 토론회에서 참가한 경력을 가지고 있었다.[39] 그리고 공자석존제에 참가한 강해는 경북 유도진흥회 부회장, 김우전과 임홍재는 회원이었다.

개성향교가 후원하고 개성군청에서 조직한 시찰단원 구성원은 대부분 면장이며 지역유지들이었다. 이봉수는 홍교면장, 이종학은 대성면장, 전홍문은 노덕면장과 광덕면장, 김세영은 동면장, 유영수는 임계면장, 김달현은 중면장, 박정진은 진봉면장, 장병기는 서면장,[40] 최대현은 청교면장[41]으로 활동하였다.

한편 이상으로 살펴본 바와 같이 시찰단 참가자 대부분이 군수나 면장 등으로 식민기관의 관리 등 일제식민통치에 협력하였지만, 일부는 민족주

38) 『별건곤』 4, 1927.2, 45쪽.
39) 『시대일보』 1924년 10월 2일자.
40) 장병기는 1931년 토성금융조합을 설립하고 조합장으로 활동한 바 있다.
41) 최대현은 1925년부터 1931년까지 개성양조주시회사 감사와 제2송도보통학교 후원회 회원으로 활동한 바 있다.(『시대일보』 1926년 6얼 8일자)

의나 공산주의계열에서 활동한 인물도 없지 않았다. 개성시찰단 참가자 이연교는 신간회 개성지회를 창립하는데 참여하였을 뿐만 아니라 간사와 지회장으로 활동하였고,42)경성고학생갈돕회에 60원을 기부하였다.43) 이외에도 호수돈여학교 후원회 이사장,44) 송도학교 학부형회 창립준비위원45) 등으로 활동한 바 있다. 하규항은 『개벽』 개성지사장으로 있으면서 주로 공산주의계열에서 활동하였다. 『왜정시대인물사료』에 의하면 "총독 정치를 비난하고 사회문제를 연구한다 하면서 몰래 공산주의 사상을 선전할 우려가 있음"46)이라고 하여 감시 대상이었다. 하규항은 1899년 9월 19일 개성군 송도면 입암동에서 출생하였으며, 제일공립보통학교와 인천공립상업학교를 졸업하였다. 1918년 4월부터 1920년 5월가지 경성 공익사 사원으로 근무한 바 있으며, 개성으로 돌아와 잡화상을 경영하면서 개성상우회장, 고려기지단 위원,47) 고려청년회 이사,48) 경기도청년연맹 준비위원49) 등으로 활동하였다. 하규항은 동생 하순황, 하진항과 함께 화요계에 속하였다.

이 밖에도 경남 유림으로 시찰에 참가한 이재락은 울산지역 3・1운동을 전개하는데 영향을 주었으며,50) 도평의원으로 활동하던 중 유림단사건으로 기소된 바 있다.51) 그렇지만 내지시찰을 한 후에는 시찰에 대한 특별강

42) 『중외일보』 1927년 8월 11일자; 「新裝한 舊都 開城行進曲(地方紹介. 其三)」, 『별건곤』 34, 1930. 11, 71쪽.
43) 『동아일보』 1922년 12월 12일자; 12월 18일자.
44) 『시대일보』 1925년 7월 5일자.
45) 『중외일보』 1928년 2월 20일자/
46) 『왜정시대인물사료』
47) 『시대일보』 1925년 6월 20일자; 『조선중앙일보』 1934년 7얼 11일자.
48) 『시대일보』 1925년 8월 27일자.
49) 『중외일보』 1926년 1월 6일자.
50) 『한민족독립운동사 3권』, 국사편찬위원회, 1988; 독립운동사편찬위원회, 『독립운동사』 3, 203-211쪽.
51) 『시대일보』 1926년 5월 23일자; 『동아일보』 1927년 2월 11일자.

연을 하기도 하였다.[52] 경북 유림으로 제7회 내지시찰에 참가한 윤범섭은 국권회복단원 윤창기의 아버지였다.[53]

그리고 공자탄신 2400년 추원제 시찰단 참가자 내력은 〈표 9〉와 같다.

〈표 9〉 공자탄신 추원제 시찰단 참석자

구분	이름	출신지역	비고
단장	高橋亨		조선총독부 학무국 視學官, 경성제국대학 교수
간사	田島泰秀		조선총독부 학무과 屬, 편집과 편수서기, 정주군수
	金完鎭		경학원 司成, 명륜학원 간사
	朴時陽		경학원 직원, 명륜학원 서기
	車敎相	경기도	유림
제1조 단원	朴箕陽		경학원 부제학, 중추원 참의
	鄭萬朝		경학원, 명륜학원 총재
	鄭鳳時		경학원 강사 및 대제학, 중추원 촉탁, 명륜학원 강사
	李學圭	강원춘천	강원도 강사, 조선사편찬위원회 위원, 중추원 촉탁참여관, 중추원 찬의, 지방토지조사위원회 위원
	李錫儔	강원	유림
제2조 단원	崔基鉉	경기	유림
	成樂游	경기파주	유림
	盧鎭行	평북	유림, 대한협회 및 서북학회 회원, 지방토지조사위원회 임시위원, 정주군 참사
	裴明善	평북의주	유림, 경학원 강사
	韓慶河	평북의주	유림, 희천군속, 의주군속
	韓赴淵	함남	유림
	李秀永	함남정평	유림, 춘유수리조합 조합장
제3조 단원	鄭錫溶	충북	유림, 육군 참위, 지방토지조사위원회 임시위원, 옥천군 참사, 중추원 참의, 옥천금융조합 조합장
	申泰完	충북보은	유림, 외부 주사, 의정부 주사, 보은군수, 청산군수, 탄부면장
	孫寬鉉	경남	유림
	權道溶	경남함양	유림, 1922년 보안법위반으로 검거
	吳鍾泳	황해도	유림

52) 『매일신보』 1923년 7월 30일자.

53) 『한민족독립운동사자료집』 7(국권회복단 1), 국사편찬위원회. 그렇지만 윤범섭이 민족운동을 전개하거나 했던 사실은 확인할 수 없다.

	李鍾默	황해재령	유림
제4조 단원	崔致晶	전북	유림, 익산군 여산면장
	朴源奎	전북전주	유림, 화릉참봉
	朴潤夏	평남	유림
	金錫龍	평남평원	유림, 안주군서기, 증산군서기, 평원군영유면장,순안면장
	玉東奎	평남평양	유림, 대한협회 회원, 서우학회 교무원, 보성전문학교 졸업, 서북학회 평의원, 오월청년회독서회주의선전사건 변호, 평양부협의회 출마, 평양학교평의회 평의원, 변호사

〈표 9〉에서 알 수 있듯이 공자추원제 참가자들은 경학원과 명륜학원 등 유림계 친일기관이나 학교의 중책을 맡고 있는 인물을 비롯하여 중추원 참의, 면장, 군속, 군서기, 군참사 등 일제협력기관에서 활동한 인물들이었다.

이러한 점에서 내지시찰단에 참가자 유림들은 지역유지나 식민기관 관리 등이 대부분이었음을 알 수 있다. 다만 극소수이기는 하지만 민족주의나 공산주의계열에서 활동한 경우도 없지 않았다.

한편 유림계 내지시찰단의 비용은 대부분 향교 등 유림 재산으로 충당하였고, 필요에 따라서 도, 부, 군의 기관에서 일부를 지원하였다. 대표적인 사례가 개성 유림시찰단으로 문묘 재산으로 충당하였다.

그렇다면 유림계에서 추진한 내지시찰 참가자는 일본에 대해 어떻게 감상하였을까. 앞서 살펴보았듯이 내지시찰은 우월한 일본에 동화를 목적으로 하고 있다. 경북유도진흥회에서 추진한 제3회 내지시찰에 참가한 이종진은 내지시찰 감상과 관련하여 다음과 같이 밝히고 있다.

> 조선총독이 관제개정과 문화선전과 차별철폐의 諸件이 實將來 국가사회의 희망을 富코자 함이오, 我民族의 程度를 향상케 하여 同昌共樂의 형세를 성취케 함이로다.[54]

내지시찰도 '조선민족의 정도 향상과 동창공락의 성취'의 일환으로 인식하였다. 이는 내지시찰의 본질이 어디에 있는지 확인해주는 핵심이었다. 일본의 우월성을 보여주려고 하였다는 것이를 뒷받침하고 있다. 때문에 시찰단원은 일본의 발전된 모습을 둘러보고 적지 않은 감명을 받고 있음을 알 수 있다.

1921년 내지시찰에 참가하였던 회령군 운두면장 정원영(鄭源榮)[55]은 일본의 잘 보존된 자연에 대해 감탄하면서 자연에 인공을 이용한 선진기술에 주목하고 있다. 그는 오해군공창(吳海軍工廠)을 보고는 "군함 대소포(軍艦 大小砲) 등 각 병기를 제조하니 기계의 향(響)은 여뢰굉굉(如雷轟轟)하고 연돌(煙突)의 연은 여운몽몽(如雲濛濛)"이라고 놀라움을 표현하였으며, 대분공진회(大分共進會)에 출품된 조선공산품에 대해서는 품질의 열등감을 느끼고 조선인의 반성을 촉구하기도 하였다. 또한 조선과 일본의 교육기관을 비교하면서 교육이 조선과 일본 간 우열의 분기점이었다고 밝히고 있다.[56] 이는 조선의 교육이 일본보다 뒤떨어져 있고, 결국 식민지로 전락할 수밖에 없다는 본 것이다.

이와 같은 소감은 황응율의 내지시찰기에도 잘 드러나고 있다. 그는 1922년 5월 1일부터 규슈와 동경 등 주요 도시를 시찰하였는데, "장래 실시코자 하는 바를 개거(概擧)하면 제반(諸般) 실시를 요(要)할 바는 다(多)하나 목하 최급무로 말하면 신도덕을 확충하여 위선(爲先) 교육기관의 설비 완전"이라고 하여 '교육의 중요성'을 가장 급선무로 인식하였다. 그러면서 현재

---

54) 이종진, 「내지시찰 감상」, 『유도』 8, 1922.7, 86쪽.

55) 정원영은 유림계 내지시찰단으로 파견되지는 않았지만, 유림이었다. 정원영은 면장이었는데, 적지 않은 면장이 유림층이었다. 때문에 정원영은 유도진흥회의 기관지 『유도』에 내지시찰기를 게재하였다.

56) 정원영, 「내지시찰감상」, 『유도』 4, 유도진흥회, 1921.12.

2면1교제를 1면1교제 나아가 1면2교제로 전환해야 한다고 강조하였다.[57)]

또한 1921년 4월 내지시찰에 참여하였던 한 인사의 감상은 '삼림(森林)의 번무(繁茂), 전답(田畓)의 정리(整理), 녹비재배(綠肥栽培), 이모작재배(二毛作栽培), 공업(工業)의 발전(發達), 조선해군(造船海軍)의 위력(威力), 규슈오키나와8현연합공진회, 공원시설, 인민(人民)의 근면, 천은무량(天恩無量), 개인의 미학(美學), 여공(女工)의 열심, 동포의 근면, 겸양의 미풍' 등으로 분류하여 각 항목별로 일본의 모습을 찬양하고 있다.[58)] 이중 일본인의 근면성과 겸양의 미풍은 조선에서는 겪어보지 못한 조선인이 일본인의 미덕을 배워야함을 은연중에 강조하고 있다.

> 市邑村落을 勿論하고 遊惰放逸輩를 不見하는데 殊히 婦女子가 田園에서 耕耘에 努함이 惑은 諸工場에 槿役하는 樣은 到底히 朝鮮에서 보지 못하는 狀態이다. 朝夕으로 都市에서 行人을 보니 其 目的地에 向하자 疾行急步로 身心이 緊張하고 少毫라도 弛緩한 態가 無한듯 하나니 朝鮮人이 尤顧右盼하여 徐行함에 比하면 果然 如何할까. 文野의 所岐가 수히 玆에 存함을 可知로다.[59)]

> 吾人이 第一 感한 바는 謙讓之美風이라. 吾等과 共히 老人 又는 婦人 兒童 等이 汽車나 電車에 乘車하는 境遇에 萬若 空席이 無하여 困難하는 境遇에 壯年者는 곧 自己의 자리를 老人 又는 婦女子에게 讓하는 일을 目繫하나니 如斯한 美風은 朝鮮에서는 未曾見하는 바이요 吾等 鮮人이 須히 可學할 美風이라고 信하노라.[60)]

57) 황응률, 「내지를 시찰하고」, 『유도』 9, 1922.10, 80-83쪽 참조.
58) 「내지관광단 일원」, 『유도』 3, 92-94쪽.
59) 앞의 책, 93쪽.
60) 앞의 책, 94쪽.

1922년 동경 평화박람회에 참가하였던 한 유생은 일본의 시찰내용을 산림천택, 도로교량, 농업, 교육, 미풍양속, 위생, 상공업, 여자의 근면, 유교, 인민의 숭신정신, 자본가와 기업가 등 11개 항목으로 나누어 감상을 소개하고 있지만 역시 일본의 발전된 모습을 통한 조선의 열등의식을 저변에 두고 있다.[61]

강원도 유도천명회에서 주최한 내지시찰에 참가한 유생 김재익 역시 조선의 과학기술의 쇠퇴한 것에 대한 한탄과 함께 식민지 하에서의 조선의 미래를 기약하고 있다.[62] 그는 특히 일본의 영농기술에 관심이 많았는데, 이에 대해 다음과 같이 밝히고 있다.

> 농사시험장과 조직회사를 친견하였다. 조선은 전혀 인공을 要하여 수출품이 전무하고 자급도 未遑하여 일본 支那에 수입을 專賴하니, 何로써 不貧하며 何로 誇張하는가. 일본도 수십 년 전에는 조선과 동일하더니, 今에는 각국에 수출하게 되었다 하니, 민력증진을 산업으로만 專着眼라면 가증치 아니할가. 더군다나 雇人 수천 명이 각 회사마나 수용되니 民이 足하고야 국부가 何難인가. 농사 조직 양처는 기록의 詳悉할 필요가 유하나[63]

김재익은 과학기술의 수용이 국부와 밀접한 관계가 있다고 하였다. 그러면서 농사시험장과 조직회사에 대해 자세한 기록을 하고 싶었지만 일정에 쫓기게 됨을 아쉽게 여겼다.

1924년 5월 전남유림시찰단은 "일본문화 발달 상황을 실제 시찰한 결과 대자각과 분기심"을 갖고 귀향 후 실천사항을 다음과 같이 결의하기도

---

61) 『회보』, 강원도유도천명회, 1923.4.
62) 김재익, 「내지시찰 개요」, 『유도』 8, 1922.7. 71-76쪽.
63) 김재익, 「내지시찰 개요」, 『유도』 9, 1922.10, 74쪽.

하였다.

1. 常히 公共協同의 觀念으로써 教育 其他 一切의 公同的 施設에 當하여 진실로 奉仕를 辭치말 事
2. 農事의 改良進步에 必要한 施設은 各種 産業團體의 奬勵와 相待하여 필히 이를 執行할 事
3. 養蠶 養鷄 其他 適當의 副業을 選擇하여 이를 經營할 事
4. 儒道彰明會, 民風振興會, 青年會, 金融組合 등 斯種의 단체를 중심으로 하여 質實剛健 勤儉貯蓄 時間勵行 公課速納 清潔常美의 良風을 作興할만한 民育의 方途를 講할 事[64)]

이외에도 제3회 경북유림시찰단은 청년 유림을 중심으로 조직하여 東京평화박람회를 참관하였는데, 이들은 문명개화된 일본에 감명을 받고 단발을 하는 한편 일본시찰을 기념하기 위해 공익사업 후원금 70원을 모금하여 대구 고아구제회(孤兒救濟會)에 기부하기도 하였다.[65)]

이처럼 총독부와 각 도의 적극적인 후원으로 실시된 일본시찰은 일제가 시도하였던 일본의 우월성과 조선독립의 불능을 직접 눈으로 보고 체험하고 있다. 그리고 이를 통해 일제에 협력하거나 지배정책에 순응하는 세력으로 전환되었음을 알 수 있다. 결국 유림계의 내지시찰은 일본에 대한 우호적인 생각, 나아가 친일세력을 양성하기 위한 지배정책의 일환이었음을 알 수 있다.

그렇다면 내지시찰에 참가한 유림계에 대한 인식은 어떠하였을까? 대한

---

64) 『매일신보』 1925년 6월 9일자, 「전남유림시찰단」; 「府面職員青年儒林三團體內地視察」, 『창명』 4, 전남유도창명회, 1924.9, 72-73쪽.
65) 『매일신보』 1922년 6월 2일자.

민국임시정부는 유림단체의 대표격인 대동사문회에 대해 다음과 같이 극명하게 인식하고 있다.

> 儒林中의 狹雜輩로 組織된 所謂 大同斯文會의 罪惡이 某方面으로서 綻露되엿는데 其內容의 怪惡함은 世人을 一驚케 하다, 同會는 直接 所謂朝鮮總督 齋(齊)藤의 指揮下에 高等偵探과 韓民族同化 云云의 目的을 가지고 陰謀를 逞하던 者인대 그 關係者로는 韓國뿐 아니라 日本內閣總理大臣 原敬 以下로 ○國人까지 包含되다, 今番의 陰謀는 또한 一大 宗敎的 陰謀가 包含되엿스니 卽東洋에서 儒敎 以外의 모든 宗敎를 逐出코져 함이라 其他 別別 怪象한 內容이 잇는바 現今 某處에서 着着其調査가 進行中이라 本紙는 次號 紙上에 其詳細를 發表하려 하노라.[66]

대동사문회는 "적(敵)의 주구(走狗)의 집합체(集合體)"로 인식하고 하고 있다.[67] 이러한 인식은 대동사문회뿐만 아니라 유도진흥회, 유도천명회, 유도창명회 등 유림계에 대한 인식의 연장으로 볼 수 있다. 유도진흥회는 총독부 내무국이 상해임시정부의 유생들과 내통, 임시정부를 와해시키기 위해 비밀리에 결성된 친일단체였다.[68]

특히 유도진흥회는 유명무실한 친일단체를 통합해서 민족주의세력과 사회주의세력을 대항하기 위해 조직한 각파유지연맹(各派有志聯盟)에 참여하였다. 각파유지연맹은 1923년 관동대지진 직후 대책을 논의하던 총독부는 1924년 1월 16일 친일관련단체 대표들에게 각파유지발기인대회를 만들도록 지시하였으며, 이를 계기로 3월 25일 발기인회의 참여하였던 국민

66) 『독립신문』(상해판) 1920년 5월 22일자, 「大同斯文會의 罪惡發露 齋(齊)藤의 愚擧, 儒家의 羞恥」
67) 『독립신문』(상해판) 1920년 6월 17일자.
68) 「齋藤實文書」 1006;강동진, 『일제의 한국침략정책사』, 한길사, 1980, 227쪽 재인용.

협회, 조선소작인상조회, 유민회, 동광회, 노농회, 조선경제회와 교풍회, 대정친목회, 상애회, 동민회, 유도진흥회, 청림교 등 12개 단체의 대표들이 4월 11일 창립총회를 갖고 출범하였다.[69] 이들은 각파유지연맹을 결성하면서 "內鮮 두 민족의 융합에 힘쓰며, 일한병합의 대원칙을 본받아 혼연일체가 되어 두 민족의 영원한 행복을 위해 관민일치, 시정개선, 대동단결, 사상선도, 노자협조, 생활안정"을 요강(要綱)으로 내걸었다.[70] 그러나 '직업적 부일도당(附日徒黨)'[71]으로 인식되었던 각파유지연맹은 동아일보로부터 친일단체로 비난하였다.[72] 이에 각파유지연맹에 참여한 상애회의 박춘금은 동아일보사의 송진우를 폭행하는 불미스러운 사건이 일어나고, 『매일신보』가 『동아일보』를 비난하는 글을 게재되는 등 사건이 확대함에 따라 민족주의계열에서는 이른바 '언론집회압박탄핵회'를 결성하고 총독부와 각파유지연맹을 규탄하였다.[73] 각파유지연맹은 1920년대 최대의 친일단체로 인식되었다. 이러한 각파유지연맹에 유도진흥회는 정진홍(鄭鎭弘)이 대표로 하여 적극 참여함으로써 친일단체로서의 성격을 보다 분명하게 보여주고 있다.

이외에도 유림계는 관과 매우 밀착관계를 유지하였다. 중앙의 경우 총독부, 지방의 경우 도(道)와 군(郡)의 지원을 받은 유림계 단체는 창립총회나 각종 행사에 관(官)의 고위직 인사들이 반드시 참여하고 있다. 이들은 격려사 또는 강연을 통해 식민지 시정방침을 설명하거나 일선융화를 강조하고 있다. 경북유도진흥회의 경우 창립총회에 등천(藤川) 도지사를 비롯하여 좌등

69) 『동아일보』 1924년 4월 11일자, 「친일단체의 烏合」
70) 京本高秘 제2048호, 「大同聯盟會 發會式에 관한 건」, 1924.3.26
71) 車賤者, 「長髮賊의 最後蠢動」, 『개벽』 56, 1925.2, 46쪽.
72) 『동아일보』 1924년 3월 30일자, 「소위 각파유지연맹에 대하여」;4월 2일자, 「관민야합의 漁利運動」.
73) 『동아일보』 1924년 4월 11일자, 「민중대회를 야기」

(佐藤), 대정(大庭), 신장(新庄) 부장, 대교(大橋) 헌병대장, 송정(松井) 대구부윤, 각 지역의 군수 등이 참여하였으며, 도시사의 고사(告辭)와 신석린 도참여관의 강연 등이 있었다.[74] 강원유도천명회는 민심수습과 시정선전을 목적으로 전현직 참여관이 도내를 순회하면서 직간접적으로 관여하고 있다. 호남유도창명회의 경우도 도의 적극적인 후원과 참여관의 활동으로 조직이 가능하였던 것이다.

이처럼 내지시찰을 적극 수용하였던 유림계 단체는 당시 친일세력으로 인식되어 민족주의세력으로부터 배척을 당하였다.

Ⅳ. 맺음말

일제는 강점 이후 식민지조선을 통치하면서 친일세력 양성에 부단히 노력하였다. 강점 직후에는 이른바 '무단통치'로 억압과 통제로 일관하였지만 1919년 3월 1일1부터 전국적으로 전개된 3・1운동을 통해 민족적 저항을 맞게 되었다. 이에 일제는 문화통치를 친일세력을 양성하는데 보다 많은 투자를 하였다. 그중의 하나가 '내지시찰'이다. 내지시찰은 일본의 근대성을 과시하고 조선이 식민지가 될 수밖에 없다는 합리성을 체현시키며, 나아가 식민지 조선의 전근대적 모습을 스스로 각성케 하여 일제의 식민지배의 조력자를 만들려는 목적으로 시행되었다. 뿐만 아니라 일제가 추진한 내지시찰은 식민지 조선인에게 일본을 시찰케 하여 모국의 개화된 발전상

74) 『매일신보』 1920년 4월 1일자, 「유도진흥회」

을 보고 후진적 조선과 비교시켜 조선인에게 '일제의 강대성'과 '조선독립의 불능'을 인식시키려는 정치 선전 측면의 동화정책이었다.

이러한 일제의 식민정책의 하나인 내지시찰에 유림계는 적극적으로 참가하였다. 특히 1920년대 종교계의 내지시찰은 유림계가 핵심을 이루고 있다. 1922년 동경에서 개최한 평화기념박람회를 계기로 22회 이상 내지시찰단을 파견하였다. 유림계는 내지시찰에 대한 사전 정보를 알려주기 위해 「내지소개」라는 특별부록을 기관지 『유도』를 통해 제공한 바 있다. 유림계의 내지시찰에는 경북 유림 단체인 유도진흥회가 가장 적극적으로 참여하였다. 이외에도 전남 유도창명회, 개성유림계, 강원 유도천명회와 충북 유림계, 황해도 유림계, 평북 유림계에서도 내지시찰단을 파견하였다. 그리고 군 주관으로는 화순군, 고성군에서도 내지시찰단을 파견하였다.

시찰단 규모는 그때그때 달랐지만 적은 경우는 9명, 많을 때는 30여 명 정도였다. 시찰단의 구성은 유림계 스스로가 주체적으로 구성하지 못하였고 관공서와 함께 추진하였다. 때문에 내지시찰단 단장과 인솔자는 일제강점 직후부터 총독부의 직원으로 입사하여 오랫동안 식민지배정책에 적극 협력한 인물로 구성되었다. 이들은 내지시찰 과정에서 시찰의 목적이나 적절하게 지도하기도 하였다. 결국 내지시찰이 소기의 성과를 거둘 수 있도록 관리하였다.

그리고 시찰단의 일정은 길게는 30일이었지만 대체적으로 20일 정도였고, 보름 정도에 마치는 경우도 없지 않았다. 주요 시찰지는 박람회장, 공진회장, 부청, 시역소(시청), 공회당, 동경모직회사, 삼월오복지점, 농사시험장 등 일본이 식민지 조선보다 근대 문명국임을 체험케 하는 곳, 해군연료창, 군함 진수식, 비행기장, 해군영, 포병공창 등 일본이 군사적으로 우월감을 드러내는 시설, 동양대학, 사범학교, 고등여학교 등의 교육기관, 오사카매일신문사 · 오사카조일신문사 등의 언론기관, 상야(上野)공원 · 교토공원 · 이쓰쿠시마공원 등일본이 문화적으로 식민지 조선보다 우월하다는 점을 인식케 하는 곳, 청수사, 동대사, 오사카성 등 일본의 문화유적지, 미야기, 동 조궁, 야스쿠니신사, 노기신사, 이쓰쿠시마신사, 메이지신궁, 모모야마 여룽 등 일본의 정신을 상징하는 곳, 고려촌, 나에시로가와 조선인이주부락, 단군신사 등 도래한 조선인이 정착하여 동화가 잘 된 곳, 그리고 공자묘의 유교 관련 종교적 시설이었다.

유림계의 내지시찰은 400명 이상으로 추정된다. 시찰단 참가자 대부분이 군수나 면장 등으로 식민기관의 관리 등 일제식민통치에 협력하였지만, 일부는 민족주의나 공산주의계열에서 활동한 인물도 없지 않았다.

유림계의 내지시찰이 조선총독부와 각 도의 적극적인 후원으로 실시된 일본시찰은 일제가 시도하였던 일본의 우월성과 조선독립의 불능을 직접 눈으로 보고 체험하고 있다. 그리고 이를 통해 일제에 협력하거나 지배정책에 순응하는 세력으로 전환되었음을 알 수 있다. 결국 유림계의 내지시찰은 일본에 대한 우호적인 생각, 나아가 친일세력을 양성하기 위한 지배정책의 일환이었음을 알 수 있다. 이와 같이 일제의 내지시찰에 적극적으로 참여한 유도진흥회 등 일부 유림계에 대해 민족운동 세력에서는 친일세력으로 인식되어 배척을 당하였다.

| 참고문헌 |

원전 및 기초사료

『매일신보』, 『동아일보』, 『조선일보』, 『시대일보』, 『중외일보』, 『중앙일보』, 『조선중앙일보』, 『독립신문』(상해판), 『유도』, 『별건곤』, 『회보』, 『개벽』

『조선총독부관보』, 『한국근현대회사조합자료』, 『조선총독부직원록』, 『왜정시대인물사료』(이상 국사편찬위원회 홈페이지)

경상북도, 『경상북도사회사업요람』, 1930.

국내논저

조문석. 2012. 『일본시찰일기』. 경인문화사.

강동진. 1980. 『일제의 한국침략정책사』. 한길사.

성주현. 2013. 『식민지 시기 종교와 민족운동』. 선인.

김윤희. 2012. 「1920年代 歌辭 『東遊感興錄』 內 朝鮮人 '身世 打令'의 特質과 그 意味」. 『어문연구』 154, 한국어문교육연구회.

______. 2012.「1920년대 일본 시찰단원의 가사 〈동유감흥록(東遊感興錄)〉의 문학적 특질」,『우리말글』 54, 우리말글학회.

박찬모. 2009. 「'전시(展示)'의 문화정치와 '내지' 체험: 1920년대 '내지 시찰감상문'을 중심으로」. 『한국문학이론과 비평』 43, 한국문학이론과 비평학회.

박찬승. 2010. 「식민지시기 조선인의 일본시찰-1920년대 이후 이른바 '내지시찰단'을 중심으로-」. 『지방사와 지방문화』9-1, 역사문화학회.

성주현 . 2010. 「일제의 동화정책과 종교계의 동향」. 『식민지 조선과 매일신보』. 신서원.

유정선. 2012. 「1920년대 인쇄본 기행가사, 전통의 지속과 변용-「동유감흥록」을 중심으로」. 『고전문학연구』 41, 한국고전문학회.

이경순. 2000. 「1917년 불교계의 일본시찰 연구」. 『한국민족운동사연구』 25, 한국민족운동사학회.

임경석. 2012.「일본 시찰 보고서의 겉과 속 -「일본시찰일기」읽기-」.『사림』 41, 수선사학회.

전재진. 2013.「『東遊感想歌』와 식민지 지식인의 渡日 문화 접촉」,『해항도시문화교섭학』. 한국해양대학교 국제해양문제연구소.

조성운. 2005.「『매일신보』를 통해 본 1910년대 일본시찰단」.『일제의 식민지 지배정책과 매일신보-1910년대-』. 수요역사연구회.

조성운. 2005.「1910년대 日帝의 同化政策과 日本視察團 -1913년 日本視察團을 中心으로-」.『사학연구』 80. 한국사학회.

조성운. 2007.「1920년대 일제의 동화정책과 일본시찰단」.『한국독립운동사연구』 28. 독립기념관 한국독립운동사연구소.

조성운. 2006.「1920년대 초 日本視察團의 파견과 성격(1920~1922)」.『한일관계사연구』 25. 한일관계사학회.

조성운. 2007.「일제하 불교시찰단의 파견과 그 성격」.『한국선학』 18, 한국선학회.

조성운. 2011.『식민지 근대관광과 일본시찰』. 경인문화사.

하세봉. 2008.「타자를 보는 젠더의 시선-1930년을 전후한 조선인 여교사의 일본시찰기를 중심으로」.『역사와 경계』 69, 부산경남사학회.

한길로. 2014.「전시체제기 조선 유림의 일본 체험과 시회 풍경:『朝鮮儒林聖地巡拜記』를 중심으로」.『국제어문』 62, 국제어문학회.

한국 신종교 신자들의 신앙적 특징과 종교적 지향성 비교분석

남춘모 | 대구가톨릭대학교

I. 머리말

본 조사의 목적은 '신자들의 신앙적 특징'과 '종교적 지향성'과의 관계를 수량적으로 분석하여, '한국 신종교 지형(Religious Geography of New Religions in Korea)'[1]을 파악하는 하나의 요인을 도출하려는 것이다. 첫째, 신앙적 특징을 확인하기 위해서 한국갤럽의 「한국인의 종교 조사」의 통계분석과 비교하여, 신종교 신자들과 기성종교 신자들과의 차이를 비교 분석한다. 다음으로 종교적 지향성(Religious Directionality)에 대해서는 신종교 교단별 비교분석을 한다. 본 연구에서 사용하는 종교적 지향성이란, 신자들이 스스로의 종교적 이념과 가치관에 입각하여, 종교의 개인적, 사회적 역할에 대

*대구가톨릭대학교 사회과학연구소 연구조교수

1) 본고에서 사용하는 종교지형(religious geography)이란 개념은, 한국이란 공간에 있어서, 넓은 의미로는 인문지리(human geography)의 범주 속에서, 신종교라는 사상체계가 차지하고 있는 공간적 구분과 분석을 위해서 만든 일종의 이념형(Ideal Type)이다.

해서 '혁신적 성격(Reformative Ability)'을 가지고 있다는 인식과 '자기수양적 성격(Self-Discipline Ability)'을 가지고 있다는 인식을 말한다. 즉 여기에서 사용하는 종교적 지향성이란 이 두 가지 신자들의 종교에 대한 인식(Recognition to a Religion)을 가리킨다. 따라서 신종교 신자들이 가지고 있는 종교적 혁신 의식과 자기수양 의식을 교단별로 비교 분석하여, 한국 신종교의 지형을 파악하는 하나의 분석 수단으로 활용하려는 것이다.

일반적으로 종교조사에는, 교단 창시자, 연혁, 교세, 교의, 의례의식, 종교적 · 사회적 실천, 조직, 시설 등의 파악을 목적으로 하는 '교단차원'의 조사와, 지역사회에 있어 해당 교단의 사회적 지위와 기능 및 역할, 조직의 활동내용, 다른 종교 및 사회조직과의 연관성, 지역에서 신자들의 신앙생활 등을 확인하는 '지역차원'의 조사, 그리고 신자 개인의 입신과정, 활동상황, 종교의식 및 지향성 등을 밝히는 '개인차원'의 조사로 나눌 수 있다. 본 조사는 신자들에 대한 설문 및 인터뷰를 통해서 수집된 데이터를 통계적 방법을 통해서 분석하는 '개인차원의 경험적 조사'에 해당되는 것이다.

본 조사에서는 다음과 같은 내용으로 하여 질적 및 양적 분석을 하였다.

〈표 1〉 조사방법과 내용

조사차원	조사방법	조사내용
교단	• 현지 관찰, 인터뷰	▸교단역사, 교세 및 규모 ▸교단 주요 인물 활동사 ▸주요 교의의 내용 및 사상 ▸신앙 및 사회 활동 역사, 내용
신자	• 인터뷰	▸특정 개인의 생활사(life-history) ▸양적 조사자료 보완 · 보충자료 수집
	• 설문조사	▸인구통계학적 속성 ▸신앙생활 관련(신앙도, 생활만족도, 종교의식) ▸종교적 지향성(혁신의식, 자기수양의식)

현재까지 설문조사를 실시한 주요 교단으로는 '성덕도', '증산법종교', '원불교', '대순진리회', '천도교', '대종교'이며, 또 부수적으로 2014년 7월 '한국민족종교여성협의회'의 정기 수련회에 참석한 여성신자들에 대해서도 설문조사 및 인터뷰를 실시하였다. 본 조사는 현재까지 조사를 통해서 수집한 양적 자료를 통계적으로 분석하며, 또 그것을 기성종교의 통계자료와 비교하여, 「한국신종교 신자들의 신앙생활의 특징과 종교적 지향성」을 규명하려는 것이다.

II. 연구디자인 및 가설

1. 조사개요 및 대상

본 조사는 다음과 같은 절차와 방법으로 진행되었다.

첫째, 기초조사에서는 주요 한국신종교 교단의 역사, 교리, 종교사상, 조직 및 경영에 대한 문헌연구를 바탕으로 기초적인 설문지 및 인터뷰표를 구성하였다.

둘째, 성덕도 신자들을 대상으로 설문 및 인터뷰 조사를 통해서 얻은 자료에 대한 예비적 통계처리를 하여 주요 측정문항에 대한 신뢰도(Crombach's α)를 확인한 후 '설문지'를 최종적으로 구성하였다. 주요 설문문항은 통계적 유의미성을 확보하기 위해서 구조화된 항목(structured items)으로 구성하고, 응답범주는 될 수 있는 한 행렬식(matrix)으로 구성하여, 다원적 통계분석이 가능하도록 하였다.

넷째, 주요 조사대상 신종교교단으로는, 신자규모가 최소 1만 이상인 교단으로서 '원불교', '대순진리회'를 우선적으로 선정하였다. 2014년도에는 '원불교', '대순진리회', '성덕도'를 대상으로 표본을 선정하여 설문조사를 실시하였고, 보충적으로 '한국민족종교여성협의회 2104년도 대회'참여자들과 그리고 2015년에는 '증산법종교', 2016년에는 '천도교'와 '대종교'에 대해서 설문조사 및 인터뷰를 실시하였다.

다섯째, 본 조사에서는 현재까지 수집한 데이터 중에서 통계적 분석이 가능한 '원불교', '대순진리회', '천도교' 그리고 '대종교'신자들에게서 얻은 데이터를 주 대상으로 하였다. 기본적으로 각 교단 대상자들의 '인구학적 속성'과 '신앙도', '신앙목적'과 같은 신앙적 상황과 '생활만족도'를 확인한다. 그 다음으로 공동연구에서 규명하고자 하는 가설 중 하나인「신종교의 지형과 종교문화적 지역성」을 밝히는 하나의 요인으로서「신자들의 종교지향성」을 통계적 분석을 통해서 규명한다.

설문조사의 대상, 시기, 표본수 그리고 배부 및 회수 방법은 다음 〈표 2〉와 같다.

〈표 2〉 설문조사 표본수, 조사시기, 배부 및 회수

대상교단	표본수(n)	조사 시기	배부 및 회수방법
성덕도(사전조사)	39	2014.04	당일 회장 직접 배부 및 회수(사전조사)
원불교*	183	2014.12	지역별 명부에 따른 직접 배부 및 회수
대순진리회*	271	2014.12	지역별 명부에 따른 직접 배부 및 회수
한국민족종교여성협의회*	95	2014.07	당일 회장 직접 배부 및 회수
증산법종교	22	2014.06	우편배부 및 회수
천도교*	41	2016.01	사전 배부 및 당일 회장 회수
대종교*	30	2016.01	사전 배부 및 당일 회장 회수
(*)통계분석 대상 교단임			

2. 조사모형 및 연구가설

(1) 조사모형

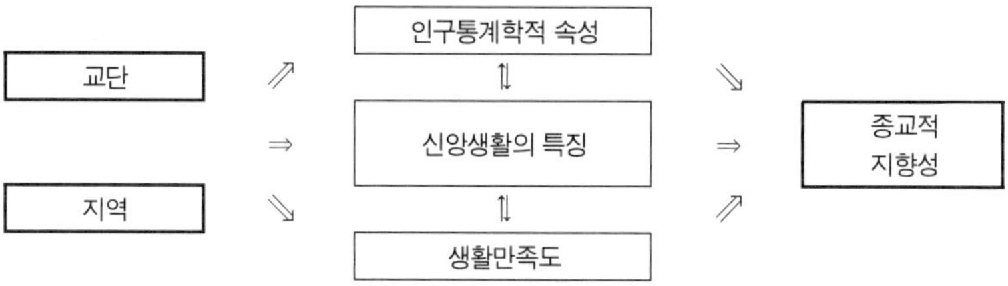

〈그림 1〉 조사모형

본 조사의 주요 목적은 「신종교교단」과 「지역」, 신자들의 「인구통계학적 속성」, 「신앙생활의 특징」, 「생활만족도」, 그리고 「종교적 지향성」이라는 3차원적 인과관계를 밝히는 것이다.

(2) 변수설명과 통계처리

본 조사에서의 변수와 통계처리 방법은 아래와 같다.

〈표 3〉 변수 설명과 통계처리 방법

변수	설명	통계처리 방법
교단	· 연구대상 신종교 교단	►기술통계: 교차분석 ▻2원적 분석: 독립표본T-검증
지역	· 각 교단신자들의 지역분포	►기술통계: 교차분석 ▻2원적 분석: 분산분석(ANOVA)
인구통계학적 속성	· 성별, 연령, 직업, 학력, 경제적 수준 · 거주지, 거주지이동	►기술통계: 빈도, 평균 ▻2원적 분석: 독립변수T-검증, 분산분석, 회귀분석

신앙생활의 특징	· 신앙목적 · 가족종교 · 종교적 체험 · 신앙도 · 개종 · 타종교에 대한 태도 · 한국 종교문화에 대한 평가	►기술통계: 빈도, 평균 ▻2원적 분석: 독립변수T-검증, 분산분석, 회귀분석 (*)기성종교와의 비교
생활만족	· 현재 생활에 대한 만족정도	►기술통계: 빈도, 평균 ▻2원적 분석: 독립변수T-검증, 분산분석, 회귀분석 (*)기성종교와의 비교
종교적 지향성	· 혁신적 종교관 · 자기수양적 종교관	►평균 ▻2원적 분석 종속변수 ■ 경로분석의 종속변수

(3) 연구가설

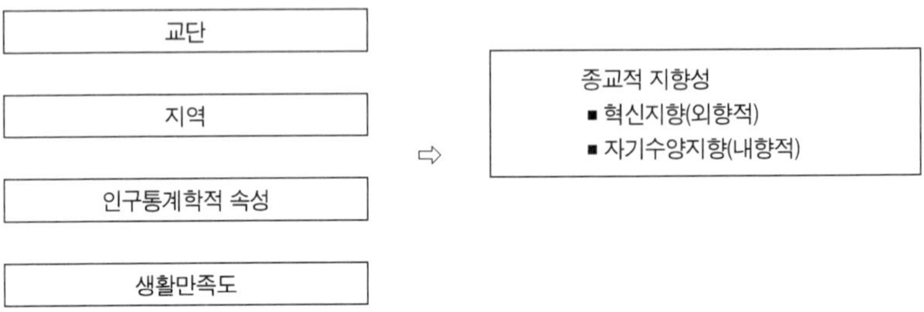

〈그림 2〉 가설 1(이원적 분석)

각 변수를 보면, 교단은 대상자의 소속 신종교교단이다, 지역은 대상자들의 현거주지이며, '거주기간', '이동여부와 전거주지', '이동규모'로 구성되어있다. 인구통계학적 속성으로는 '성별', '연령', '직업', '수입'을 선정하였다. 생활만족도는 한국갤럽의 종교조사에서 하고 있는 「생활만족도」척도를 그대로 사용하였다.

종교적 지향성은 본 연구에서 처음으로 개발한 변수이다. 종교적 지향성

(religious directionality)이란 대상자의 '세계관(world-view)'과 '종교에 대한 기대(expectation to a religion)' 그리고 '신앙의 목적(purpose of belief)'에 따라서 「외향적 지향(external directivity)」과 「내향적 지향(inner directivity」으로 나누어진다. 외향적인 측면으로는 '현실세계에 대해서 비판적, 부정적인 입장'의 경향을 가지는 정도'와, 또 '종교가 현실세계를 변화시킬 수 있다는 태도의 정도'를 측정하는 것으로서, 결국은 대상자들이 종교에 대한 기대와 역할이라는 측면에서 「신자들이 혁신지향적 의식」을 어느 정도 가지고 있는지를 확인하는 것이다.

한편 내향적인 측면의 경우에는, '현실순응적 태도의 경향을 가지는 정도'와, '종교에 대한 기대가 자기수양이라는 태도의 정도'를 측정하였는데, 이 변수는 대상자들이 종교에 대한 기대와 역할이란 측면에서 「신자들이 자기수양적 의식」을 어느 정도 가지고 있는가를 확인하는 것이다.

이에 따라서 이원적 분석으로는 다음과 같은 상관관계에 대한 네 가지 가설을 구성하였다.

즉 「교단-종교적 지향성」, 「인구통계학적 속성-종교적 지향성」, 「거주지역-종교적 지향성」, 「생활만족도-종교적 지향성」이다.

첫 번째는 「교단」과 「종교적 지향성」과의 상관관계를 검증하는 것이다. 즉 소속교단에 따라서, 종교적 지향성에 있어서 차이가 있을 것이란 가설을 검증한다.

두 번째는 「지역」과 「종교적 지향성」과의 상관관계를 검증하여 거주지역에 따라서 종교적 지향성에 차이가 있는지를 확인한다. 이것을 통해서 종교와는 별도로 지역성(locality) 혹은 지역의 문화적 아이덴티티(cultural identity)가 대상자의 종교적 지향성에 미치는 주요변수로 작용하는지 확인하게 될 것이다.

세 번째 「인구통계학적 속성」 중에는 「종교적 지향성」은 통계적으로 의미가 있다고 판단되는 '연령'과 '학력'만을 선택하여 인과관계를 확인하였다.

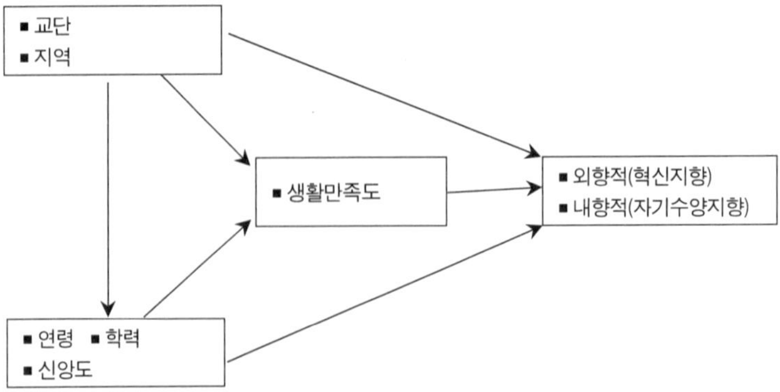

〈그림 3〉 가설 2(예상 경로모델)

먼저 〈가설 1〉에 대한 통계적 검증을 통해서 확인된 주요 인과관계를 바탕으로 경로분석(path analysis)을 실시하여 네 변수 적합경로모델을 제시한다. 이원적 상관관계 분석의 결과 통계적으로 유의미한 변수들을 바탕으로 선정한 네 변수 간 예상 경로모델로는 다음과 같다.

〈표 4〉 경로모델에 있어 4개 변수 설명과 통계처리 방법

독립변수(X2)	매개변수(X3)	매개변수(X1)	종속변수(X0)
교단	연령	생활만족도	혁신의식/자기수양의식
	학력	생활만족도	
지역	연령	생활만족도	혁신의식/자기수양의식
	신앙도	생활만족도	

이상에 따라서 독립변수(X2)와 매개변수1(X3), 매개변수2(X1), 그리고 종속변수(X0)의 네 변수 간의 관계를 구성하여, 경로분석을 통해서 적합경로 모델(suitable path model)을 제시한다.

Ⅲ. 통계처리 및 분석 결과

1. 신앙적 특징 분석－기성종교와의 비교

여기서는 조사 대상 신종교(대순진리회, 원불교, 천도교, 대종교) 신자들에 대한 조사결과 중 주요변수들을 기성종교(불교, 개신교, 천주교)신자들과 비교하여, 한국신종교 신자들의 '신앙생활의 특징'을 확인하려는 것이다. 기성종교와의 비교를 위해서 한국갤럽의 『한국인의 종교 1984-2014』(2014)의 통계결과를 이용하였다.

(1) 인구통계학적 속성 비교

■ 연령대비교

〈표 5〉 종교별 연령대 비교 교차표

		신종교신자					기성종교신자			
연령대		대순진리	원불교	천도교	대종교	합계	불교	개신교	천주교	합계
20~29세	빈도	5	19	0	0	24	27	27	8	62
	%	1.9	10.9'	0.0	0.0	4.8	8.1'''	9.1''	7.9	8.5
30~39세	빈도	27	14	0	1	42	32	58	20	110

	%	10.2‴	8.0	0.0	3.3	8.3	9.6	29.7′	19.8″	15.0
40~49세	빈도	124	19	3	10	156	69	65	32	166
	%	46.6′	10.9	8.8	33.3″	31.0	20.6	22.0	31.7‴	22.7
50~59세	빈도	81	43	20	10	154	94	68	15	177
	%	30.5‴	24.7	58.8′	33.3″	30.6′	28.0	23.1	14.9	24.2
60세 이상	빈도	29	79	11	9	128	113	77	26	216
	%	10.9	45.4′	32.4‴	30.0	26.4	33.7″	26.1	25.7	29.6′
합계	빈도	266	174	34	30	504	335	295	101	731
	%	100	100	100	100	100	100	100	100	100

제1순위(′) 제2순위(″) 제3순위(‴)

연령대 분포를 보면'20대'의 경우, 원불교가 10.9%(n=19)로 가장 높고, 그 다음으로 개신교 9.1%(n=27), 불교 8.1%(n=27)의 순이었고, '30대'는 개신교가 29.7%(n=58)로 가장 많고, 다음으로 천주교 19.8%(n=20), 대순진리회 10.2%(n=27)의 순이며, '40대'에서는 대순진리회가 46.6%(n=124)로 가장 높고, 다음으로 대종교 33.3%(n=10), 천주교 31.7%(n=32), 불교 22.0%(n=65)의 순서이며, '50대'에서는 천도교가 58.5%(n=20)으로 가장 많고, 다음으로 대종교 33.3%(n=10), 대순진리회 30.5%(n=81), 그 다음 불교 28.0%(n=94), 원불교 24.7%(n=43)의 순서이며, '60대이상'에서는 원불교가 45.4%(n=79)로 가장 높고, 그 다음 불교 33.7%(n=113), 천도교 32.4%(n=11), 개신교 26.1%(n=77)의 순서인 것으로 나타났다.

연령대별 분포를 보면, 원불교와 불교, 천도교 신자들의 고령화 경향이 강한 것으로 나타났으며, 중년층 즉 40~50대의 경우에는 대순진리회, 기성종교에서는 개신교와 천주교가 차지하는 비율이 상대적으로 높은 것으로 나타났다.

■ 학력비교

〈표 6〉 종교별 학력 비교 교차표

		신종교신자					기성종교신자			
		대순진리	원불교	천도교	대종교	합계	불교	개신교	천주교	합계
중졸이하	빈도	67	33	6	5	111	91	59	12	62
	%	25.4″	19.2‴	15.8	16.7	22.0	27.0′	18.0	12.0	8.5
고졸	빈도	119	43	16	11	189	160	136	27	110
	%	45.1″	25.0	42.1	36.7	37.5	48.0′	43.0′	37.0	15.0
대재이상	빈도	78	96	16	14	204	83	123	50	166
	%	29.6	55.8′	42.1	46.6‴	40.4′	25.0	39.0	50.0″	22.7′
합계	빈도	264	172	38	30	504	334	318	89	731
	%	100.0	100.0	100.0	100.0	100.0	100.0	100.0	100.0	100.0

제1순위(′) 제2순위(″) 제3순위(‴)

(2) 신앙관련 비교

■ 신앙기간 비교

〈표 7〉 종교별 신앙기간 비교 교차표

		신종교신자					기성종교신자			
신앙기간		대순진리	원불교	천도교	대종교	합계	불교	개신교	천주교	합계
30년 이상	빈도	13	68	9	6	96	127	114	26	267
	%	4.9	42.2′	34.6	21.4	20.1	38.0″	36.1‴	26.6	35.7
20년 이상	빈도	94	31	8	4	137	77	88	31	196
	%	35.7′	19.3	30.8‴	14.3	28.7	23.1	27.8	31.6″	26.2
10년 이상	빈도	78	23	7	8	116	77	73	17	167
	%	29.7′	14.3	26.9‴	28.6″	24.3	23.1	23.1	17.3	22.3
10년 미만	빈도	78	39	2	10	129	53	41	24	118
	%	29.7″	24.2	7.7	35.7′	27.0	15.8	13.0	24.5‴	15.8
합계	빈도	263	161	26	28	478	334	316	98	748
	%	100.0	100.0	100.0	100.0	100.0	44.7	42.2	13.1	100.0

제1순위(′) 제2순위(″) 제3순위(‴)

신앙기간을 비교해 보면, '30년이상'에서는 원불교가 42.2%(n=68)로 가장 높고, 다음으로 불교 38.0%(n=127), 개신교 36.1%(n=114)의 순서이며, '20~29년'에서는 대순진리회가 35.7%(n=94)로 가장 높은 비율을 차지하고 있고, 다음으로 천주교가 31.6%(n=31), 천도교 30.8%(n=8), 개신교 27.8%(n=88)의 순서이며, '10~19년'에서도 대순진리회가 29.7%(n=78)로 가장 높고, 다음으로 대종교 28.6%(n=8), 천도교 26.9%(n=7), 그리고 불교와 개신교가 각각 23.1%(n=77, n=73), 천주교가 17.3% (n=17)의 순이었다. 신앙기간이 '10년미만'에서는 대종교가 35.7%(n=10)로 가장 높고, 다음으로 대순진리회가 29.7%(n=78), 천주교 24.5% (n=24), 원불교 24.2%(n=39)의 순으로 나타났다.

신앙기간에 대한 비교에서는 대순진리회 신자들이 상대적으로 짧은 것으로 나타났고, 상대적으로 원불교와 불교 신자들의 경우 20년 이상 장기간 신앙생활을 한 신자들이 많은 것으로 나타났다.

■ 개종유무 비교

〈표 8〉 종교별 개종 유무 교차표

		신종교신자					기성종교신자			
개종 (이전종교유무)		대순진리	원불교	천도교	대종교	합계	불교	개신교	천주교	합계
개종 하였음	빈도	114	71	11	18	214	33	28	17	78
	%	44.0‴	40.8″	33.3	60.0′	43.1′	9.9	8.8	17.3	10.4′
아님	빈도	145	103	22	12	281	301	290	81	672
	%	56.0	592	66.7	40.0	56.9	90.1	91.2	92.7	89.6
합계	빈도	259	174	33	30	496	334	318	98	750
	%	100.0	100.0	100.0	100.0	100.0	100.0	100.0	100.0	100.0

제1순위(′) 제2순위(″) 제3순위(‴)

개종유무에 대한 비교에서는, 대종교, 대순진리회, 원불교, 천도교 신자들의 개종 비율이 43.1%(n=214)로서 기성종교의 10.4%(n=78)보다 월등하게 높은 것으로 나타났다. 또 기성종교 중에서는 천주교의 개종 비율이 17.3%(n=17)로 다른 기성종교보다 상대적으로 높은 것으로 나타났는데, 이것은 1990년대 중반 이후 국내의 천주교 신자수의 증가와 관련이 있는 것으로 보인다.

■ 개종 이전 종교 비교

〈표 9〉 교단별 개종자의 이전종교 교차표

개종전 종교 \ 현재종교		신종교신자					기성종교신자				
		대순진리	원불교	천도교	대종교	합계	불교	개신교	천주교	그외 종교	합계
불교	빈도	58	35	3	9	105	-	19	5	1	25
	%	51.3	59.3	30.0	50.0	52.5	-	67.9	20.0	4.0	30.7
개신교	빈도	22	15	5	7	49	29	-	12	0	41
	%	19.5	25.4	50.0	38.9	24.5	87.9	-	70.6	0.0	52.6
천주교	빈도	15	3	1	1	20	4	5	-	0	9
	%	13.3	5.1	10.0	5.6	1005	12.1	17.8	-	0.0	11.5
그 외 종교	빈도	18	6	1	1	26	0	4	0	-	4
	%	15.9	10.2	10.0	5.6	13.0	0.0	14.3	0.0	-	5.2
개종자 합계	빈도	113	59	10	18	200	33	28	17	1	79
	%	100.0	100.0	100.0	100.0	100.0	100.0	100.0	100.0	100.0	100.0

전체적으로 보면, 신종교 신자들의 개종이 기성종교 신자보다 월등하게 많은 것으로 나타났다. 개종자들의 이전종교를 보면, 대순진리회, 원불교, 대종교의 경우에는, 불교에서 개종한 비율이 가장 높았고, 천도교만 개신교에서 개종한 비율이 가장 높은 것으로 나타났다. 그리고 기성종교에서는 불교신자 중에는 개신교에서 개종, 개신교신자는 불교에서 개종, 천주교는 개신교에서 개종한 비율이 가장 높은 것으로 나타났다.

대순진리회와 원불교의 경우에는, 불교에서의 개종 비율이 매우 높을 것으로 나타났으나, 한편 '그 외 종교에서의 개종'비율도 각각 15.9%(n=18)와 10.2%(n=6)인 것으로 나타났는데, 이 그 외 종교에는 대순진리회의 경우에는 다른 종파로부터의 이동도 포함되어있을 것으로 추정된다.

■ 종교적 체험 비교

〈표 10〉 종교별 종교적 체험 교차표

종교적 체험(있음)		신종교신자					기성종교신자			
		대순진리	원불교	천도교	대종교	합계	불교	개신교	천주교	합계
절대자나 신의 계시를 받은 적	빈도	36	14	6	6	62	30	80	11	121
	%	13.3‴	7.7	15.0	20.0″	11.8	9.0	25.2′	11.2	16.0
극락/천국에 갈 것이란 계시	빈도	26	12	0	1	39	33	99	14	146
	%	9.6	6.6	0.0	3.0	7.4	22.6″	31.1′	13.7‴	19.4
마귀/악마의 유혹을 받고 있는 느낌	빈도	41	8	0	1	50	30	114	20	164
	%	15.1‴	4.4	0.0	3.0	9.5	9.0	35.8′	20.4″	21.7
벌을 받고 있는 느낌	빈도	55	21	0	4	80	60	99	24	183
	%	20.3‴	11.5	0.0	13.3	15.3	18.0	31.1′	24.5″	24.3
종교 힘으로 병이 나은 일	빈도	82	33	10	6	131	30	83	11	124
	%	30.3′	18.0	25.0‴	20.0	25.0	10.0	26.1″	11.2	16.4
다시 태어난 느낌	빈도	131	87	15	12	245	23	114	22	159
	%	48.3′	47.5″	37.5	40.0‴	46.8	6.9	35.8	22.4	21.1

제1순위(′) 제2순위(″) 제3순위(‴)

*종교신자 754명 중 체험 경험자만 측정. 모름. 응답거절은 제외

종교적 체험의 유무에 있어서, '절대자나 신의 계시를 받은 적'에는 개신교가 25.2%(n=80)으로 가장 높게 나타났고, 다음으로 대종교 20.0% (n=6), 대순진리회가 13.3%(n=36)의 순이며, '극락/천국에 갈 것이란 계시'에는 마찬가지로 개신교가 31.1%(n=99)로 가장 높고, 다음으로 불교 22.6%(n=33), 천주교 13.7%(n=14)의 순이며, '마귀/악마의 유혹을 받고 있는 느낌'에서는, 마찬가지로 개신교 신자가 35.8%(n114)로 가장 높고, 다음으로 천주교

24.5%(n=24), 그리고 대순진리회 15.1%(n=41)의 순이었다. '벌을 받고 있는 느낌'에 있어서도 개신교가 31,1%(n=99)로 가장 높게 나타났고, 다음으로 천주교 24.5%(n=24), 대순진리회 20.3%(n=55)의 순이며, '종교의 힘으로 병이 나은 일'에 있어서는 대순진리회가 30.3% (n=82)로 가장 높고, 다음으로 개신교가 26.1%(n=83), 천도교 25.0% (n=10)의 순서였다. 마지막으로'다시 태어난 느낌'에 있어서는, 대순진리회가 48.3%(n=131)로 가장 높고, 다음으로 원불교 47.5%(n=87)이며, 대종교 40.0%(n=12)의 순이었고, 기성종교 중에는 개신교가 35.8%(114)로 가장 높은 비율을 보여주었다. 이 수치에서 보면, 「기독교적인 내용의 문항」에 있어서는 원불교의 체험은 매우 낮다는 점, 그러나 대순진리회의 경우에는, '마귀/악마의 유혹을 받고 있는 느낌'과 벌을 받고 있는 느낌'에 대해서 '있었다'는 응답이 차지하는 비율이 상대적으로 높다는 것을 알 수 있다.

(3) 생활만족도 비교

〈표 11〉 종교별 생활만족도 평균값 비교표

	종교별	살림살이 형편	타인들과의 관계	결혼생활/이성관계	건강상태	직업/하는일	전반적인 생활	합계
신종교	대순진리회	2.27″	2.64	2.44″	2.46	2.60	2.81	2.54
	원불교	2.58′	2.86′	2.64	2.45	2.66′	2.97′	2.69′
	천도교	2.58′	2.58	2.68′	2.41″	2.54	2.76	2.59
	대종교	2.45	2.55″	2.50	2.50	2.52	2.80	2.55
	평균	2.41	2.71	2.53	2.46	2.61	2.86	2.60
기성 종교	불교	2.48	2.80	2.60	2.52	2.52	2.56″	2.58
	개신교	2.44	2.76	2.64	2.72′	2.60	2.68	2.64′
	천주교	2.40	2.76	2.52	2.64	2.48″	2.56″	2.56
	평균	2.44	2.77	2.59	2.63	2.53	2.60	2.59

최고값(′) 최소값(″)

생활만족도(범위: 0.00~4.00)[2]를 비교해 보면, 원불교의 경우 '건강상태'와 '결혼생활/이성관계'를 제외한 나머지 4항목에서 가장 높은 값을 보여주고 있다. 반면에 대순진리회의 경우에는 '살림살이 형편', '결혼생활/이성관계'의 2항목에서의 만족도가 가장 낮은 것으로 나타났다. '건강상태'만족에 있어서는 개신교 신자들의 만족도가 가장 높게 나타났다.

(4) 종교의 사회적 참여에 대한 입장 비교

〈표 12〉 종교별 종교단체의 사회적 참여에 대한 입장 교차표

		신종교					기성종교			
종교단체 사회참여 입장		대순진리	원불교	천도교	대종교	합계	불교	개신교	천주교	합계
종교자체에만 전념하는 것이좋다	빈도	50	3	7	9	**69**	180	162	53	395
	%	22.8	1.6	21.9	30.0	**14.9**	**53.9″**	**51.0‴**	**59.6′**	**54.8′**
정치참여활동반대 (종교+사회문회활동)	빈도	92	179	11	8	**290**	104	99	29	232
	%	**42.0″**	**98.4′**	**34.3‴**	26.7	**62.6**	31.1	31.1	29.6	30.6′
정치참여 찬성 (정치+사회문화)	빈도	77	0.0	14	13	**104**	47	60	16	**123**
	%	**35.2″**	0.0	43.8′	**43.3′**	**22.5**	15.0	18.9‴	16.3	**16.7‴**
합계	빈도	219	182	32	30	**463**	334	318	98	750
	%	100.0	100.0	100.0	100.0	**100.0**	100.0	100.0	100.0	100.0

제1순위(′) 제2순위(″) 제3순위(‴)

종교단체의 사회참여에 대한 입장에 있어서는, 기성종교(불교, 개신교, 천주교)는 모두가 '종교자체에만 전념하는 것'을 지지하는 입장이 높은 것으로 나타났다. '종교의 사회문화활동 참여에만 찬성'하는 입장에 있어서는, 원불교가 98.4%(n=179)로 압도적으로 높았고, 그 다음으로 대순진리회가 42.0%(n=92)였다. '종교의 정치참여에 찬성'하는 입장에 있어서는 천도교

2) 한국갤럽의 조사에서는 10점 척도를 사용하였으나, 본 조사에서는 10점 척도를 4.00척도로 환원하여 계산한 것이다.

와 대종교가 각 43.3%로 가장 높았고, 다음으로 대순진리회 신자의 35.2%(n=77)가 찬성 입장을 보여주었다. 전체적으로 보면, 신종교 신자들이 "종교의 정치참여"와 "사회문화활동 참여"에 있어서, 기성종교신자들보다 더 적극적인 태도를 보여주었다.

2. 이원적 분석(신종교 4개 교단 신자들 비교)—추론통계

(1) 교단 - 신앙생활 특징

① 교단-신앙도

■ 교단-정기 의례의식 참여

〈표 13〉 교난별 성기적 의례의식 참여도 교차표

		교단분류				
참여도		대순진리	원불교	천도교	대종교	합계
매번 꼭 참가	빈도	123	121	16	13	273
	%	46.4″	66.5′	41.0	43.3‴	52.9
간혹 빠짐	빈도	103	55	22	14	194
	%	38.9	30.2	56.4	46.7	37.6
사정상 참가못함	빈도	39	6	1	3	49
	%	14.7	3.3	2.6	10.0	9.5
합계	빈도	265	182	39	30	516
	%	100.0	100.0	100.0	100.0	100.0

X^2=34.042 df=6 p.〈.01
상관계수(불확실성계수, coefficient of uncertainty)=0.037(p.〈.01)

각 교단 신자들의 '정기적 의례의식 참여도'에 있어서는 원불교 신자들의 참여도가 가장 높은 것으로 나타났다. 교단별 정기적 의례의식 참여도와의 상관관계를 보면 불확실성 계수 0.037이며, 카이자승 검증 결과 교단별 차이는 모집단에서도 통계적으로 유의미한 것으로 나타났다.

■ 교단-개인적 신앙(가정 등)활동

〈표 14〉 교단별 개인적 신앙활동 교차표

참여도		교단분류				
		대순진리	원불교	천도교	대종교	합계
매일 꼭 행함	빈도	119	85	18	7	229
	%	45.6‴	48.3″	50.0′	23.3	45.5
1주에 5~6번	빈도	29	14	3	3	49
	%	11.1	8.0	8.3	10.0	9.7
1주에 3~4번	빈도	26	21	4	7	58
	%	10.0	11.9	11.1	23.3	11.5
1주에 1~2번	빈도	44	37	6	8	95
	%	16.9	21.0	16.7	26.7	18.9
거의 못함(사정상)	빈도	43	18	5	5	72
	%	16.5	140.8	13.9	16.7	14.3
합계	빈도	261	176	36	30	503
	%	100.0	100.0	100.0	100.0	100.0

X^2=13.610 df=12 p.〉.05 상관계수=0.009

소속 교단별 개인적 신앙활동(가정 등)과의 관계에 있어서는 '매일 꼭 행함'에 천도교, 원불교, 대순진리회의 순으로 나타났다. 상관계수는 0.009이며, 카이자승 분석 결과 모집단에서는 통계적 의미가 없는 것으로 나타났다.

■ 교단-경전독송

〈표 15〉 교단별 개인적 경전독송 교차표

참여도		대순진리	원불교	천도교	대종교	합계
		교단분류				
매일 꼭 행함	빈도	77	68	11	7	163
	%	31.7″	40.0′	31.4‴	24.1	34.2
1주에 5~6번	빈도	24	28	6	3	61
	%	9.9	16.5	17.1	10.3	12.8
1주에 3~4번	빈도	39	22	6	8	75
	%	16.0	12.9	17.1	27.6	15.7
1주에 1~2번	빈도	42	32	9	3	86
	%	17.3	18.8	25.7	10.3	18.0
거의 못함(사정상)	빈도	61	20	3	8	92
	%	25.1	11.8	8.6	27.6	19.3
합계	빈도	243	170	35	29	477
	%	100.0	100.0	100.0	100.0	

X^2=25.221 df=12 p.〈.05 상관계수=0.017(p.〈.05)

소속 교단과 개인적 경전독송과의 관계에 있어서는 상관계수는 0.017이며, 카이자승 검증 결과 모집단에서의 교단별 경전독송의 차이도 통계적으로 유의미한 것으로 나타났다.

② 교단-종교적 체험(1, 2, 3, 4, 5, 6, 7, 8, 9, 10)

〈표 16〉 교단별 종교적 체험 교차분석 표

<table>
<tr><td colspan="3"></td><td colspan="4">교단분류</td><td></td></tr>
<tr><td colspan="3">종교적 체험</td><td>대순진리</td><td>원불교</td><td>천도교</td><td>대종교</td><td>통계분석 결과</td></tr>
<tr><td rowspan="4">절대자나 신의 계시를 받은 적</td><td rowspan="2">있음</td><td>빈도</td><td>26</td><td>12</td><td>6</td><td>6</td><td rowspan="2">X 2=5.919
df=3 p.〉.05</td></tr>
<tr><td>%</td><td>13.3</td><td>7.7</td><td>15.0</td><td>20.2</td></tr>
<tr><td rowspan="2">없음</td><td>빈도</td><td>235</td><td>196</td><td>34</td><td>24</td><td rowspan="2">상관계수=0.016(*)
p.〈.05</td></tr>
<tr><td>%</td><td>86.7</td><td>92.3</td><td>85.0</td><td>80.0</td></tr>
<tr><td rowspan="2">극락/천국에 갈것이란</td><td rowspan="2">있음</td><td>빈도</td><td>26</td><td>12</td><td>0</td><td>1</td><td rowspan="2">X 2=5.981
df=3 p.〉.05</td></tr>
<tr><td>%</td><td>9.6</td><td>6.6</td><td>0.0</td><td>3.3</td></tr>
</table>

계시	없음	빈도	245	171	40	29	상관계수=0.032(*)
		%	90.4	93.4	100.0	96.7	p.〈.05
(*)마귀/악마의 유혹을 받고 있는 느낌	있음	빈도	41	8	0	1	X 2=21.028
		%	**15.1**	4.4	0.0	3.3	df=3 p.〈.01
	없음	빈도	230	175	40	29	상관계수=0.076(*)
		%	84.9	93.6	100.0	96.3	p.〈.05
(*)벌을 받고 있는 느낌	있음	빈도	55	21	0	4	X 2=14.624
		%	**20.3**	11.5	0.0	13.3	df=3 p.〈.01
	없음	빈도	216	162	40	28	상관계수=0.046(*)
		%	79.7	88.5	100.0	86.7	p.〈.01
(*)종교 힘으로 병이 나은 일	있음	빈도	82	33	10	6	X 2=9.134
		%	**30.3**	18.0	25.0	20.0	df=3 p.〈.05
	없음	빈도	189	150	30	24	상관계수=0.016(*)
		%	89.7	82.0	75.0	80.0	p.〈.05
다시 태어난 느낌	있음	빈도	131	87	15	12	X 2=2.245
		%	**48.3**	47.5	37.5	40.0	df=3 p.〉.05
	없음	빈도	140	96	25	18	상관계수=0.003
		%	51.7	52.5	62.5	60.0	p.〉.05
자신, 가족의 바람이 이루어짐	있음	빈도	102	73	15	15	X 2=1.831
		%	37.6	39.9	37.5	50.0	df=3 p.〉.05
	없음	빈도	169	110	25	15	상관계수=0.003
		%	62.4	61.1	62.5	50.0	p.〉.05
(*)집안 화목	있음	빈도	127	105	27	15	X 2=8.869
		%	46.9	57.4	67.5	50.0	df=3 p.〈.05
	없음	빈도	144	78	13	15	상관계수=0.012(*)
		%	53.1	42.6	32.5	50.0	p.〈.05
경제적으로 부유해 짐	있음	빈도	49	32	5	3	X 2=1.872
		%	**18.1**	17.5	12.5	10.0	df=3 p.〉.05
	없음	빈도	222	151	35	27	상관계수=0.004
		%	81.9	82.5	87.5	90.0	p.〉.05
(*)다른 사람과 관계가 좋아 짐	있음	빈도	141	136	24	19	X 2=22.503
		%	52.2	**74.3**	60.0	63.3	df=3 p.〈.01
	없음	빈도	129	47	16	11	상관계수=0.033(*)
		%	47.8	25.7	40.0	36.7	p.〈.05

(*)은 α=0.05 수준에서 통계적으로 유의미함

소속 교단별 종교적 체험과의 상관관계에 있어서는, '마귀/악마의 유혹을 받고 있는 느낌', '벌을 받고 있다는 느낌', '종교의 힘으로 병이 나은 일', '집안화목', '다른 사람과의 관계가 좋아짐'의 항목에 있어서 교단별 차이와 상관관계가 모집단에서도 통계적으로 유의미한 것으로 나타났다.

③ 교단-개종

■ 개종 유무

〈표 17〉 교단별 개종 유무 교차표

		교단분류				
개종(이전종교유무)		대순진리	원불교	천도교	대종교	합계
개종하였음	빈도	114	71	11	18	214
	%	44.0″	40.8‴	33.3	60.0′	43.1
아님	빈도	145	103	22	12	282
	%	56.0	59.2	66.7	40.0	56.9
합계	빈도	259	174	33	30	496
	%	100.0	100.0	100.0	100.0	100.0

X^2=5.238 df=3 p.〉.05 상관계수=0.008(p.〉.05)

소속 교단별 개종유무와의 관계에서는, 대종교의 개종 비율이 가장 높고, 다음으로 대순진리회, 원불교의 순이었다. 상관관계 계수는 0.008이며, 카이자승 검증 결과 모집단에서는 통계적 의미가 없는 것으로 나타났다.

■ 개종전 종교

〈표 18〉 교단별 개종자의 이전종교 교차표

		교단분류				
개종전 종교		대순진리	원불교	천도교	대종교	합계
불교	빈도	58	35	3	9	105
	%	51.3	59.3	30.0	50.0	52.5
개신교	빈도	22	15	5	7	49

	%	19.5	25.4	50.0	38.9	24.5
천주교	빈도	15	3	1	1	20
	%	13.3	5.1	10.0	5.6	10.0
그 외 종교	빈도	18	6	1	1	26
	%	15.9	10.2	10.0	5.6	13.0
합계	빈도	113	59	10	18	200
	%	100.0	100.0	100.0	100.0	100.0

X^2=11.840 df=9 p.〉.05 상관계수(coefficient of uncertainty)=0.025(p.〉.05)

전체 개종자 200명 중 불교로부터 개종자가 52.5%(n=105)로 가장 많은 것으로 나타났으며, 교단별 개종자 이전종교(불교, 개신교, 천주교, 그 외 종교)와의 관계에 대한 상관계수 0.025이며, 카이자승 검증 결과 모집단에서의 이 차이는 통계적 의미가 없는 것으로 나타났다.

④ 교단-종교적 지향성

■ 교단-혁신 의식

〈표 19〉 교단별 혁신의식 평균값

	평균값	n	표준편차
대순진리	2.9346	260	.9823
원불교	2.6686	172	1.1242
천도교	2.2973	37	1.3095
대종교	2.8000	30	.8469
합계	2.7876	499	1.0656

교단별 혁신의식 평균값(범위: 0.000~4.000)을 보면, 대순진리회의 혁신의식이 가장 높고, 다음으로 대종교, 원불교, 천도교의 순으로 나타났다.

〈표 20〉 교단별 혁신의식 평균값 차이에 대한 ANOVA

	자승합	df	평균자승	F값	유의확률
집단간	16.594	3	5.651	5.100	0.02
집단내	548.529	459	1.108		
계	565.483	498			

소속 교단별 혁신의식 평균값의 차이에 대한 일원배치분산분석(ANOVA) 결과, F-ratio=5.100(p.<05)로서 모집단에서 교단별 혁신의식 평균값의 차이는 통계적으로 유의미한 것으로 나타났다. 이에 따라 사후검증(Tukey HSD)결과는 다음과 같다.

〈표 21〉 교단별 혁신의식 평균값 차이에 대한 사후검증

교단분류(I)-교단분류(J)	평균차(I-J)	표준오차	유의확률	95% 신뢰구간	
				하한	상한
대순진리 - 원불교	.26601	.10346	.051	-.0007	.5327
- 천도교	.63732*	.18496	.003	.1605	1.1141
- 대종교	.13462	.20298	.911	-.3886	.6578
원불교 - 대순진리	-.26601	.10346	.051	-.5327	.0007
- 천도교	.37131	.19077	.210	-.1204	.8631
- 대종교	-.13140	.20828	.922	-.6683	.4055
천도교 - 대순진리	-.63732*	.18496	.003	-1.1141	-.1605
- 원불교	-.37131	.19077	.210	-.8631	.1204
- 대종교	-.50270	.25863	.211	-1.1694	.1640
대종교 - 대순진리	-.13462	.20298	.911	-.6578	.3886
- 원불교	.13140	.20828	.922	-.4055	.6683
- 천도교	.50270	.25863	.211	-.1640	1.1694

*. 평균차가 0.05 수준에서 유의미함.

대순진리회-천도교 간의 혁신의식 평균값의 차이에 의해서 교단별-혁신의식 평균값 차이는 통계적으로 유의미한 것으로 나타났다.

■ 교단-자기수양의식

〈표 22〉 교단별 자기수양 의식 평균값

	평균값	n	표준편차
대순진리	2.3460	263	.8770
원불교	2.6778	180	.8232
천도교	2.2973	37	1.1753
대종교	3.0000	30	.8710
합계	2.4980	510	.9035

(범위: 0.0000~4.0000) η2=0.225)

교단별 자기수양의식 평균값을 보면, 대종교가 가장 높고, 다음으로 원불교, 대순진리회, 천도교의 순으로 나타났다.

〈표 23〉 교단별 자기수양 의식 평균값 차이에 대한 ANOVA

	자승합	df	평균자승	F값	유의확률
집단간	20.944	3	6.981	8.953	.000
집단내	394.554	506	.780		
계	415.498	509			

소속 교단별 자기수양 의식의 평균값 차이에 대한 ANOVA 분석 결과, F=8.953(p.<01)로서 모집단에서 교단별 자기수양 의식 평균값의 차이는 통계적으로 유의미한 것으로 나타났다. 이에 따라 사후검증을 실시한 결과는 다음과 같다.

〈표 24〉 교단별 자기수양 의식 평균값 차이에 대한 사후검증

교단분류(I)-교단분류(J)	평균차(I-J)	표준오차	유의확률	95% 신뢰구간	
				하한	상한
대순진리 - 원불교	-.33177*	.08542	.001	-.5520	-.1116
- 천도교	.04871	.15505	.989	-.3509	.4484
- 대종교	-.65399*	.17017	.001	-1.0926	-.2154
원불교 - 대순진리	.33177*	.08542	.001	.1116	.5520
- 천도교	.38048	.15939	.081	-.0304	.7913
- 대종교	-.32222	.17414	.251	-.7711	.1266
천도교 - 대순진리	-.04871	.15505	.989	-.4484	.3509
- 원불교	-.38048	.15939	.081	-.7913	.0304
- 대종교	-.70270*	.21695	.007	-1.2619	-.1435
대종교 - 대순진리	.65399*	.17017	.001	.2154	1.0926
- 원불교	.32222	.17414	.251	-.1266	.7711
- 천도교	.70270*	.21695	.007	.1435	1.2619

*. 평균차가 0.05 수준에서 유의미함.

사후검증 결과, 대순진리회-원불교, 대순진리 대종교, 천도교-대종교 간의 자기수양의식 평균값의 차이에 의해서 교단별-자기수양 의식 평균값 차이는 통계적으로 유의미한 것으로 나타났다.

(2) 교단 - 생활의식

① 교단별-생활만족도

〈표 25〉 교단별 생활만족도 교차표(%)

		매우불만	대체로 불만	보통	대체로 만족	매우 만족	N
(*)살림살이 형편	대순진리	1.5	9.2	**56.9**	25.8	6.5	260
	원불교	1.7	5.1	38.2	**43.8**	**11.2**	178
	천도교	0.0	0.0	45.2	**51.6**	3.2	31
	대종교	0.0	3.4	**55.2**	34.5	6.9	29
	X^2=31.250 df=12 p.〈.01 상관계수(uncertainty factor)=0.030(p.〈.01)						
(*)타인들과의	대순진리	0.4	2.7	**42.4**	42.0	12.6	262

관계	원불교	0.0	0.0	28.7	**56.9**	14.4	181
	천도교	0.0	0.0	42.4	**57.6**	0.0	33
	대종교	0.0	6.9	37.9	**48.3**	6.9	29
	X^2=26.708 df=12 p.〈.01 상관계수=0.031(p.〈.01)						
결혼생활/이성관계	대순진리	3.0	9.7	**41.5**	32.2	13.6	236
	원불교	3.7	3.7	34.6	**41.4**	16.7	162
	천도교	0.0	3.2	32.3	**58.1**	6.5	31
	대종교	0.0	10.0	**40.0**	**40.0**	10.0	30
	X^2=18.002 df=12 p.〉.05 상관계수=0.017(p.〉.05)						
요즘 건강상태	대순진리	1.9	8.4	**43.7**	33.7	12.3	261
	원불교	2.3	10.7	**37.9**	**37.9**	11.3	177
	천도교	0.0	3.1	**53.1**	43.8	0.0	32
	대종교	0.0	13.3	**36.7**	**36.7**	13.3	30
	X^2=10.911 df=12 p.〉.05 상관계수=0.012(p.〉.05)						
직업/하는 일	대순진리	1.3	5.1	**40.7**	38.1	14.4	236
	원불교	0.7	4.7	35.3	**46.7**	12.7	150
	천도교	0.0	3.0	38.5	**57.7**	0.0	26
	대종교	0.0	3.4	**51.7**	34.5	10.3	29
	X^2=10.709 df=12 p.〉.05 상관계수=0.014(p.〉.05)						
(*)전반적인 개인생활	대순진리	1.1	2.3	35.5	**36.6**	24.5	265
	원불교	0.0	1.7	24.3	**49.7**	24.3	177
	천도교	0.0	3.4	24.1	**65.5**	6.9	29
	대종교	0.0	6.7	33.3	**33.3**	26.7	30
	X^2=10.813 df=4 p.〈.05 상관계수=0.011						

(*)은 α = 0.05 수준에서 통계적으로 유의미함

소속 교단별 생활만족도 6개문항의 평균값 차이에 있어서는 '살림살이 형편', '타인들과의 관계', '전반적인 개인생활'에 있어서 p.<.05 수준에서 교단별 차이는 통계적으로 유의미한 것으로 나타났다.

② 교단-주변인 관계

■ 교단-친구수

〈표 26〉 교단별 친구수 교차표

친한 친구수		교단분류				
		대순진리	원불교	천도교	대종교	합계
아무도 없다	빈도	21	9	4	6	40
	%	8.0	5.1	12.1	20.0	7.9
1명	빈도	59	30	5	6	100
	%	22.3	16.9	15.2	20.0	19.8
2~4명	빈도	149	102	15	15	281
	%	56.4	57.6	45.5	50.0	55.8
5명이상	빈도	35	36	9	3	83
	%	13.3	20.3	27.3	10.0	16.5
합계	빈도	264	177	33	30	504
	%	100.0	100.0	100.0	100.0	100.0

X^2=17.296 df=9 p.〈.05 상관계수(coefficient of uncertainty)=0.014(p.〉.05)

소속 교단별 친구수의 차이에 있어서는, 카이자승 검증 결과 모집단에서는 통계적으로 유의미한 것으로 나타났으며, 상관계수는 의미가 없는 것으로 나타났다.

■ 교단-친구 중 같은 종교인 수

〈표 27〉 교단별 친구 중 같은 종교인수 교차표

같은 종교인 수		교단분류				
		대순진리	원불교	천도교	대종교	합계
아무도 없다	빈도	122	42	10	16	189
	%	47.5	24.4	30.3	53.3	38.4
1명	빈도	37	36	4	3	80
	%	14.4	20.9	12.1	10.0	16.3
2~4명	빈도	66	45	14	8	133

	%	25.7	26.2	**42.4**	26.7	**27.0**
5명이상	빈도	32	49	5	3	**89**
	%	12.5	**28.5**	15.2	10.0	**18.1**
합계	빈도	257	172	29	30	**492**
	%	100.0	100.0	100.0	100.0	**100.0**

X^2= 39.551 df=9 p.〈.01 상관계수(coefficient of uncertainty)=0.030(p.〈.01)

소속 교단별 친구 중 같은 종교인수와의 관계에서는 상관계수 0.030이며, 카이자승 검증 결과 모집단에서는 p.<.01수준에서 통계적으로 유의미한 것으로 나타났다.

(3) 지역 – 종교적 지향성

① 지역-혁신 의식

〈표 28〉 지역별 혁신의식 평균값

	평균	N	표준편차
서울. 경기	2.7294	218	.9908
영남	2.8492	199	1.1089
호남	2.8667	60	1.0809
계	2.7966	477	1.0525

(범위: 0.0000~4.0000) 상관관계계수(에타자승, η2)=0.173

3지역(서울 · 경기, 영남, 호남)에 따른 신종교 신자들의 혁신의식 평균값을 보면, 호남이 2.8667로 가장 높고, 다음으로 영남, 서울의 순이었다.

〈표 29〉 지역별 혁신의식 분산분석(ANOVA) 결과

	자승합	df	평균자승	F값	유의확률
집단간	1.832	2	.916	.826	.438
집단내	525.443	474	1.109		
	527.275	476			

지역(서울·경기권/영남권/호남권)별 혁신의식 평균값의 차이에 대한 추론통계 분산분석(ANOVA)의 결과 평균값 차이는 통계적으로 의미가 없는 것으로 나타났다.

② 지역-자기수양 의식

〈표 30〉 지역별 자기수양의식 평균값 비교

	평균	표준편차	N
서울·경기	2.3578	0.775	218
영남	2.5817	0.899	208
호남	2.7667	0.872	60
합계	2.5041	0.865	486

〈표 31〉 지역별 자기수양의식 분산분석 결과

	자승합	df	평균자승	F값	유의확률
집단간	10.056	2	5.028	6.434	.002
집단내	377.436	483	.781		
합계	387.492	485			

지역별 자기수양 의식 평균값에서는 호남이 가장 높고, 영남, 서울·경기의 순이었다. ANOVA결과, 이 지역별 자기수양 의식의 차이는 모집단에

서도 유의미한 것으로 나타났다. (η2=0.161)

이에 따라서 사후비교를 한 결과는 다음과 같다.

〈표 32〉 다중비교(자기수양의식) Turkey(사후비교)

지역(I)-지역(J)		평균차(I-J)	표준오차	유의확률	95% 신뢰구간	
					하한값	상한값
서울·경기	영남	-.22393*	.08568	.025	-.4254	-.0225
	호남	-.40887*	.12887	.005	-.7118	-.1059
영남	서울·경기	.22393*	.08568	.025	.0225	.4254
	호남	-.18494	.12954	.327	-.4895	.1196
호남	서울·경기	.40887*	.12887	.005	.1059	.7118
	영남	.18494	.12954	.327	-.1196	.4895

(*)은 α=0.05 수준에서 통계적으로 유의미함

사후검증(Turkey)의 결과, '서울 · 경기-영남', '서울 · 경기-호남'과의 평균값 차이가 p.<.01 수준에서 통계적으로 유의미한 것으로 나타났고, '영남-호남' 간의 평균값 차이(0.18494)는 통계적으로 의미가 없는 것으로 나타났다.

(4) 교단 - 종교적 지향성

■ 교단-혁신 의식

〈표 33〉 교단별 혁신의식 평균값 비교

	평균	표준편차	N
대순진리	2.9346	.9823	260
원불교	2.6686	1.1242	172
천도교	2.2973	1.3095	37
대종교	2.8000	.8469	30
합계	2.7876	1.0656	499

〈표 34〉 교단별 혁신의식 분산분석(ANOVA) 결과

	자승합	df	평균자승	F값	유의확률
집단간	16.954	3	5.651	5.100	.002
집단내	548.529	495	1.108		
	565.483	498			

상관관계계수(에타자승, η^2)=0.173

〈표 35〉 다중비교(교단-혁신의식) Turkey(사후비교)

교단(I)-혁신의식(J)		평균차(I-J)	표준오차	유의확률	95% 신뢰구간	
					하한값	상한값
대순진리	원불교	.26601	.10346	.051	-.0007	.5327
	천도교	(*).63732	.18496	.003	.1605	1.1141
	대종교	.13462	.20298	.911	-.3886	.6578
원불교	대순진리	-.26601	.10346	.051	-.5327	.0007
	천도교	.37131	.19077	.210	-.1204	.8631
	대종교	-.13140	.20828	.922	-.6683	.4055
천도교	대순진리	(*)-.63732	.18496	.003	-1.1141	-.1605
	원불교	-.37131	.19077	.210	-.8631	.1204
	대종교	-.50270	.25863	.211	-1.1694	.1640
대종교	대순진리	-.13462	.20298	.911	-.6578	.3886

	원불교	.13140	.20828	.922	-.4055	.6683
	천도교	.50270	.25863	.211	-.1640	1.1694

(*)은 α = 0.05 수준에서 통계적으로 유의미함

교단별 혁신의식 평균값은 대순진리회가 가장 높고, 다음으로 대종교, 원불교의 순이었고, 상관계수는 0.173이며, F 검증 결과 이들 간 평균값의 차이는 p.<.01수준에서 통계적으로 유의미하였으며, 따라서 사후분석(Turkey) 결과, 대순진리-천도교와의 평균값 차이에 의해서 통계적으로 유의미한 것으로 나타났다.

■ 교단-자기수양 의식

〈표 36〉 교단별 자기수양의식 평균값 비교

	평균	표준편차	N
대순진리	2.3460	.8770	263
원불교	2.6778	.8232	180
천도교	2.2973	1.1753	37
대종교	3.0000	.8710	30
합계	2.4980	.9035	510

〈표 37〉 교단별 자기수양의식분산분석(ANOVA) 결과

	자승합	df	평균자승	F값	유의확률
집단간	20.944	3	6.981	8.953	0.000
집단내	394.554	506	.780		
	415.498	509			

상관관계계수(에타자승, η^2)=0.225

〈표 38〉 다중비교(교단-자기수양의식) Turkey(사후비교)

교단(I)-자기수양의식(J)		평균차(I-J)	표준오차	유의확률	95% 신뢰구간	
					하한값	상한값
대순진리	원불교	(*)-.33177	.08542	.001	-.5520	-.1116
	천도교	.04871	.15505	.989	-.3509	.4484
	대종교	(*)-.65399	.17017	.001	-1.0926	-.2154
원불교	대순진리	(*).33177	.08542	.001	.1116	.5520
	천도교	.38048	.15939	.081	-.0304	.7913
	대종교	-.32222	.17414	.251	-.7711	.1266
천도교	대순진리	-.04871	.15505	.989	-.4484	.3509
	원불교	-.38048	.15939	.081	-.7913	.0304
	대종교	(*)-.70270	.21695	.007	-1.2619	-.1435
대종교	대순진리	(*).65399	.17017	.001	.2154	1.0926
	원불교	.32222	.17414	.251	-.1266	.7711
	천도교	(*).70270	.21695	.007	.1435	1.2619

(*)은 $\alpha = 0.05$ 수준에서 통계적으로 유의미함

교단별 자기수양의식 평균값은 대종교가 가장 높고, 그다음으로 원불교, 대순진리회 순이었고, 상관계수는 0.225이며, F 검증 결과 이들 간 평균값의 차이는 $p.<.01$수준에서 통계적으로 유의미하였으며, 따라서 사후분석(Turkey) 결과, 대순진리-원불교, 대순진리-대종교, 천도교-대종교 간의 평균값 차이에 의해서 통계적으로 유의미한 것으로 나타났다.

3. 경로분석

이상의 2원적 관계에 대한 기술통계 및 추론통계 결과를 바탕으로 다음과 같은 예상 경로모델을 설정하여 통계적 처리를 한 후에, 적합 경로모델을 제시하였다.

(1) 교단 - 혁신의식과의 관계

① 교단-연령-생활만족도-혁신의식

〈표 39〉 교단-연령-생활만족도-혁신의식 상관관계표

	X2-X3 (연령 -교단)	X2-X1 (연령-생활만족도)	X2-X0 (연령 -혁신의식)	X3-X1 (교단-생활만족도)	X3-X0 (교단-혁신의식)	X1-X0 (생활만족도-혁신의식)
공변량	r_{23}	r_{21}	r_{20}	r_{31}	r_{30}	r_{10}
	.207(**)	-.051	.080	.032	-.101(*)	.147(**)
인과효과	r_{23}	r_{21}	r_{20}	P_{31}	$\beta^*_{30.2}$	P_{10}
	.207	-.051	.080	.021	-.111	.155
직접효과	P23	P_{21}	P_{20}	P_{31}	P_{30}	P_{10}
	.207	-.058	.050	.021	-.306	.155
간접효과		$P_{23}P_{31}$	$P_{23}P_{31}P_{10}+P_{23}P_{30}+P_{21}P_{10}$		$P_{31}P_{10}$	
	—	.004	-.066	—	.003	—
비인과효과				r31-P31	$r_{30}-\beta^*_{30.2}$	$r_{10}-P_{10}$
	—	—	—	.011	.010	-.008

(*)는 $p<.05$, (**)은 $p<.01$ 수준에서 유의미함

P_{23}: 연령의 교단에 미치는 직접효과
P_{21}: 연령의 생활만족도에 미치는 직접효과
$P_{23}P_{31}$: 연령-생활만족도에 미치는 간접효과
P_{20}: 연령의 혁신의식에 미치는 직접효과
$P_{23}P_{31}P_{10}+P_{21}P_{10}+P_{23}P_{30}$: 연령-혁신의식에 미치는 간접효과
P_{31}: 교단의 생활만족도에 미치는 직접효과
$r_{31}-P_{31}$: 교단-생활만족도의 비인과적 효과
P_{30}: 교단의 혁신의식에 대한 직접효과
$\beta^*_{30.2}$: 혁신의식을 교단, 연령에 회귀시킨 회귀방정식에서의 교단의 표준화 계수
$P_{31}P_{10}$: 교단-혁신의식에 미치는 간접효과
$r_{30}-\beta^*_{30.2}$: 교단-혁신의식의 비인과적 효과
P_{10}: 생활만족도의 혁신의식에 대한 직접효과
$r_{10}-P_{10}$: 생활만족도-혁신의식의 비인과적 효과

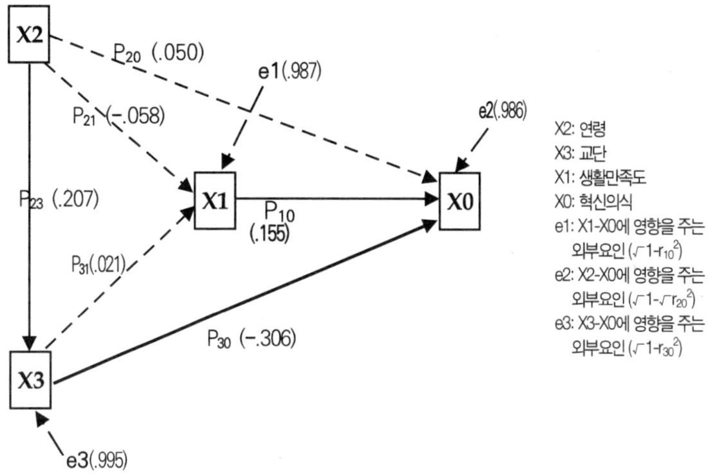

〈그림 4〉 연령-연령-생활만족도-혁신의식 적합경로모델

연령, 수속교단, 생활만족도, 혁신의식의 네 변수 적합 경로모델을 보면, 「연령-교단」, 「교단-혁신의식」, 「생활만족도-혁신의식」 간의 관계가 통계적으로 유의미한 것으로 나타났다.

② 교단-학력-생활만족도-혁신의식

교단, 학력, 생활만족도, 혁신의식의 네 변수의 적합 경로모델은, 「교단-생활만족도」를 제외한 나머지 변수 간 상관관계는 모두가 통계적으로 유의미한 것으로 나타났다.

〈표 40〉 교단-학력-생활만족도-혁신의식 상관관계표

	X2-X3 (교단 -학력)	X2-X1 (교단-생활만족도)	X2-X0 (교단 -혁신의식)	X3-X1 (학력-생활만족도)	X3-X0 (학력-혁신의식)	X1-X0 (생활만족도-혁신의식)
공변량	r_{23}	r_{21}	r_{20}	r_{31}	r_{30}	r_{10}
	.161(**)	.032	-.101(*)	.193(**)	-.119(**)	.147(**)
인과효과	r_{23}	r_{21}	r_{20}	P_{31}	$\beta^*_{30.2}$	P_{10}
	.161	.032	-.101	.188	-.107(*)	.028
직접효과	P_{23}	P_{21}	P_{20}	P_{31}	P_{30}	P_{10}
	.161	.001	-.120	.188	-.021	.028
간접효과		$P_{23}P_{31}$	$P_{23}P_{31}P_{10}+P_{23}P_{30}+P_{21}P_{10}$		$P_{31}P_{10}$	
	—	.030	.001	—	.005	—
비인과효과				$r_{31}-P_{31}$	$r_{30}-\beta^*_{30.2}$	$r_{10}-P_{10}$
	—	—	—	.005	-.226	.119

(*)는 $p<.05$, (**)은 $p<.01$ 수준에서 유의미함

P_{23}: 교단의 학력에 미치는 직접효과
P_{21}: 교단의 생활만족도에 미치는 직접효과
$P_{23}P_{31}$: 교단-생활만족도에 미치는 간접효과
P_{20}: 교단의 혁신의식에 미치는 직접효과
$P_{23}P_{31}P_{10}+P_{21}P_{10}+P_{23}P_{30}$: 교단-혁신의식에 미치는 간접효과
P_{31}: 학력의 생활만족도에 미치는 직접효과
$r_{31}-P_{31}$: 학력-생활만족도의 비인과적 효과
P_{30}: 학력의 혁신의식에 대한 직접효과
$\beta^*_{30.2}$: 혁신의식을 교단, 학력에 회귀시킨 회귀방정식에서의 학력의 표준화 계수
$P_{31}P_{10}$: 학력-혁신의식에 미치는 간접효과
$r_{30}-\beta^*_{30.2}$: 학력-혁신의식의 비인과적 효과
P_{10}: 생활만족도의 혁신의식에 대한 직접효과
$r_{10}-P_{10}$: 생활만족도-혁신의식의 비인과적 효과

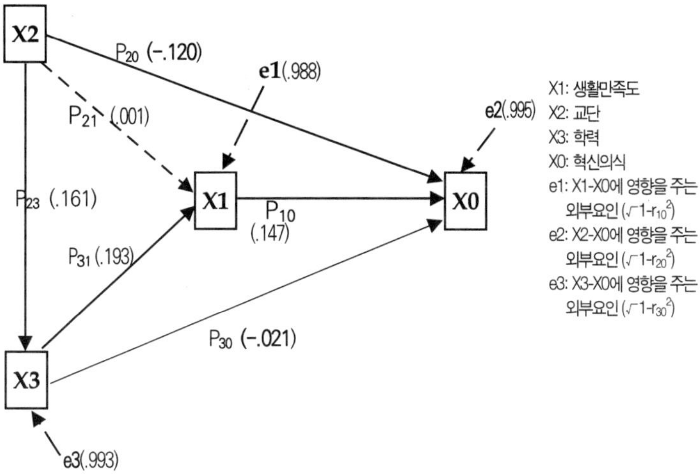

〈그림 5〉 교단-학력-생활만족도-혁신의식 적합경로모델

(2) 지역 – 혁신의식과의 관계

① 지역-연령-생활만족도-혁신의식

〈표 41〉 지역-연령-생활만족도-혁신의식 상관관계표

	X2-X3 (지역 -연령)	X2-X1 (지역-생활만족도)	X2-X0 (지역-혁신의식)	X3-X1 (연령-생활만족도)	X3-X0 (연령-혁신의식)	X1-X0 (생활만족도-혁신의식)
공변량	r_{23}	r_{21}	r_{20}	r_{31}	r_{30}	r_{10}
	.324(**)	.056	.055	-.051	.080	.147
인과효과	r_{23}	r_{21}	r_{20}	P_{31}	$\beta^*_{30.2}$	P_{10}
	.324	.056	.055	-.069	.084	.058
직접효과	P_{23}	P_{21}	P_{20}	P_{31}	P_{30}	P_{10}
	.324	.072	.017	-.069	.005	.058
간접효과		$P_{23}P_{31}$	$P_{23}P_{31}P_{10}+P_{23}P_{30}+P_{21}P_{10}$		$P_{31}P_{10}$	
	—	-.002	.006	—	-.004	—
비인과효과				$r_{31}-P_{31}$	$r_{30}-\beta^*_{30.2}$	$r_{10}-P_{10}$
	—	—	—	-.020	-.004	.089

(*)는 $p<.05$, (**)은 $p<.01$ 수준에서 유의미함

P_{23}: 지역의 연령에 미치는 직접효과
P_{21}: 지역의 생활만족도에 미치는 직접효과
$P_{23}P_{31}$: 지역-생활만족도에 미치는 간접효과
P_{20}: 지역의 혁신의식에 미치는 직접효과
$P_{23}P_{31}P_{10}+P_{21}P_{10}+P_{23}P_{30}$: 지역-혁신의식에 미치는 간접효과
P_{31}: 연령의 생활만족도에 미치는 직접효과
$r_{31}-P_{31}$: 연령-생활만족도의 비인과적 효과
P_{30}: 연령의 혁신의식에 대한 직접효과
$\beta^*_{30.2}$: 혁신의식을 지역, 연령에 회귀시킨 회귀방정식에서의 연령의 표준화 계수
$P_{31}P_{10}$: 지역-혁신의식에 미치는 간접효과
$r_{30}-\beta^*_{30.2}$: 지역-혁신의식의 비인과적 효과
P_{10}: 생활만족도의 혁신의식에 대한 직접효과
$r_{10}-P_{10}$: 생활만족도-혁신의식의 비인과적 효과

지역, 연령, 생활만족도, 혁신의식 네 변수 간의 관계에 대한 적합 경로모델은 지역-연령 이외에는 통계적 의미가 없는 것으로 나타났다.

② 지역-신앙도-생활만족-혁신의식

〈표 42〉 지역-신앙도-생활만족도-혁신의식 상관관계표

	X2-X3 (지역-신앙도)	X2-X1 (지역-생활만족도)	X2-X0 (지역-혁신의식)	X3-X1 (신앙도-생활만족도)	X3-X0 (신앙도-혁신의식)	X1-X0 (생활만족도-혁신의식)
공변량	r_{23}	r_{21}	r_{20}	r_{31}	r_{30}	r_{10}
	.067	.056	.055	-.026	-.047	.147(**)
인과효과	r_{23}	r_{21}	r_{20}	P_{31}	$\beta^*_{30.2}$	P_{10}
	.067	.056	.055	-.030	-.012	.043
직접효과	P_{23}	P_{21}	P_{20}	P_{31}	P_{30}	P_{10}
	.067	.054	.050	-.030	-.140	.043
간접효과		$P_{23}P_{31}$	$P_{23}P_{31}P_{10}+P_{23}P_{30}+P_{21}P_{10}$		$P_{31}P_{10}$	
	—	-.002	.0003	—	-.001	—
비인과효과				$r_{31}-P_{31}$	$r_{30}-\beta^*_{30.2}$	$r_{10}-P_{10}$
	—	—	—	.004	-.037	.104

(*)는 p〈.05, (**)은 p〈.01 수준에서 유의미함

P_{23}: 지역의 신앙도에 미치는 직접효과
P_{21}: 지역의 생활만족도에 미치는 직접효과
$P_{23}P_{31}$: 지역-생활만족도에 미치는 간접효과
P_{20}: 지역의 혁신의식에 미치는 직접효과
$P_{23}P_{31}P_{10}+P_{21}P_{10}+P_{23}P_{30}$: 지역-혁신의식에 미치는 간접효과
P_{31}: 신앙도의 생활만족도에 미치는 직접효과
$r_{31}-P_{31}$: 신앙도-생활만족도의 비인과적 효과
P_{30}: 신앙도의 혁신의식에 대한 직접효과
$\beta^*_{30.2}$: 혁신의식을 지역, 신앙도에 회귀시킨 회귀방정식에서의 신앙도의 표준화 계수
$P_{31}P_{10}$: 지역-혁신의식에 미치는 간접효과
$r_{30}-\beta^*_{30.2}$: 지역-혁신의식의 비인과적 효과
P_{10}: 생활만족도의 혁신의식에 대한 직접효과
$r_{10}-P_{10}$: 생활만족도-혁신의식의 비인과적 효과

지역, 신앙도, 생활만족도, 혁신의식 네 변수간의 적합 경로모델에 있어서는, 「생활만족도-혁신의식」 관계 이외에는 통계적 의미가 없는 것으로 나타났다.

(3) 교단 - 자기수양의식과의 관계

① 교단-연령-생활만족도-자기수양의식

〈표 43〉 교단-연령-생활만족도-자기수양의식 상관관계표

	X2-X3 (교단-연령)	X2-X1 (교단-생활만족도)	X2-X0 (교단-자기수양의식)	X3-X1 (연령-생활만족도)	X3-X0 (연령-자기수양의식)	X1-X0 (생활만족도-자기수양의식)
공변량	r_{23}	r_{21}	r_{20}	r_{31}	r_{30}	r_{10}
	.207(**)	.032	.165(**)	-.051	.139(**)	.022
인과효과	r_{23}	r_{21}	r_{20}	P_{31}	$\beta^*_{30.2}$	P_{10}
	.207	.032	.165	-.058	.106	-.056
직접효과	P_{23}	P_{21}	P_{20}	P_{31}	P_{30}	P_{10}
	.207	.043	.035	-.058	.140	-.056
간접효과		$P_{23}P_{31}$	$P_{23}P_{31}P_{10}+P_{23}P_{30}+P_{21}P_{10}$		$P_{31}P_{10}$	
	—	-.012	.027	—	.003	—
비인과효과				$r_{31}-P_{31}$	$r_{30}-\beta^*_{30.2}$	$r_{10}-P_{10}$
	—	—	—	.007	.033	.276

(*)는 $p < .05$, (**)은 $p < .01$ 수준에서 유의미함

P_{23}: 교단의 연령에 미치는 직접효과
P_{21}: 교단의 생활만족도에 미치는 직접효과
$P_{23}P_{31}$: 지역-생활만족도에 미치는 간접효과
P_{20}: 교단의 자기수양의식에 미치는 직접효과
$P_{23}P_{31}P_{10}+P_{21}P_{10}+P_{23}P_{30}$: 교단-자기수양의식에 미치는 간접효과
P_{31}: 연령의 생활만족도에 미치는 직접효과
$r_{31}-P_{31}$: 연령-생활만족도의 비인과적 효과
P_{30}: 연령의 자기수양의식에 대한 직접효과
$\beta^*_{30.2}$: 자기수양의식을 연령, 생활만족도에 회귀시킨 회귀방정식에서의 연령의 표준화 계수
$P_{31}P_{10}$: 연령-자기수양의식에 미치는 간접효과
$r_{30}-\beta^*_{30.2}$: 교단-자기수양의식의 비인과적 효과
P_{10}: 생활만족도의 자기수양의식에 대한 직접효과
$r_{10}-P_{10}$: 생활만족도-자기수양의식의 비인과적 효과

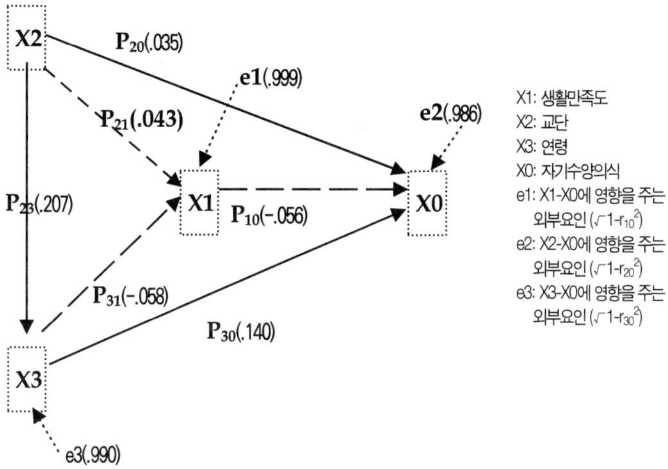

〈그림 6〉 교단-연령-생활만족도-자기수양의식의 적합경로모델

교단, 연령, 연령, 생활만족도, 자기수양의식에 있어서는 「교단-연령」, 「교단-자기수양 의식」, 「연령-자기수양의식」의 관계가 통계적 의미가 있는 것으로 나타났다.

② 교단-학력-생활만족도-자기수양의식

〈표 44〉 교단-학력-생활만족도-자기수양의식 상관관계표

	X2-X3 (교단-학력)	X2-X1 (교단-생활만족도)	X2-X0 (교단-자기수양의식)	X3-X1 (학력-생활만족도)	X3-X0 (학력-자기수양의식)	X1-X0 (생활만족도-자기수양의식)
공변량	r_{23}	r_{21}	r_{20}	r_{31}	r_{30}	r_{10}
	.161(**)	.032	.165(**)	.193(**)	-.022	.022
인과효과	r_{23}	r_{21}	r_{20}	P_{31}	$\beta^*_{30.2}$	P_{10}
	.161	.032	.165	.188	-.050	-.140
직접효과	P_{23}	P_{21}	P_{20}	P_{31}	P_{30}	P_{10}
	.161	.001	.161	.188	-.043	-.140
간접효과		$P_{23}P_{31}$	$P_{23}P_{31}P_{10}+P_{23}P_{30}+P_{21}P_{10}$		$P_{31}P_{10}$	
	—	.030	-.011	—	-.026	—
비인과효과				$r_{31}-P_{31}$	$r_{30}-\beta^*_{30.2}$	$r_{10}-P_{10}$
	—	—	—	.005	-.072	.162

(*)는 $p<.05$, (**)은 $p<.01$ 수준에서 유의미함

P_{23}: 교단의 학력에 미치는 직접효과
P_{21}: 교단의 생활만족도에 미치는 직접효과
$P_{23}P_{31}$: 지역-생활만족도에 미치는 간접효과
P_{20}: 교단의 자기수양의식에 미치는 직접효과
$P_{23}P_{31}P_{10}+P_{21}P_{10}+P_{23}P_{30}$: 교단-자기수양의식에 미치는 간접효과
P_{31}: 학력의 생활만족도에 미치는 직접효과
$r_{31}-P_{31}$: 헉력-생활만족도의 비인과적 효과
P_{30}: 헉력의 자기수양의식에 대한 직접효과
$\beta^*_{30.2}$: 자기수양의식을 학력, 생활만족도에 회귀시킨 회귀방정식에서의 연령의 표준화 계수
$P_{31}P_{10}$: 학력-자기수양의식에 미치는 간접효과
$r_{30}-\beta^*_{30.2}$: 교단-자기수양의식의 비인과적 효과
P_{10}: 생활만족도의 자기수양의식에 대한 직접효과
$r_{10}-P_{10}$: 생활만족도-자기수양의식의 비인과적 효과

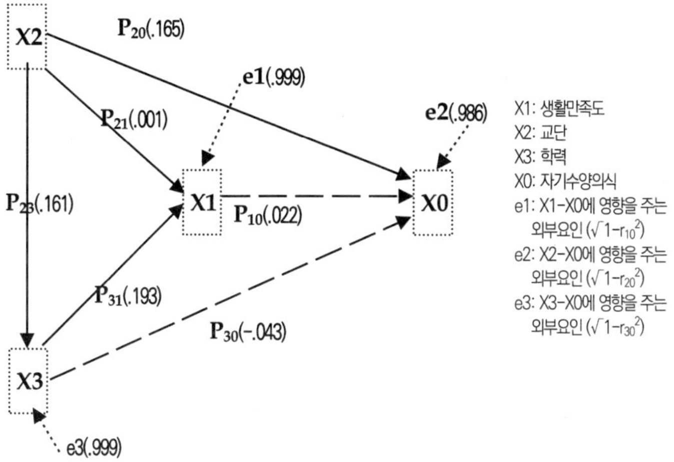

〈그림 7〉 교단-학력-생활만족도-자기수양의식의 적합경로모델

교단, 학력, 생활만족도, 자기수양의식의 적합 경로모델을 보면, 「생활만족도-자기수양의식」간의 관계를 제외하고, 「교단-학력」, 「교단-자기수양의식」, 「학력-생활만족도」간의 관계가 통계적 의미가 있는 것으로 나타났다.

(4) 지역 - 자기수양의식과의 관계

① 지역-연령-생활만족도-자기수양의식

〈표 45〉 지역-연령-생활만족도-자기수양의식 상관관계표

	X2-X3 (지역-연령)	X2-X1 (지역-생활만족도)	X2-X0 (지역-자기수양의식)	X3-X1 (연령-생활만족도)	X3-X0 (연령-자기수양의식)	X1-X0 (생활만족도-자기수양의식)
공변량	r_{23}	r_{21}	r_{20}	r_{31}	r_{30}	r_{10}
	.324(**)	.056	.161(**)	-.051	.139(**)	.022
인과효과	r_{23}	r_{21}	r_{20}	P_{31}	$\beta^{*}_{30.2}$	P_{10}
	.324	.056	.161	-.069	.113	-.165
직접효과	P_{23}	P_{21}	P_{20}	P_{31}	P_{30}	P_{10}
	.324	.073	.114	-.069	.190	-.165
간접효과		$P_{23}P_{31}$	$P_{23}P_{31}P_{10}+$ $P_{23}P_{30}+P_{21}P_{10}$		$P_{31}P_{10}$	
	—	-.022	.054	—	.011	—
비인과효과				$r_{31}-P_{31}$	$r_{30}-\beta^{*}_{30.2}$	$r_{10}-P_{10}$
	—	—	—	.014	.026	-.143

(*)는 $p<.05$, (**)은 $p<.01$ 수준에서 유의미함

P_{23}: 지역의 연령에 미치는 직접효과
P_{21}: 지역의 생활만족도에 미치는 직접효과
$P_{23}P_{31}$: 지역-생활만족도에 미치는 간접효과
P_{20}: 교단의 자기수양의식에 미치는 직접효과
$P_{23}P_{31}P_{10}+P_{21}P_{10}+P_{23}P_{30}$: 교단-자기수양의식에 미치는 간접효과
P31: 연령의 생활만족도에 미치는 직접효과
r31-P31: 연령-생활만족도의 비인과적 효과
P30: 연령의 자기수양의식에 대한 직접효과
β*30.2: 자기수양의식을 연령, 생활만족도에 회귀시킨 회귀방정식에서의 연령의 표준화 계수
P31P10: 연령-자기수양의식에 미치는 간접효과
r30-β*30.2: 지역-자기수양의식의 비인과적 효과
P10: 생활만족도의 자기수양의식에 대한 직접효과
r10-P10: 생활만족도-자기수양의식의 비인과적 효과

지역, 연령, 생활만족도, 자기수양의식의 적합 경로모델을 보면, 「지역-자기수양의식」, 「지역-연령-자기수양의식」간의 관계가 통계적 의미가 있는 것으로 나타났다.

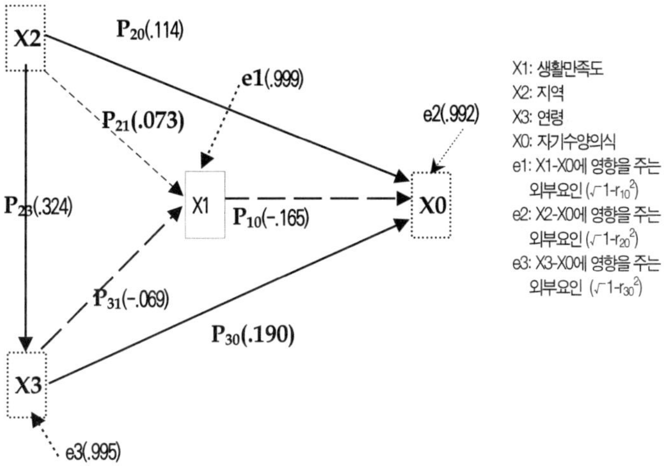

〈그림 8〉 지역-연령-생활만족도-자기수양의식의 적합경로모델

② 지역-신앙도-생활만족도-자기수양의식

〈표 46〉 지역-신앙도-생활만족도-자기수양의식 상관관계표

	X2-X3 (지역-신앙도)	X2-X1 (지역-생활만족도)	X2-X0 (지역-자기수양의식)	X3-X1 (신앙도-생활만족도)	X3-X0 (신앙도-자기수양의식)	X1-X0 (생활만족도-자기수양의식)
공변량	r_{23}	r_{21}	r_{20}	r_{31}	r_{30}	r_{10}
	.067	.056	.161(**)	-.026	-.018	.022
인과효과	r_{23}	r_{21}	r_{20}	P_{31}	$\beta^{*}_{30.2}$	P_{10}
	.067	.056	.161	-.030	-.012	-.197
직접효과	P_{23}	P_{21}	P_{20}	P_{31}	P_{30}	P_{10}
	.067	.058	.161	-.030	.018	-.197
간접효과		$P_{23}P_{31}$	$P_{23}P_{31}P_{10}+$ $P_{23}P_{30}+P_{21}P_{10}$		$P_{31}P_{10}$	
	—	-.002	-.010	—	.006	—
비인과효과				$r_{31}-P_{31}$	$r_{30}-\beta^{*}_{30.2}$	$r_{10}-P_{10}$
	—	—	—	.004	-.006	.219

(*)는 $p < .05$, (**)은 $p < .01$ 수준에서 유의미함

P23: 지역의 연령에 미치는 직접효과
P21: 지역의 생활만족도에 미치는 직접효과
P23P31: 지역-생활만족도에 미치는 간접효과
P20: 교단의 자기수양의식에 미치는 직접효과
P23P31P10+P21P10+P23P30: 교단-자기수양의식에 미치는 간접효과
P31: 연령의 생활만족도에 미치는 직접효과
r31-P31: 연령-생활만족도의 비인과적 효과
P30: 연령의 자기수양의식에 대한 직접효과
β*30.2: 자기수양의식을 연령, 생활만족도에 회귀시킨 회귀방정식에서의 연령의 표준화 계수
P31P10: 연령-자기수양의식에 미치는 간접효과
r30-β*30.2: 지역-자기수양의식의 비인과적 효과
P10: 생활만족도의 자기수양의식에 대한 직접효과
r10-P10: 생활만족도-자기수양의식의 비인과적 효과

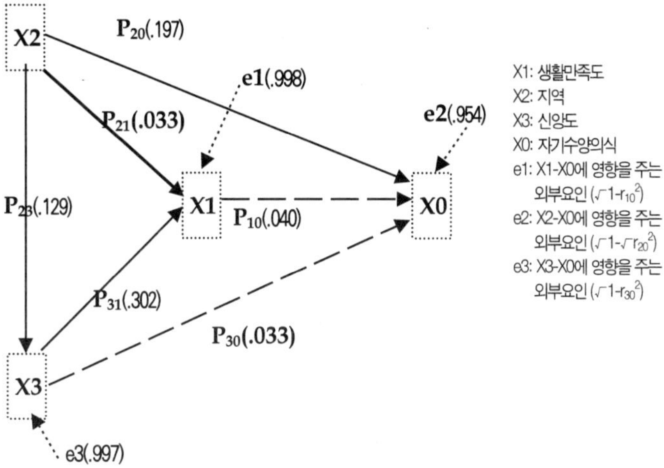

〈그림 9〉 지역-신앙도-생활만족도-자기수양의식의 적합경로모델

지역, 신앙도, 생활만족도, 자기수양의식 간의 적합 경로모델을 보면, 「지역-신앙도」, 「지역-생활만족도」, 「지역-신앙도-생활만족도」의 관계가 통계적으로 의미가 있는 것으로 나타났다.

Ⅳ. 요약 및 결론

1. 기성종교와의 비교를 통해서 본 신종교 신자들의 신앙적 특징

「인구통계학적 속성」, 「신앙관련 문항」, 「생활만족도」에 대해서 기성종교와 신종교신자들을 비교하였다. 첫째, '인구통계학적 속성'중에서 '연령대'와 '학력'만을 비교분석하였다. 연령대 비교를 보면, 신종교 4개 교단 신자들의 연령이 기성종교(불교, 개신교, 천주교)에 비해서 상대적으로 높은 것으로 나타났다. 전체 종교 중에서는 원불교, 대종교 그리고 불교의 고령화가 두드러지는데, 특히 원불교 신자들의 연령이 가장 높은 것으로 나타났다. 여기에서는 신종교의 전반적인 교세 정체화와 그에 따른 신자들의 상대적 고령화가 두드러진다는 것을 알 수 있다.

둘째, 학력분포의 비교에서는, 전반적으로 신종교 신자들의 학력이 기성종교에 비해서 높게 나타났는데, '대졸(재학포함)이상'의 경우 신종교(40.4%)가 기성종교 신자(22.7%)들에 비해서 거의 두 배 가까이 높은 비율을 보여주었다. 신종교 중에서도 특히 원불교는 '대졸(재학포함) 이상' 55.8%로 압도적으로 높게 나타났는데, 이것은 원불교의 경우에는 고연령대의 지식인의 신자층의 구성 비율이 높다는 것을 말해준다. 한편 신종교 중에서는 대순진리회는 '고졸이하'의 학력 비율이 70.5%로 학력분포가 가장 낮은 것으로 나타났다.

두 번째 기성종교와 신앙관련 항목을 비교하였다. 신앙관련 항목 중에서는 '신앙기간', '개종유무'와 '개종자의 이전 종교', 그리고 '종교적 체험'을 기성종교 신자들과 비교 분석하였다. 먼저 '신앙기간'비교에서는, 전체적으로 신종교와 기성종교 신자들 간의 뚜렷한 차이는 보이지 않았다. '30년 이상'의 경우에 있어, 원불교가 기성종교들(불교; 38.0%, 개신교; 36.1%, 천주교; 26.6%)보다 높은 42.2%로 나타났다. 신앙기간이 '10년 미만'인 경우에는, 대순진리회가 29.7%로 가장 높게 나타났는데, 이것은 대순진리회가 다른 신종교에 비해서, 상대적으로 중장년층이 최근 10년 사이에 많이 입신하였다는 것을 보여준다. 또 기성종교 중에서는 신앙기간 '10년 미만'에 있어 천주교가 24.5%로 가장 높게 나타났는데, 이것은 인구센서스에서도 밝

혀진 바와 같이 천주교 신자들 수가 최근 10여년 사이에 급증하였다는 것을 보여준다.3)

다음으로 '개종유무'와 '개종이전 종교'에 대한 비교분석에서는, 전체적으로는 신종교 신자들의 개종 비율(43.1%)이 기성종교 신자들(10.4%)보다 월등하게 높은 것으로 나타났다. 또 기성종교 중에서는 천주교의 개종 비율이 17.3%(n=17)로 다른 기성종교보다 상대적으로 높은 것으로 나타났는데, 이것은 1990년대 중반 이후 국내의 천주교 신자수의 증가와 관련이 있는 것으로 보인다. 한편 개종경험자들의 '개종이전 종교'에 있어서는 신종교의 경우 '불교에서 개종한 비율(52.5%)'이 가장 높게 나타났다. 기성종교의 경우에는, 개신교신자는 '불교에서 개종한 신자(76.0%)'가 가장 많았고, 불교신자는 '개신교로부터 개종(87.9%)자'가 가장 많고, 천주교신자 개종자 중에서도 '개신교로부터 개종(70.6%)'가 가장 많은 것으로 나타났다. 여기에서 개종자들의 이전 종교가 신종교신자들은 '불교'가 많은데, 다만 천도교의 경우에는 '개신교로부터 개종자(50.0%)'로 가장 높은 것으로 나타났다.

한편 '종교적 체험 유무'에 대한 비교에서는 한국갤럽의 「한국인의 종교」에서 실시한 측정도구 즉 문항 자체가 기독교적 경향이 강한 내용으로 구성되어있어서, 전체 6개 항목 중에 '종교를 통해서 다시 태어난 느낌'의 문항을 제외한 나머지 5개 문항에 대해서는 개신교신자들의 '경험있음'의 응답률이 가장 높은 것으로 나타났다.'종교를 통해서 다시 태어난 느낌'문항에 있어서는 신종교신자들의 '경험있음'응답률(46.8%)이 기성종교 응답률(21.1%)에 비해서 압도적으로 높게 나타났는데, 이것은 신종교신자들에게 있어서는, 신앙적 추구와 그 목적이 초월적 존재를 지향하기 보다는, 자기

---

3) 인구센서스에 의하면, 천주교의 신자 수는 1995년 2,950,730명에서 2005년에는 5,146,147명으로 약 220만 명이 증가한 것으로 되어 있다. 2015년 센서스 결과는 아직 공개되지 않았다.

의 내적 변화를 지향하는 내적 지향성이라는 것을 말해준다. 한편 '종교의 힘으로 병이 나은 일이 있다'에 대해서는 전체 종교 중 대순진리회신자들의 비율이 가장 높은 것(30.3%)으로 나타났는데, 이것은 종교를 통한 치병이란 일종의 현세기복적 성격이 대순진리회가 가장 강한 것으로 해석할 수 있다.

다음으로 '종교단체의 사회참여에 대한 입장'에 있어서는, 기성종교 모두가 '종교자체에만 전념하는 것'을 지지하는 입장이 높은 것(천주교 59.6%, 불교 53.9%, 개신교 51.0%의 순)으로 나타났고, '종교의 사회문화활동 참여에만 찬성(정치참여 반대)'하는 입장에 있어서는, 신종교가 기성종교보다 높았다.(원불교 98.4%, 대순진리회가 42.0%, 천도교 34.3%의 순). 한편'종교의 정치참여에 찬성'하는 입장에 있어서는 천도교와 대종교가 각 43.3%로 가장 높았고, 다음으로 대순진리회 신자의 35.2%(n=77)가 찬성 입장을 보여주었다. 전체적으로 보면, 신종교 신자들이 "종교의 정치참여"와 "사회문화활동 참여"에 있어서, 기성종교신자들보다 더 적극적인 태도를 보여주고 있다.

세 번째로 생활만족도를 비교분석하였다. 전체 평균값(범위: 0.00~4.00)에서는 신종교(2.60)가 기성종교(2.59)보다 약간 높게 나타났다. 그 중에서 원불교의 전체 만족도 평균값이 2.69로 가장 높고, 대순진리회의 평균값이 2.54로 가장 낮게 나타났다. 대순진리회의 경우에는, 앞서 측정한 '살림살이 형편'과 '결혼/이성관계'에서 전체 종교 중 가장 낮게 나타났는데, 이것은 앞서 측정한'월수입(경제적 수준)'에서 가장 낮다는 점과 관련이 있는 것으로 판단된다.

2. 신종교 교단별 이원적 분석 비교—신종교 간 비교

조사대상 4개 신종교신자들에 대한 이원적 분석은, 「교단-신앙생활 특징」, 「교단-생활의식」, 「지역-종교적 지향성」, 「교단-종교적 지향성」의 4개의 상관관계를 비교분석하였다.

첫째, 교단별 신앙생활 특징의 비교에서는, '교단-신앙도', '교단-종교적 체험'[4], '교단-개종 및 이전종교', '교단-종교적 지향성'이란 4가지의 상관관계를 측정하였다. 교단-신앙도를 측정하기 위해서 교단별 '의례 · 의식 참여도'와 '개인적 신앙활동(가정 등)', '경전 독송 정도'를 측정 비교 하였다. 먼저 교단별 의례 · 의식 참여도에 있어서는 "매번 꼭 참가한다"라는 비율이 원불교(66.5%)로 가장 높고, 다음으로 대순진리회 46.4%, 대종교의 순이었고, 통계적으로 유의미하였다. 다음 개인적 신앙활동에 대해서는 "매일 꼭 행함"의 비율이 천도교(50.0%)가 가장 높고, 다음으로 원불교(48.3%), 대순진리회(45.6%)의 순으로 나타났으나, 통계적으로는 의미가 없었다. 경전 독송 정도에 있어서는 "매일 꼭 행함"의 비율이 원불교(40.0%), 대순진리회(31.7%), 천도교(31.4%)의 순이며, 통계적으로도 유의미하였다. 다음으로 교단별 개종 및 개종이전 종교 비교에서는, 대종교의 개종비율(60.0%)로 가장 높고, 다음으로 대순진리회(44.0%), 원불교(40.8%)의 순으로 나타났으나 통계적 의미는 없었으며, 개종이전 종교에 있어서는, '불교로부터 개종'이 가장 많아서 원불교 59.3%(n=35), 대순진리회 51.3% (n=58) 순이며, 천도교만이 '개신교로부터 개종' 비율(50.0%)이 가장 높았으나 통계적 의미는 없

---

4) 교단별 종교적 체험간의 관계를 측정하였으나, 앞서 논한바와 같이 측정항목의 편향성(기독교적인 문항들로 구성)으로 인해서 신종교신자들의 종교적 체험은 매우 낮기 때문에 신종교 간의 비교결과는 생략한다.

었다.

다음으로 '교단-종교적 지향성'관계에 대해서는, '교단별 혁신의식/자기수양의식 평균값 차이 비교'를 하였다. 먼저 교단별 혁신의식에 있어서는 대순진리회의 평균값(2.9346, 범위:0.0000~1.0000)이 가장 높았고, 천도교(2.2973)가 가장 낮았으며, 사후분석 결과 「대순진리-천도교」간의 평균값 차이에 의해서 통계적으로 유의미한 것으로 나타났다. 그리고 교단별 자기수양의식에 있어서는, 대종교(3.0000)가 가장 높았고, 원불교(2.6778), 대순진리회(2.3460)의 순이었고, 사후분석 결과 「대순진리-원불교」, 「대순진리-대종교」, 「천도교-대종교」 간의 평균값 차이에 의해서 통계적으로 유의미한 것으로 나타났다.

둘째, 소속 교단별 생활만족도 6개문항의 평균값 차이에 있어서는 '살림살이 형편', '타인들과의 관계', '전반적인 개인생활'에 있어서 통계적으로 유의미한 것으로 나타났다.

셋째, 지역과 종교적 지향성 중 '지역별 혁신의식 평균값 차이'를 보면, 지역(서울·경기권/영남권/호남권)별 혁신의식 평균값의 차이에 대한 F-검증 결과 평균값 차이는 통계적으로 의미가 없는 것으로 나타났다. 한편 '지역-자기수양의식'과의 관계에서는, 지역별 자기수양 의식 평균값에서는 호남이 가장 높고, 영남, 서울·경기의 순이었으며, F-검증 결과 평균값 차이는 통계적으로 유의미하였으며, 사후분석(Turkey) 결과, '서울·경기-영남', '서울·경기-호남'과의 평균값 차이가 p.<.01 수준에서 통계적으로 유의미한 것으로 나타났고, '영남-호남'간의 평균값 차이(0.18494)는 통계적으로 의미가 없는 것으로 나타났다.

넷째, 교단과 종교적 지향성 중 '교단별 혁신의식 평균값 차이'에서는 혁신의식 평균값은 대순진리회가 가장 높고, 다음으로 대종교, 원불교의 순이었으며, 상관계수는 0.173이었다. F 검증 결과 이들 간 평균값의 차이는 p.<.01수준에서 통계적으로 유의미하였으며, 따라서 사후분석(Turkey) 결과, 대순진리-천도교와의 평균값 차이에 의해서 통계적으로 유의미한 것으로 나타났다.

한편 '교단별 자기수양의식 평균값 비교'를 보면, 대종교가 가장 높고, 원불교, 대순진리회 순이었다. 상관계수는 0.225이며, F 검증 결과 이들 간 평균값의 차이는 p.<.01수준에서 통계적으로 유의미하였으며, 따라서 사후분석(Turkey) 결과, 대순진리-원불교, 대순진리-대종교, 천도교-대종교 간의 평균값 차이에 의해서 통계적으로 유의미한 것으로 나타났다.

3. 경로분석—신종교 교단 간 비교

이상과 같은 이원적 분석의 결과를 바탕으로 통계적으로 유의미한 매개변수들인 「연령」, 「생활만족도」, 「신앙도」의 4개 변수들을 매개변수로 하여 「소속교단-종교적 지향성」과 「지역-종교적 지향성」과의 관계에 대한 4변수 간 경로분석을 실시하였다.

그 결과 6가지의 적합 경로모델을 추출할 수 있었다. 첫째는 교단을 독립변수로 하고, 혁신의식을 종속변수로 하였을 때, 「교단-연령-생활만족도-혁신의식」, 「교단-학력-생활만족도-혁신의식」의 적합경로모델을 추출할 수 있었다. 그러나 지역을 독립변수로, 자기수양의식을 종속변수로 하였을 때, 「지역-연령-생활만족도-혁신의식」, 「지역-신앙도-생활만족-혁신의식」의 모델은 통계적 의미가 없었다.

둘째, 교단을 독립변수로 하고 자기수양의식을 종속변수로 하였을 때,

「교단-연령-생활만족도-자기수양의식」「교단-학력-생활만족도-자기수양의식」의 적합경로 모델을 추출할 수 있었으며, 또 지역을 독립변수로 하였을 경우에도「지역-연령-생활만족도-자기수양의식」,「지역-신앙도-생활만족도-자기수양의식」의 적합경로모델이 추출되었다.

4. 분석결과 요약 및 금후 과제

본 조사의 목적인 '신종교신자들의 신앙적 특징'과 '종교적 지향성'에 대해서 수량적 분석을 한 결과를 요약하면 다음과 같다.

〈표 47〉 신종교와 기성종교 신자들의 주요 신앙적 특징 비교

		기성종교와의 차이
인구학적 속성	연령대	■ 50대 이하 비율: 기성종교 44.1%, 신종교 46.2% ■ 50대 이상 비율: 기성종교 53.8%, 신종교 57.0%
		■ 원불교의 60대 이상의 고비율(60대 이상 45.4%) ■ 불교의 60대 이상의 고비율(60대 이상 33.7%)
		■ 대순진리회의 상대적 저연령대(40대 이하 58.7%) ■ 천주교의 상대적 저연령대(40대 이하 64.9%)
	학력	■ 신종교신자들의 고학력 경향(대졸 이상 40.4%) ■ 기성종교(대졸 이상 22.7%)
		■ 원불교신자들의 고학력 경향(대졸 이상 55.8%) ■ 대순진리회, 불교의 상대적 저학력 경향
신앙관련	신앙 기간	■ 기성종교신자들의 상대적 장기간 신앙기간 (기성종교: 20년이상 61.9%, 신종교: 20년이상 51.3%)
		■ 원불교신자의 장기 신앙생활 비율(30년이상 42.2%) ■ 대순진리회신자의 단기 신앙생활 비율(20년이하 59.5%)
	개종 유무	■ 신종교신자들의 높은 개종 비율 신종교 개종비율 43.1%, 기성종교 10.4%
	개종 이전 종교	■ 신종교: 불교에서 개종 52.5% ■ 기성종교: 개신교에서 개종 52.6%

생활 만족도	-	■ 전체적으로 6개항목 평균은 유사 신종교 2.60, 기성종교 2.59(범위: 0.00~4.00)
		■ 원불교 평균 만족도 2.69로 최고값 ■ 대순진리회의 만족도 2.54로 최저값

〈표 48〉 신종교신자들의 종교적 지향성 비교

교단	혁신의식	■ 전체적으로 높은 편: 2.7876(범위:0.000~4.000) ■ 대순진리회(2.9346)〉대종교〉원불교〉천도교 ■ 교단별 평균값 차이는 통계적으로 유의미함 (p.〈.01)
	자기수양의식	■ 전체적으로 혁신의식에 비해서 상대적으로 낮은 편 : 2.4980(범위:0.000~4.000) ■ 대종교(3.0000)〉원불교〉대순진리〉천도교 ■ 교단별 평균값 차이는 통계적으로 유의미함. (p.〈.01)
	해석	-교단별로 보면, 대순진리회가 혁신적 의식이 강한 성향을 보여줌. -원불교는 상대적으로 자기수양의식이 강한 성향을 보여줌
지역	혁신의식	■ 전체적으로 높은 편: 2.7966 ■ 호남(2.8667)〉영남(2.8492)〉서울 · 경기(2.7294) ■ 지역별 평균값 차이는 통계적으로 무의미함
	자기수양의식	■ 전체적으로 낮은 편: 2.5041 ■ 호남(2.7667)〉영남(2.5817)〉서울 · 경기(2.3578) ■ 지역별 평균값 차이는 통계적으로 유의미함. (p.〈.01〉
	해석	-지역별 혁신의식의 평균값의 차이는 적은 편, 통계적 무의미함 -지역별 자기수양의식의 평균값 차이는 큰 편, 통계적 유의미함
신종교신자들의 종교적 지향성에 대한 수량적 분석결과를 통해서, 종교지형을 그려보면 다음과 같다. 첫째, '혁신의식'에서는 전체적으로 높은 경향을 보여주었고, 지역별 차이는 없으며, 교단별 차이는 있는 것으로 나타났다. 둘째, '자기수양의식'에 있어서는 호남지역 신자들의 자기수양의식이 강하고, 영남지역과 서울 · 경기와는 통계적으로 유의미한 차이를 보여주었다. 즉 호남지역은 혁신의식과 자기수양의식이 모두 가장 높고, 영남지역은 둘 다 중간, 서울 · 경기지역은 혁신의식과 자기수양의식이 모두 가장 낮은 것으로 나타났다.		

신종교신자들의 종교적 지향성에 대한 수량적 분석결과를 통해서, 종교지형을 그려보면 다음과 같다. 첫째, '혁신의식'에서는 전체적으로 높은 경향을 보여주었고, 지역별 차이는 없으며, 교단별 차이는 있는 것으로 나타났다. 둘째, '자기수양의식'에 있어서는 호남지역 신자들의 자기수양의식

이 강하고, 영남지역과 서울・경기와는 통계적으로 유의미한 차이를 보여 주었다. 즉 호남지역은 혁신의식과 자기수양의식이 모두 가장 높고, 영남지역은 둘 다 중간, 서울・경기지역은 혁신의식과 자기수양의식이 모두 가장 낮은 것으로 나타났다.

이상과 같은 통계처리 분석의 결과를 얻었으나, 본 조사는 다음과 같은 한계점과 추후 과제를 안고 있다. 첫째, 표본의 규모 문제이다. 본 조사대상은 한국신종교 교단의 신자들이며 따라서 조사결과의 신뢰도와 타당도를 높이기 위해서는, 현재까지 조사를 실시한 대순진리회와 원불교, 천도교, 대종교 이외에, 규모상 그리고 역사적으로도 주요한 신종교 교단인「증산도」에 대한 조사가 필요하다.

둘째, 한국신종교 신자들의 종교의식의 특징을 보다 명백하게 규명하기 위해서는 기성종교와의 비교가 필요하다. 따라서 차후에는 기존의 기성종교 신자들에 대한 통계분석 결과를 참조하여, 비교할 필요나 가치가 있다고 판단되는 변수를 보완하고 척도를 표준화하여, 신종교 신자들에게 수량적 분석을 한다면, 보다 객관적으로 신종교신자들의 종교의식을 밝힐 수 있을 것이라고 생각된다.

| 참고문헌 |

국내논저

남춘모. 2012.「국내 일본계종교 신자들의 일본성 의식의 변화-2003년과 2010년 설문조사를 바탕으로」.『신종교연구』27,한국신종교학회.

_____. 2010.「국내 일본계종교 신자들의 집합의식과 아이덴티티」.『일본근대학연구』30. 한국일본근대학회.

박승길 · 남춘모. 2015.「종교집단에 대한 양적 조사의 의의 및 방법 -한국 신종교 교단에 대한 조사를 중심으로-」.『한국 신종교 지형과 문화』(한국종교연구총서 14), 원광대종교문제연구소, 집문당.

한국갤럽. 2015.『한국인의 종교 1984-2014(제5차 비교조사)』. 한국갤럽조사연구소.

종교관련 해외 데이터베이스에서 한국 종교소수자의 현황과 문제점[1)]

유광석 | 서울대학교

Ⅰ. 서 론

현대사회에서 종교관련 통계적 정보들은 단순히 현실의 복잡한 종교 상황들을 정리하고 기술하는 차원을 넘어 장기적이면서도 광범위하게 축적되고 분석된 자료들에 기초하여 정책적 및 학문적 차원에서 사회의 다양한 의사결정단계에 활용되고 있다. 통계적 지식이 없거나 통계적 자료들에 기초한 의사결정에 참여하지 않더라도 오늘날처럼 종교적 다양성이 급속하게 증대하는 사회에서 어느 누구나 그 사회에 존재하는 종교 또는 종교인들에 대해 충분한 정보와 이해를 갖기가 매우 어렵게 되었다. 『한국의 종교현황』(2011)에서 보고된 566개 종교단체들의 대부분은 종교연구자들에게조차 생소한 이름들을 가진 것들이고 그들의 숫자는 지구화(globalization) 과정이 가속화되는 정도에 따라 훨씬 더 증대될 것이다. 또한 고든 멜튼(J.

1) 본 논문은 한국사회역사학회 (『담론 201』18(2), 2015)에 게재된 논문이다.

Gordon Melton)이 집대성한 『Encyclopedia of American Religions (EAR)』의 7차 개정판(2003)은 북미에서 확인된 2600여개의 종교단체들을 서술함으로써 종교연구자들의 연구대상이 양적 차원에서 이미 무한대로 확장되었음을 사실상 공표하고 있다.

이처럼 전 세계에서 활동했거나 여전히 활동 중인 모든 종교단체들 및 그에 부속된 신자들의 종교적 행위와 믿음에 대한 현장조사, 실태조사, 의식조사 및 문헌적 자료 등을 연구자 개인이 모두 수집하고 분석하는 것은 물리적으로 불가능할 뿐만 아니라 가능하다 하더라도 비현실적인 비용을 요한다. 한 세대를 풍미했던 종교사학자 엘리아데(M. Eliade)가 해석한 수천 개의 사례들조차 이제는 연구대상의 양적 차원에서 보자면 무한대의 모집단에 대한 하나의 샘플조사에 불과한 것이 되었다. 샘플의 수가 백 개이든 천 개이든 모집단의 무한성에서 보자면 그것은 사소한 문제일 뿐이며, 중요한 것은 추출된 샘플의 수가 아니라 그 연구자가 추출한 샘플이 모집단의 무한성을 얼마나 정확하고 효율적으로 반영하고 있는지에 있다. 정보화 시대에 종교의 이해는 무한대의 종교현상을 제한된 샘플조사 결과에 기초해서 인위적으로 해석하는 데서 시작하는 것이 아니라, 통계적으로 편향되지 않고 가능한 한 객관적으로 추출된 샘플조사 자료들 그 자체의 한계를 스스로 인정할 때부터 비로소 시작될 수 있다. 종교에 관한 해석이 모든 종교연구의 출발점이거나 종착점이어야 할 이론적 당위성은 없으며, 오히려 종교에 관한 과학적 연구조사가 현대 사회의 종교현상을 이해하고 설명하는데 더 시급히 필요한 것일지 모른다.

본 논문은 기본적으로 종교와 관련한 통계적 조사 자료들의 방법론적 우월성을 설명하기 위해 그것의 허구성을 밝히고자 한다. 이렇게 역설적인 주장이 어떻게 진실이 될 수 있는지를 한국의 종교인구분포에 관한 주요한 해외 데이터베이스들을 사례로 삼아 한국의 인구센서스 결과와 종합적으로 비교분석한 후, 종교통계적 관점에서 현재 한국사회의 문제점과 개선 방향을 밝힘으로써 증명하고자 한다. 특히 한국의 종교소수자(religious minority)에 대한 서로 다른 데이터베이스들 간의 상이한 종교범주화(categorization)와 조사방법의 문제점을 지적하고 종교적 다양성의 증대로 인한 사회적 혼란과 갈등이 빈번한 한국의 다종교 상황에서 정확한 종교통계 조사들이 어떻게 그리고 왜 정책적으로 한국사회의 발전에 기여할 수 있는지를 종교시장이론에 근거하여 설명할 것이다. 끝으로, 2015년에 실시될 인구주택총조사에서 한국사회의 종교적 변화를 예상하는 많은 종교연구자들과 직업적 종교인들이 정보화시대에 걸맞은 과학적 종교이해를 위해 종교통계의 중요성을 인식할 수 있는 작은 계기가 되길 바란다.

II. 숫자에 대한 믿음

1985년, 1995년, 2005년에 행해진 세 번의 인구주택총조사에서 생산한 종교인구 통계자료를 기초로 적지 않은 연구논문들이 그동안 양산되었다. 인구센서스에 종교 항목이 삽입되기 이전에는 주로 사회조사나 교단들의 자체 통계에만 의존하던 종교통계자료들이 자료 그 자체에 내재한 지리적, 문화적, 역사적 및 정치경제적 제한성과 편향성을 탈피했을 뿐만 아니라 조사방법의 자의성과 비일관성을 극복하면서 객관적이고 신뢰가능한 양질의 종교통계자료로서 인구센서스 자료들은 특별한 의심 없이 거의 모든 종교연구자들에게 수용되었다. 인구센서스 자료들에 대한 이러한 '믿음'에 기초하여 한국의 종교인구분포가 동불서기(東佛西基)나 종교적 독과점구조의 한국적 종교문화를 이해하는 중요한 증거자료가 된다거나[2], 다종교사회로서 한국사회의 종교갈등의 위험성을 예단하는 증거로서[3], 천주교의 양적 성장과 한국개신교의 위기라는 직접적 증거로서[4] 그리고 나아가 인구센서스 자료에 기초한 종교인구의 변동(dynamics)이 한국사회의 정치적·문화적 변화를 이끄는 원동력으로서 해석되기도 한다.[5]

문제는 한국의 종교변동을 논하는 기존의 연구들이 그 나름의 전문분야별 특성에 따라 적지 않은 공헌을 했음에도 불구하고, 그들의 학문적 배경을 불문하고 인구센서스 자료에 대한 합리적 의심 없이 거의 '믿음'에 가까운 신뢰를 전제하고 있다는 점이다. 또한 문화체육관광부 종무실의 종교현황이나 행정백서들을 비롯하여 한국의 모든 공식적 종교통계자료들에서도 인구센서스 결과는 한국사회의 종교적 현실을 양적으로 대표하고 있다. 이처럼 의심될 수 없는 하나의 기정사실로서 학계와 정부로부터 공인된 인구센서스 결과는 〈그림1〉에서 보여주는 인구주택총조사표의 6번 문항에 그 기원을 두고 있다.

---

2) 정창수·김신열, 「한국에 있어서 종교인구 분포의 지역간 차이에 관한 사회학적인 연구」. 『한국사회학』27, 1993, 118쪽. 류성민, 「한국 종교인구 분포 비율의 변화와 그 특징: 1985년, 1995년, 2005년의 인구센서스를 중심으로」, 『종교연구』56, 2009, 25-26쪽.

3) 김정수, 2013, 「우리나라 종교 갈등의 특성과 바람직한 종교정책의 모색」, 『2013 한국정책학회 하계학술대회자료집』, 2013, 691-696쪽.

4) 이길용, 「개신교는 줄고 천주교는 늘고 ; Again, 하나님 나라 운동! - 인구센서스에 대한 종교학적 접근」, 기독교대한성결교회 활천사, 『활천』 634(9), 2006. 조성돈, 「종교인구 변동에 대한 분석과 한국교회의 과제」, 한국사회이론학회, 『사회 이론』 32, 2007. 조성돈·정재영 외, 『그들은 왜 가톨릭교회로 갔을까』, 서울: 예영컴뮤니케이션, 2007. 최현종, 「제도화된 영성과 한국 종교지형의 변화; 가톨릭과 개신교를 중심으로」, 『종교와 문화』 22, 2012. 조세희·이재혁, 「왜 '느슨한' 교회가 성장하는가?: 합리적 선택론에서 본 한국 그리스도교의 교세변화」, 『한국사회학』 47(2), 2013.

5) 김동환, 「종교인구의 다이내믹스에 관한 시론적 모델」,『한국시스템다이내믹스 연구』15(3), 2014, 39-43쪽.

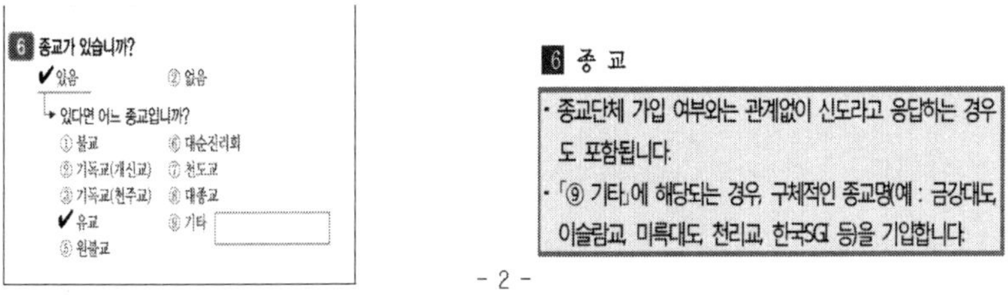
6 종교가 있습니까?
✔ 있음　② 없음
→ 있다면 어느 종교입니까?
① 불교　⑥ 대순진리회
② 기독교(개신교)　⑦ 천도교
③ 기독교(천주교)　⑧ 대종교
✔ 유교　⑨ 기타
⑤ 원불교

6 종 교
· 종교단체 가입 여부와는 관계없이 신도라고 응답하는 경우도 포함됩니다.
· 「⑨ 기타」에 해당되는 경우, 구체적인 종교명(예 : 금강대도, 이슬람교, 미륵대도, 천리교, 한국SGI 등)을 기입합니다.

- 2 -

출처: 통계청, 「2015 Census 인구주택총조사 자료실」

〈그림 1〉 2015 인구주택총조사 제2차 시험조사 조사표 기입요령서

〈그림 1〉의 왼쪽 박스에 있는 조사표에서 보는 것처럼 종교없음(religious nones), 8개의 개별종교명, 그리고 기타(others)로 범주화된(categorized) 유형들만을 선택지로 제시하고 있으며, 오른쪽 박스의 조사표 기입요령서에서는 조사대상자의 '종교단체 가입여부와는 상관없이 신도라고 응답하는 경우도 포함'하여야 함을 안내하고 있다. 이러한 조사방법에 대해 윤이흠 교수는 이미 "한국인 종교적 심성의 근원"이라는 기고문에서 자기확인법(self-identification)이 유교나 기타 신흥종교인 내지 무속인구를 조사하는데 적합하지 못하다고 주장하고 동양 종교의 구성원들을 조사할 수 있는 새로운 방법론의 개발을 주장한 바 있다.[6] 그의 주장은 단지 400명의 갤럽표본조사 결과에 기초한 것이었지만, 당시의 정부 종교인구 통계가 얼마나 부정확한 것인지를 증명하고자 한 선구적 업적이라고 할 수 있다. 이후로 30년이 지난 2015년의 종교인구조사표에서도 기존의 종교인구 조사방법과 그에 대한 무비판적 믿음은 한국의 종교연구자들과 관료들에게 여전히 강력한 통계적 편견을 만들고 있다. 현재의 종교인구조사표가 가진 몇 가지 문제를 먼저 설명하고 해외의 사례를 함께 고려하는 것이 논지를 객관적으로 이해

6) 윤이흠, 「한국인 종교적 심성의 근원」, 『정경문화』, 1985, 379쪽.

하는데 도움이 될 것 같다.

첫째, 현재의 인구조사표는 종교적 멤버쉽(religious membership)에 기초한 것이 아니다. 오른쪽 박스의 기입요령서가 분명히 밝히고 있듯이 '종교단체 가입여부와는 상관없이 신도라고 응답하는 경우를 포함'하고 있는 숫자를 의미한다. 다시 말하면, 종교단체 또는 조직에 가입하고 그 단체로부터 구성원으로서의 자격을 인정받은 종교인구를 의미하는 것이 아니라 광의의 차원에서 종교적 경향성을 갖고 있는 모든 사람들은 왼쪽 박스에 예시된 어느 칸에나 체크하도록 안내하고 있다. '멤버쉽(membership)'이란 권리와 의무를 전제한 사회적 지위(social status)인 반면에, 국립국어원의 표준국어대사전에 따르면 '신도(信徒)'란 '어떤 일정한 종교(조사표에서는 조사대상자가 '종교'라고 믿는 것)를 믿는 사람들'로서 특수한 사회적 관계성을 전제하지 않는다. 따라서 현재의 인구조사표는 '멤버쉽'과 '신도' 두 개념을 구분하지 않고 함께 종교인구에 포함하기 때문에 종교조직에 기초한 멤버쉽보다 훨씬 더 과장된 종교인구수를 낳게 된다. 예를 들어, 기독교문화권인 미국에서도 신(God)을 믿는 사람의 비율이 87.7%이지만, 종교조직에 소속된 사람의 비율은 62.8%에 불과했다 (WVS 2011조사, 샘플수 2232명), 조직화된 종교(organized religions)문화에 기초하지 않은 한국적 전통에서는 이러한 멤버쉽과 단순한 신도수의 간격이 훨씬 더 크게 나타날 것이다. WVS(World Values Survey)나 GSS (General Social Survey)처럼 멤버쉽과 단순한 신도를 분리해서 설문을 구성하고 있는 선진국의 사회조사들과 달리 그 목적이 처음부터 인구 및 주택조사를 위해 제작된 현재의 인구조사표는 한국의 종교인구수와 그 비율을 정확히 산출하는 데 본질적인 한계가 있다.

둘째, 인구조사표의 종교범주는 일종의 포괄적 범주(catch-all category)에 해당한다. 10개의 범주만으로 전체인구 5천만 명의 종교성을 범주화

(categorization)할 때 나타나는 가장 큰 문제는 서로 다른 종교적 정체성을 가진 수많은 그룹들을 하나의 대범주로 단순화시켜야 하는 조사방법의 인위성과 자의성에 있다. '불교' 범주의 경우 창가학회(SGI)와 같은 일련종 계열의 불교도들부터 단월드에서 창립한 선불교(仙佛敎)와 같은 국내 민족종교들까지 아무런 차별성 없이 '불교'라는 범주로 단순화된다. '기독교(개신교)' 범주의 경우 역시 몰몬교, 안식교, 여호와의 증인들, 통일교, 신천지, 구원파부터 장로교나 감리교까지 모든 개신교 종파(sect) 및 교단(denomination)을 함께 포함하게 된다.[7] '유교' 범주는 실제 생활방식과 의식조사를 병행했을 때 그 범주에 소속될 수 있는 종교인구수가 훨씬 더 증가한다. 윤이흠 교수의 논문에서 집중적으로 논의된 것처럼 무작위 표본조사에 참여한 4백여 명 중 91.7%가 유교의 구성원으로 확인되었다.[8] 게다가 '기타' 범주는 외국의 경우에서와 마찬가지로 매우 다양한 종교성을 무차별적으로 포괄할 수 있다. 즉 '종교 없음'과 8개의 개별종교 범주에 해당하지 않는 모든 사람들이 '기타'에 체크해야 한다면, 무속인, 역술인, 무신론자, 불가지론자, 다양한 신종교 신자들, 도교, 이슬람, 힌두교 등이 포함될 수 있다. 끝으로, 150만에 이르는 한국체류외국인들의 민족종교들(ethno-religions)까지 고려한다면, 베트남출신 불자들, 필리핀 출신 천주교인들, 중국출신 개신교인들까지 조사표의 범주들은 구분 없이 포함하고 있는 것이다. 결국, 좀 더 세분화된 종교연구의 맥락에서 보면 인구조사표의 종교 범주는 한국의 정확한 종교현황에 대해 양적으로 설명할 수 있는 자료를 거의 제공할 수 없는 범주화이며, 포괄적 범주를 사용하여 선택지를 제한함으로써 현실사회의 종교성을 제대로 반영하지 못할 뿐만 아니라, '종교없음'의 범주에 속하

7) 김철수, 「한국의 종교지형」, 『21세기 종교사회학』, 서울: 다산출판사, 2013, 328쪽.
8) 윤이흠, 위의 책, 385쪽.

는 인구수를 실제보다 과장하여 종교인구의 수를 과소평가하게 된다. 참고로 미국의 GSS는 약 4만 명의 응답자들을 25개의 교단별 범주(denominational categories)로 분류하지만 이 역시 불완전한 것으로 평가받는다.[9]

셋째, 인구조사표는 종교인구의 연령별 특성을 과장하게 된다. 인구조사의 특성상 대한민국에 거주하는 0세 이상의 모든 인구를 〈그림 1〉의 조사표 범주로 분류하기 때문에 〈표 1〉에서 보는 것처럼 종교적 정체성의 성립 여부를 불문하고 모든 미성년과 영유아를 '종교있음' 또는 '종교없음'으로 범주화하게 된다. 종교적 정체성을 갖지 못한 미성년자 또는 영유아의 경우 현행 인구조사표의 기입방법상 조사표를 기입하는 세대주 또는 부모의 종교성을 그대로 반영하는 경우가 대부분일 것이다. 이런 방식으로 종교인구비율이 부정확하게 집계되는 조사방법론적 오류를 회피하기 위해 일반적으로 선진국에서 행해지는 종교관련 사회조사는 15세 또는 19세 이상의 성인만을 조사범위로 제한하고 있다. 하지만, 개인별 종교적 정체성의 성립시기를 언제로 정해야 하는지도 시간과 장소, 문화적 및 정치적 환경, 조사목적과 방법에 따라 다를 수밖에 없고 그에 대한 학문적 합의도 아직은 존재하지 않는다.

9) Pyle. Ralph E, "Trends in Religious Stratification: Have Religious Group Socioeconomic Distinctions Declined in Recent Decades?", *Sociology of Religion* 67(1), 2006,p. 67.

〈표 1〉 2005년 인구주택총조사에서 15세 미만 종교인구비율

연령별	2005년 연령별 종교인구비율							
	종교있음	불교	개신교	천주교	유교	원불교	기타	종교없음
전체	24,970,766	10,726,463	8,616,438	5,146,147	104,575	129,907	163,085	21,865,160
0~4세	922,837	275,740	428,281	204,207	915	4,722	6,296	1,450,224
5~9세	1,495,047	458,869	678,331	334,499	1,670	7,248	10,105	1,661,915
10~14세	1,740,877	579,113	737,136	398,217	2,430	8,146	11,067	1,681,514
비율(%)	16.6	12.2	21.4	18.2	4.8	15.5	16.8	21.9

넷째, 현재의 인구조사는 성별 및 연령별 종교인구분포만을 시군구 단위로 보여주고 있을 뿐이다. 인구조사에서 수집한 전체 인구의 교육수준, 소득수준, 직업, 주거형태, 출산자녀수, 혼인상태, 사회활동, 경제활동 등에 대한 자료를 통계청에서 보유하고 있음에도 불구하고, 이러한 변인들과 '종교' 항목과의 상관성 및 교차분석이 가능하도록 정리된 자료를 통계청은 공개하고 있지 않다. 실제로 종교와 다른 사회적 및 인구학적 변인들의 상관성에 대한 연구가 국내외적으로 매우 중요하고 다양하게 연구되고 있는 것을 감안할 때, 성별 및 연령별 종교인구분포만으로 인구조사결과에 대한 종교학적 접근을 차단하고 있는 것은 통계적 및 과학적 종교연구의 중요성에 대한 한국정부의 인식부족을 그대로 보여주는 것이다. 종교학적 관점에서만 보자면, 이런 현실은 천 억 원 이상의 예산을 투입하여 실시하는 인구조사의 활용범위를 민간여론조사업체들이 2~3천 만 원 정도의 비용으로 1~2천명의 표본 집단에 기초해서 실시하는 조잡한 사회조사나 의식조사보다 더 쓸모없는 자료로 만드는 것과 같은 것이다.

이상과 같이 인구통계조사의 설문 항목 6번은 한국의 종교현황, 종교인구분포, 종교변동, 한국적 종교성 등 거의 모든 한국종교연구의 기초적 통계자료로서 원용되고 있음에도 불구하고 그것의 통계적 신뢰성에 대해 진지하게 의심되거나 이론적으로 검증되지 않고 있다. 따라서, 본 논문에서

는 국제적으로 종교연구자들에게 가장 많이 원용되는 Pew Research Center나 World Values Survey의 사회조사 데이터베이스들을 비롯하여 종교전문 데이터베이스로서 가장 많은 자료를 보유한 World Christian Database 및 ARDA(The Association of Religion Data Archives)와 같은 주요한 해외 데이터베이스들에서 한국의 종교현황이 어떻게 기술되고 있는지를 비교분석하고자 한다. 특히, 한국의 종교적 소수자들에 대한 통계 현황은 종교학적 관점에서 많은 논란과 쟁점을 갖고 있어 이 부분에 대한 논의를 중심으로 살펴보고자 한다.

III. 숫자와 범주들

한국의 종교현황에 대한 거의 유일한 통계자료로서 국내에서 폭넓게 활용되고 있는 인구조사의 결과와는 달리, 해외에서 원용되는 영문데이터베이스들에서 한국의 종교현황은 그 종류가 다양하고 내용상의 차이도 커서 큰 혼란을 일으키고 있다. 종교적 다수자인 불교, 개신교, 천주교인의 현황보다는 특히 한국의 종교적 소수자에 해당하는 여러 종교들에 대한 통계적 자료들이 그 범주와 종교인구수에 있어서 한국적 상황을 고려함이 없이 서구적 관점에서 자의적으로 분류되고 추산되어 전 세계의 종교연구자들에게 제공되고 있다.

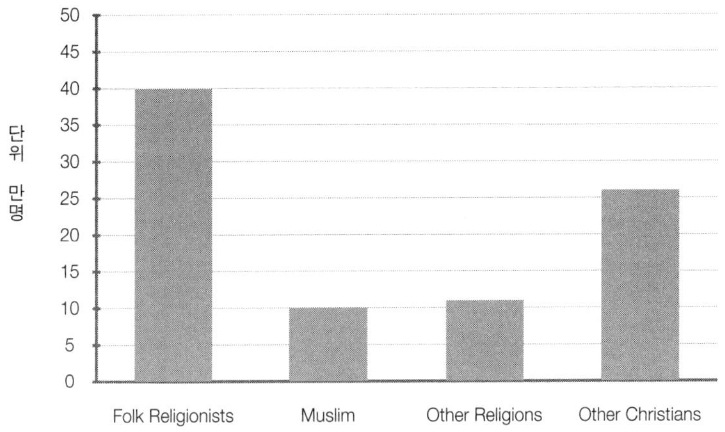

〈그림 2〉 Pew Database에서 한국의 종교소수자 범주와 현황

〈그림 2〉는 The Pew-Templeton Global Religious Futures Project의 하나로 전 세계 232개국 인구의 종교적 태도와 소속 등의 다양한 특성을 Pew Research Center가 사체직으로 조사한 보고서 "The Global Religious Landscape" (2012)에서 공개한 한국의 종교소수자 범주와 신도수이다. 한국의 인구조사표와는 대조적으로 Pew Database에서는 다섯 개의 세계종교(기독교, 불교, 힌두교, 이슬람, 유대교)를 중심으로 조사대상자를 분류하고, '기독교(Christianity)'의 하위범주(sub-category)로서 '개신교인들(Protestants)', '천주교인들(Catholics)', '정교인들(orthodox Christians)', '기타 기독교인들(Other Christians)'로 세분화하였다. 끝으로 '민속종교인들(folk religionists)'와 '기타 종교들(other religions)'를 대범주로 추가했으며, 전자에는 African traditional religions, Chinese folk religions, Native American religions, Australian aboriginal religions 등이 포함되고, 후자에는 Bahai's, Jains, Sikhs, Shintoists, Taoists, Tenrikyo,

Wiccans, Zoroastrians, many other faiths 가 함께 포함되어 있다.

〈그림 2〉에서 Pew Database는 한국의 민속종교인들이 40만 명, 무슬림이 10만 명, 기타 종교인들이 11만 명, 기타 기독교인들이 26만 명이라는 것을 보여주고 있다. 위 범주들에 대한 종교센서스(religious census)가 한국에 없는 상황일 뿐만 아니라 그것이 교단들이 자체 집계한 "roll data"가 아니라 Pew Research Center의 서베이 결과에 기초한 "poll data"라는 점에서 종교사회학자들이 이용할 수 있는 중요한 양적데이터 중의 하나가 된다(Warner 1998, 197). 2013년 기준 국내 체류 외국인의 수가 157만여 명인 것을 고려하면[10] 무슬림 인구를 10만 명으로 추산한 것도 의미 있는 통계이지만, '무슬림'이란 종교범주 자체를 한국의 인구조사나 사회조사들이 완전히 배제하고 있다는 사실을 반성하게 한다는 점이 더욱 중요하다.

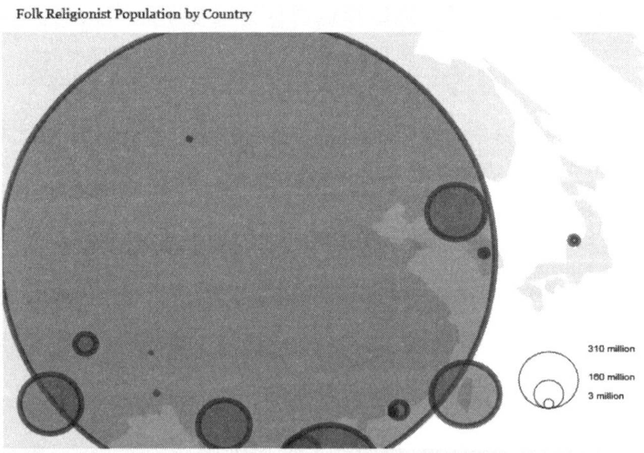

〈그림 3〉 Pew Database에서 나라별 민속종교인구 상황

10) 통계청, 『출입국 · 외국인정책 통계연보』, 2013.

또한 기독교를 세분화하여 주류 기독교 이외의 기독교인들을 '기타 기독교인'으로 분류한 것도 의미 있는 범주화의 발전이며, 온라인 설문조사 방식의 의존도가 증가하는 추세를 감안해서 대범주의 하위범주를 더욱 세밀하게 분화시키는 것이 기술적으로 어려운 문제가 아니기 때문에 한국의 종교조사들도 적절한 하위범주의 개발을 시도할 필요가 있다. 물론, 하위 범주를 세분화하는 것이 조사결과의 정확도를 높이는 대신 설문의 응답률을 떨어뜨리는 단점도 있을 것이다. 민속종교의 경우 〈그림 3〉에서 보는 것처럼 한국에서 네 번째로 큰 규모의 종교범주로서 기술되고 있을 뿐만 아니라 나라별 종교인구분포에서도 한국은 중국과 함께 세계에서 가장 큰 민속종교권역에 포함되어 있다.

Pew Database와 함께 국제적인 종교현황과 추세에 관한 정보를 얻는데 가장 폭넓게 활용되는 World Christian Database (WCD)는 World Christian Encyclopedia라는 백과사전으로 1982년 출판된 것으로 2001년 2600 페이지 분량으로 개정된 것을 이후에 World Christian Trends의 자료와 통합하여 하나의 데이터베이스로 만든 것이다. 1982년부터 2000년까지 응답된 약 5,000여 개의 설문조사, 현장조사, 인터뷰, 정부센서스, 학위논문들의 자료를 토대로 구성된 것으로서 그 내용의 포괄성에 있어서 독보적인 위치의 종교 DB라고 할 수 있다.[11] ARDA와 같은 종교 데이터 아카이브에서도 WCD의 자료를 기초로 국제종교인구분포를 만들고 있다. 본 논문에서는 한국의 종교현황과 관련하여 제한적으로만 WCD의 자료를 검토하고자 한다.

---

11) Hus, Becky, Amy Reynolds, Conrad Hackett, and James Gibbon, "Estimating the Religious Composition of All Nations: An Empirical Assessment of the World christian Databas." *Journal for the Scientific Study of Religion* 47(4), 2008, p.680.

〈표 2〉 World Christian Database (2010)에서의 종교인구 비율

	Korea	Eastern Asia	World
Baha'i	〈0.1%	〈0.1%	0.1%
Buddhist	24.8%	19.0%	7.2%
Chinese Universalist	〈0.1%	26.8%	6.3%
Christian	33.4%	8.1%	32.8%
Confucianist	10.9%	0.4%	0.1%
Ethnoreligionist	14.7%	4.4%	3.5%
Hindu	〈0.1%	〈0.1%	13.8%
Jain	0.0%	〈0.1%	〈0.1%
Jewish	〈0.1%	〈0.1%	0.2%
Muslim	0.1%	1.4%	22.5%
Shintoist	〈0.1%	0.2%	〈0.1%
Sikh	〈0.1%	〈0.1%	0.3%
Spiritist	0.0%	〈0.1%	0.2%
Taoist	0.0%	0.5%	0.1%
Zoroastrian	0.0%	〈0.1%	〈0.1%
Neoreligionists	14.2%	2.8%	0.9%
Atheist	0.1%	6.7%	2.0%
Agnostic	1.5%	29.7%	9.8%

18개의 범주로 세분한 WCD의 종교현황은 한국적 통계자료들과 너무 다른 범주명과 수치들로 인해 한국의 종교연구자들에게는 매우 낯설고 당황스러운 통계자료라고 할 수 있다. 국제적으로 가장 권위 있는 종교통계에서 한국 종교현황의 특징을 살펴보면, 먼저 종교인구 비율에서는 유교인구가 10.9%, 민족종교인(ethno-religionist)들이 14.7%, 신종교인들이 14.2%, 불가지론자 1.5%의 비중으로 분포하고 있다. 유교인구나 신종교인구는 한국 통계청의 인구센서스 자료들과 10배 이상의 큰 차이가 있을 뿐만 아니라, 그 범주화에 있어서도 전혀 새로운 개념들로 한국인들의 종교성이 분류되었다. 통계청 센서스(2005)의 '종교없음' 인구비율이 46%인 것과 대조적으로 WCD는 '무신론자'와 '불가지론자'와 같은 새로운 범주를 도입하여

1.6%의 비율로 설명하고 있다. 또한, 다인종 또는 다문화 사회에서 유용한 '민족종교(ethno-religion)'라는 범주 아래에 한국인의 14.7%를 포함시킴으로써 한국사회의 종교적 다원성이 동아시아나 세계적 수준에 비해서 3~4배 정도 높은 것으로 설명하고 있다.

'민족종교'라는 범주는 결국 한국사회가 직면하고 있는 종교적 다양성의 문제와 직접적으로 관련된 것으로서 실제로 베트남 출신 불자, 몽골 출신 불자, 조선족 출신 민속종교인들, 필리핀 출신 천주교인들, 나이지리아 출신 개신교인들, 인도네시아, 파키스탄 및 방글라데시 출신 무슬림들의 경우는 '불교', '개신교', '천주교', '이슬람'으로 단순하게 범주화하기보다 WCD와 같이 '민족종교'의 범주로 새롭게 구성하거나 대범주의 하위범주로 세분화하는 것이 이론적으로 타당하다. 하지만, 이런 경우에도 민족별, 출신국가별, 인종별로 다양한 외국이주민들의 종교적 정체성을 어떤 기준으로 세분화할지는 어려운 과제이다. 어쨌든 종교성이 매우 강한 이러한 외국인들의 종교적 현황과 추세를 현행의 인구센서스로 계량화하는 것은 불가능하기 때문에, 향후 한국의 종교관련 사회조사에서 외국이주민들의 종교성을 적극적으로 조사대상에 포함시켜야 할 것이다.

〈표 3〉 해외 주요 데이터베이스와 통계청 인구센서스의 한국종교인구 비율

	PEW	WCD	WVS (n=1200)	통계청(2005)
종교없음	46.4	1.6	41.3	46.4
불교	22.9	24.8	20.6	22.8
유교	n/a	10.9	0.5	0.2
유대교	〈1.0	〈0.1	0.1	n/a
무슬림	〈1.0	0.1	0.1	n/a
기타	〈1.0	n/a	n/a	0.3
신종교	n/a	14.2	n/a	0.4
정교회	n/a	n/a	0.1	n/a

개신교	18.3	33.4	21	18.3
천주교	11.2		15.7	10.9
민속종교	〈1.0	n/a	n/a	n/a
민족종교	n/a	14.7	n/a	n/a

〈표 3〉은 이상에서 논의된 Pew와 WCD의 자료에 더하여 종교사회학계에서 자주 인용되는 World Values Survey(WVS)의 조사 결과 및 2005년 인구센서스를 함께 비교해보았다. 이러한 비교로부터 다음과 같은 몇 가지 사실을 추론할 수 있다.

첫째, 한 사회의 종교인구 현황 또는 비율은 종교범주의 정의와 범위에 따라 다양하게 나타날 수 있다. 통계청 인구센서스의 결과는 통계청의 인구조사상 편의에 맞게 과도하게 단순화된 종교범주화에 의해 체계적 편향성(systemic bias)을 가질 수밖에 없다. 〈표 3〉에서 보는 것처럼 '종교없음'은 1%~46%까지, '유교'는 0.2%~10.9%까지, 무슬림은 0.1%~1.0%까지, 신종교는 0.3%~14.2%까지 다양하게 나타날 수 있다. 양적조사방법론의 측면에서 볼 때, 적어도 현재로선 신뢰 가능한 한국의 종교인구비율이란 존재하지 않는다.

둘째, 한국사회의 종교현황에 대해 인구조사가 아니라 더 정확하고 신뢰성 있는 종교전수조사가 요구된다. 인구조사란 애시 당초 종교적 실태를 파악하기 위한 것이 아니란 점에서 정밀한 종교현황과 추세를 이해하기 위한 양적자료로서는 본질적으로 부적합한 자료이다. 또한 한국의 종무실에서 발간하는 『한국의 종교현황』은 더욱 더 많은 문제점을 가진 허구적 조사 자료들로 가득 차 있다.[12] 종교적 정보가 부재한 한국의 종교현황을 국

12) 유광석, 「종교정보학: 종교적 재난에 관한 종교시장이론적 접근」, 『종교연구』74(4), 2014b,

제적으로 정확하게 알리고 이해시키기 위해서도 건국 이후 한 차례도 실시하지 못한 종교단체 또는 종교인들에 대한 전수조사를 조속히 실시할 필요가 있다.

셋째, 인구센서스의 결과에 전적으로 의존했던 기존의 종교정책은 근본적으로 재검토될 필요가 있다. 지난 30년간 인구센서스 상에서 전체 종교시장의 98%를 점유했던 것으로 추산되었지만[13], '불교', '개신교', '천주교', '유교'의 범주는 한국사회의 종교적 다양성이란 현실을 초월해있는 메타적 범주(meta-category)일 뿐 실제 종교시장 참여자들의 복잡한 구조적 특징을 대표하는 실증적 자료가 아니다. 불교, 개신교, 천주교를 대표한다고 주장하는 특정한 종교단체 중심으로 정부 예산을 과도하게 집중지원 하는 근거로서 널리 인정받고 있는 인구센서스상의 종교인구비율과 종무실의 종교현황이 전체 한국인의 종교적 특성을 정확히 표준화한 데이터가 아니라면, 그러한 재정지원은 통계적으로도 정당화하기 어려운 것이다. 종교관련 데이터베이스로서 국제적 공신력이 훨씬 더 높은 Pew나 WCD의 기준을 적용한다면 정부로부터 한국의 종교단체를 대표하는 것으로 공인받은 사단법인 한국종교지도자협의회의 7대 종단은 전면적으로 재구성되어야 할 것이다. 이처럼 한국정부가 인구센서스의 허술한 종교 데이터만을 고집하는 것은 본질적으로 인구센서스가 가진 보수적 정치 이데올로기성에 기인한다. 즉 종교정책의 수립과 집행 및 의사결정을 위해 필수적으로 요청되는 기초적 종교통계를 체계적으로 확보하고 축적하기보다는 정권의 이데올로기적 취향과 부합되는 소수 종단에게 대표성을 부여하는 정부통계로서의 공인 기능이 인구센서스에 내재해 있기 때문이다. 이런 면에서 인구센서스

129-130쪽.

13) 유광석, 『종교시장의 이해』, 서울: 다산출판사, 2014a, 99쪽.

의 종교데이터는 정치적 타협의 산물이다. 어쩌면 Pew Data, WCD, WVS에서 본 것처럼, 서구 중심적 종교 범주화에 근거하여 한국의 종교인구 현황이 21세기를 사는 오늘의 한국인들에게조차 완전히 새롭게 기술되는 것도 놀라운 일이지만, 이러한 해외 데이터베이스의 자료를 반박할 수 있는 신뢰 가능한 종교조사의 중요성과 실제적 가치에 대한 인식의 부족이 더욱 큰 문제이다.

종교시장이론의 관점에서 보면, 정부와 학자들뿐만 아니라 종교시장에 참여하는 공급자와 수요자들에게도 정확하고 신뢰성 있는 종교통계적 정보들은 종교시장의 효율성을 제고하여 전체 사회 구성원의 주관적 행복감을 증진시킴은 물론 부정확한 정보에 기초한 비합리적 의사결정의 폐해를 예방하기 위해서도 필수적인 것이다.[14] 종교통계의 정확성은 결국 지구화 과정의 산물로서 지속적으로 증대되고 있는 종교적 다양성(religious diversity)에 대한 한국사회의 대응방식을 결정한다. 미국사회통계의 저명한 전문가로서 시카고 대학의 NORC(National Opinion Research Center)에서 GSS를 관장하고 있는 톰 스미스(Tom W. Smith)에 따르면, 종교통계가 가장 발달한 미국에서조차 미국 내의 종교적 소수자 그룹에 해당하는 무슬림, 불교도, 힌두교도 및 기타 종교인들의 비율에 관한 통계적 합의는 없다고 한다.[15] 미국 전체 성인의 약 2.7%(1998-2000 GSS) ~ 2.1%(2001 ARIS, American Religious Identification Survey) 정도로 추산되는 비유대-기독교 종교전통의 인구는 지속적으로 증가하고 있지만 여전히 소수자 그룹에 불과하다.[16] 그럼

14) 유광석, 「종교정보학: 종교적 재난에 관한 종교시장이론적 접근」, 『종교연구』74(4), 2014b, 113-120쪽.

15) Smith, Tom W, "Religious Diversity in America: The Emergence of Muslims, Buddhists, Hindus, and Others", *Journal for the Scientific Study of Religion* 41(3), 2002, p.578.

16) 위의 책, 582-583쪽.

에도 불구하고 종교적 소수자를 포함하기 위한 값비싼 통계조사방법을 미국의 인구센서스나 사회조사들이 고수하는 이유를 스미스는 다음과 같이 간명하게 정리하고 있다.

> 종교를 다루는 분석적 어려움에도 불구하고, 그 노동의 대가는 종교가 리서치에서 사용될 때 발생하는 설명적 이점들에 의해 충분히 보상된다. 문화적 기원과 그 방향성의 핵심적 지표로서 종교는 단순히 믿음의 문제뿐만이 아니라, 인공유산, 성역할, 교육(학교에서의 기도, 창조론, 종립학교에 대한 정부 지원), 피임과 성적 개방성, 반공주의와 같은 다양한 도덕적, 사회적 및 정치적 쟁점들에 대해서도 강력한 예측 변수이다.[17)]

한국사회에서 종교적 다양성이 증대하고 있다는 주장은 결국 종교시장에서 예측변수로서 종교의 영향력이 실제로 커지고 있다는 것을 의미한다. 종교적 현실을 통계적 관점에서 더 과학적이고 정확하게 이해하고자 하는 노력은 종교시장의 변화와 추세를 분석하는 사소한 기술적 발전이 아니라 한국사회가 직면하고 있는 수많은 사회적 문제들의 심층에 잠재해 있는 종교적 변수들을 실증적으로 인식하고 합리적 관점에서 대응할 수 있게 해주는 사회적 인식시스템의 새로운 모델 개발과 깊이 연결된 것이다.

17) Smith, Tom W, "Classifying Protestant Denominations", *Review of Religious Research* 31(3), 1990, p.242. (Smith 1990, 242)

Ⅳ. 믿음에서 의심으로

통계학이란 본질적으로 미래를 예측하기 위한 기술적 방법들의 집적으로서 확률적 진실을 추구할 뿐이다. 확률적 진실은 결코 기정사실로 치환될 수 없다는 점에서 모든 통계자료는 믿음의 대상이 아니라 의심의 대상이다. 의심 없는 믿음을 추구하는 종교성이 위험한 것처럼 통계적 자료에 대한 합리적 의심이 전제되지 않은 모든 종교연구는 방법론적으로 위험한 결론에 이를 수 있다. 특히, 조직, 제도, 교리, 구성원의 의식과 행태에 관한 충분한 질적 및 양적 조사 자료가 없는 한국 신종교분야의 연구주제들은 여전히 계량적 접근법으로는 다루기 어려운 부적합한 연구 대상인지도 모른다.[18] 과학적 종교연구의 발전을 위하여 양적연구방법론이 종교연구에 강요하는 기계적인 전제와 과도한 단순화를 성급하게 수용하는 것도 큰 문제이지만, 종교정책적 관점에서 종교단체와 종교인구 전반에 대한 광범위한 양적조사의 필요성을 정부 스스로 인정하면서도 그에 대한 충분한 재정지원과 투자를 소홀히 하고 있는 정부의 태도는 일종의 직무유기에 해당한다. 종교조사가 아닌 인구조사의 자료와 종교단체들의 자체적 보고서만을 근거로 아무런 객관적 검증절차 없이 『한국의 종교현황』을 간행하는 것은 국내에서 뿐만 아니라 국제적으로도 큰 혼란을 초래하고 있다.

본 논문은 인구센서스의 결과에 기초한 종교인구현황을 중심으로 그것이 어떻게 그리고 왜 하나의 기정사실로 간주될 수 없는지를 설명하고, 해외의 주요한 종교관련 데이터베이스에서 종교범주화의 유형과 한국의 종교현황들이 어떻게 기술되고 있는지를 간략하게 비교분석하였다. 기성종

18) 남춘모,박승길, 「종교집단에 대한 양적조사의 의의 및 방법」, 『한국종교』37, 2014, 259-260쪽.

교뿐만 아니라 종교적 소수자들에 대한 인구센서스의 자료들은 한국사회의 종교적 상황을 부분적으로 과장하거나 과소평가하는 본질적 한계를 갖고 있고, Pew Database, World Christian Database, ARDA, World Values Survey와 같은 해외 데이터베이스들과의 비교에서도 자료들의 범주화 및 양적 일관성을 찾기 어렵다. 글로벌시대의 다종교 사회로 진입한 한국사회에서 종교인구의 정확한 조사와 측정을 위해서는 서구사회에서 개발된 종교범주나 통계조사방법을 반드시 따라야 하는 것은 아니지만, 현행 인구조사표의 단순한 포괄범주들보다는 훨씬 더 세분화되고 정교한 종교범주들을 개발할 필요는 절실해 보인다. 종교현상을 개인적 문제가 아니라 사회현상의 하나로서 이해하고 사회 진보에 기여할 수 있는 종교연구의 새로운 역할를 수행하기 위해서는 종교정보학이나 종교통계학과 같은 융복합적 접근법의 발전을 장려하고 투자하는데 정부나 학자들이 더 많은 관심을 기울여야 할 것이다.

| 참고문헌 |

국내논저

김동환. 2014.「종교인구의 다이내믹스에 관한 시론적 모델」.『한국시스템다이내믹스 연구』15(3).

김정수. 2013.「우리나라 종교 갈등의 특성과 바람직한 종교정책의 모색」.『2013 한국정책학회 하계학술대회자료집』.

김철수. 2013.「한국의 종교지형」.『21세기 종교사회학』. 서울: 다산출판사.

남춘모,박승길. 2014.「종교집단에 대한 양적조사의 의의 및 방법」.『한국종교』37.

류성민. 2009.「한국 종교인구 분포 비율의 변화와 그 특징: 1985년, 1995년, 2005년의 인구센서스를 중심으로」.『종교연구』56.

유광석. 2014a.『종교시장의 이해』. 서울: 다산출판사.

______. 2014b.「종교정보학: 종교적 재난에 관한 종교시장이론적 접근」.『종교연구』74(4).

윤이흠. 1895.「한국인 종교적 심성의 근원」.『정경문화』.

______. 2009.「다종교 사회와 종교의 자유」.『종교문화학보』6.

이길용. 2006.「개신교는 줄고 천주교는 늘고 ; Again, 하나님 나라 운동! - 인구센서스에 대한 종교학적 접근」. 기독교대한성결교회 활천사,『활천』634(9).

정창수 · 김신열. 1993.「한국에 있어서 종교인구 분포의 지역간 차이에 관한 사회학적인 연구」.『한국사회학』27.

조성돈. 2007.「종교인구 변동에 대한 분석과 한국교회의 과제」. 한국사회이론학회.『사회 이론』32.

조성돈 · 정재영 외. 2007.『그들은 왜 가톨릭교회로 갔을까』. 서울: 예영컴뮤니캐이션.

조세희 · 이재혁. 2013.「왜 '느슨한' 교회가 성장하는가?: 합리적 선택론에서 본 한국 그리스도교의 교세변화」.『한국사회학』47(2).

최현종. 2011.「한국종교인구변동에 관한 연구」. 부천: 서울신학대학교 출판부.

______. 2012.「제도화된 영성과 한국 종교 지형의 변화; 가톨릭과 개신교를 중심

으로」. 『종교와 문화』 22.

외국논저

Finke, Roger, Christopher D. Bader, and Edward C. Polson. 2007. "A Growing Web of Resources: The Association of Religion Data Archives (ARDA)", *Review of Religious Research* 49(1).

Hus, Becky, Amy Reynolds, Conrad Hackett, and James Gibbon. 2008. "Estimating the Religious Composition of All Nations: An Empirical Assessment of the World christian Database". *Journal for the Scientific Study of Religion* 47(4).

Melton, J. Gordon. 2003. "The Development of American Religion: An Interpretive View." in *Encyclopedia of American Religions*, 7th Edition [electronic resource]. Detroit, Mich.: Gale.

Pyle. Ralph E. 2006. "Trends in Religious Stratification: Have Religious Group Socioeconomic Distinctions Declined in Recent Decades?". *Sociology of Religion* 67(1).

Sherkat, Darren E. 1999. "Tracking the 'Others': Dynamics and Composition of 'Other' Religions in the General Social Survey", 1973-199. *Journal for the Scientific Study of Religion* 38(4).

Smith, Tom W. 1990. "Classifying Protestant Denominations". *Review of Religious Research* 31(3).

____. 2002. "Religious Diversity in America: The Emergence of Muslims, Buddhists, Hindus, and Others". *Journal for the Scientific Study of Religion* 41(3).

Warner, Stephen R. 1998. "Approaching Religious Diversity: Barriers, Byways, and Beginnings". *Sociology of Religion* 59(3).

기타자료

통계청. 2013. 『출입국 · 외국인정책 통계연보』

______. 「2015 Census 인구주택총조사 자료실」. http://census.go.kr/mainView.do

The Association of Religion Data Archives (ARDA). www.thearda.com.
Genral Social Survey (GSS). http://www3.norc.org/Gss+website/
The Pew-Templeton Global Religious Futures Project (Pew Database).
http://www.globalreligiousfutures.org/
World Christian Database (WCD). http://worldchristiandatabase.org/wcd/home.asp
World Vaues Survey Database (WVS).
http://www.worldvaluessurvey.org/WVSOnline.jsp

저자소개

박광수(朴光洙)

원광대학교 원불교학과 졸업, University of Iowa 비교종교학 석사
University of Wisconsion-Madison 철학박사
원광대학교 원불교학과 교수, 교학대학 학장 역임
종교문제연구소장
The Won Buddhism (Wonbulgyo) of Sot'aesan: A Twentieth-Century Religious Movement in Korea(1997)
『한국신종교의 사상과 종교문화』(2012)
The Role of Religious and Philosophical Traditions in Promoting World Peace-An Asian Perspective(2007, 공저)
Religion in Korea, Ministry of Culture and Tourism · Korean Conference on Religion & Peace (2003, 공저)

박승길(朴承吉)

경북대학교 문학박사
동 대학원 사회학과 명예교수
『현대 한국사회와 SGI』(2008), 『현대신종교의이해』(1994, 공저)
『21세기종교사회학』(사회학총서 2, 2013, 공저)
On Secularization: Towards a Revised General Theory(현대세속화이론, 2008, 공역)

박맹수(朴孟洙)

한국학중앙연구원 한국근대사 박사
원광대학교 원불교학과 교수
사단법인 한살림모심과살림연구소 이사장
『개벽의 꿈, 동아시아를 깨우다: 동학농민혁명과 제국 일본』(2011),
『생명의 눈으로 보는 동학』(2014)

차옥숭(車玉崇)

독일 프랑크푸르트대학교 비교종교학 박사
한일장신대 인문사회과학부 교수 역임
이화여자대학교 연구교수 역임 및 강사
「한국 여신신화와 여성정체성」(2006)
「동서 교섭의 관점에서 본 대종교의 몸과 마음 이해」(2012)
『한국인의 종교경험－무교, 천도교, 대종교, 원불교, 증산교』(1997～2003)
『예루살렘, 성지 · 전장』(2014)

카미벳부 마사노부(上別府 正信)

중앙대학(chuo univiersity) 법학부 정치학과(법학사)
중앙대학(chuo univiersity) 대학원 총합정책연구과 석사 · 박사
서울대학교 국제지역원 한국학 전공
서울대학교 인문대학 종교학과 철학박사
서울여자대학교 인문대학 일어일문학과 전임강사

성주현(成周鉉)

한양대학교 대학원 역사학 박사
민족운동 및 일제지배정책 전공
청암대학교 재일코리안연구소 연구교수
『동학과 동학혁명의 재인식』(2010)
『식민지시기 종교와 민족운동』(2013)

남춘모(南椿模)

동경도립대학 사회학 박사
대구가톨릭대학교 사회과학 연구소 연구교수
「宗教社会学的にみた日本の仏教受容と日本仏教の成立」(2014)
『한국 속 일본계 종교의 현황』(2008, 공저)

유광석(劉光錫)

서울대학교 인문대학 종교학 석사
University of Ottawa 종교학 석사 · 박사
서울대학교 인문학 연구원 객원연구원
경희대학교 사회학과 SSK학술연구교수
『21세기의 종교사회학』(2013, 공저)
『종교시장의 이해』(2014)
『종교와 사회진보』(2015, 공저)
『종교경제행위론』(2016, 역서)

한국종교연구총서 15

한국 신종교의 사회운동사적 조명 값 25,000원

2017년 2월 17일 1판 1쇄

기 획 원광대학교 종교문제연구소
저 자 박광수, 박승길, 박맹수, 차옥숭,
카미벳부 마사노부, 성주현, 남춘모, 유광석
발 행 인 임 동 규
발 행 처 **집 문 당**
주 소 110-360 서울특별시 종로구 돈화문로 82
등 록 1971. 3. 23. 제300-2012-69호
영 업 부 (02)743-3192~3 팩스(02)742-4657
전자우편 sale@jipmoon.co.kr
편 집 부 (02)743-3096~7 팩스(02)743-0227
전자우편 edit@jipmoon.co.kr
홈페이지 www.jipmoon.co.kr

ISBN 978-89-303-1745-0

이 도서의 국립중앙도서관 출판시도서목록(CIP)은 서지정보유통지원시스템 홈페이지(http://seoji.nl.go.kr)와 국가자료공동목록시스템(http://www.nl.go.kr/kolisnet)에서 이용하실 수 있습니다.(CIP제어번호: CIP2017003589)